# Big Data for Finance: Policy Communication and Expectation Management

姜富伟　李梦如　郭　鹏　著

# 基于

# 大数据的

# 金融政策沟通

# 和预期管理研究

中国财经出版传媒集团

经济科学出版社

Economic Science Press

·北京·

**图书在版编目（CIP）数据**

基于大数据的金融政策沟通和预期管理研究/姜富
伟，李梦如，郭鹏著 . -- 北京：经济科学出版社，
2024. 3
ISBN 978 - 7 - 5218 - 5623 - 1

Ⅰ.①基… Ⅱ.①姜…②李…③郭… Ⅲ.①金融政
策 - 研究 - 中国 Ⅳ.①F832.0

中国国家版本馆 CIP 数据核字（2024）第 045448 号

责任编辑：李　建
责任校对：靳玉环
责任印制：范　艳

**基于大数据的金融政策沟通和预期管理研究**
姜富伟　李梦如　郭　鹏　著
经济科学出版社出版、发行　新华书店经销
社址：北京市海淀区阜成路甲 28 号　邮编：100142
总编部电话：010 - 88191217　发行部电话：010 - 88191522
网址：www. esp. com. cn
电子邮箱：esp@ esp. com. cn
天猫网店：经济科学出版社旗舰店
网址：http: //jjkxcbs. tmall. com
北京季蜂印刷有限公司印装
710 × 1000　16 开　14. 5 印张　216000 字
2024 年 3 月第 1 版　2024 年 3 月第 1 次印刷
ISBN 978 - 7 - 5218 - 5623 - 1　定价：66. 00 元
（图书出现印装问题，本社负责调换。电话：010 - 88191545）
（版权所有　侵权必究　打击盗版　举报热线：010 - 88191661
QQ：2242791300　营销中心电话：010 - 88191537
电子邮箱：dbts@ esp. com. cn）

# 前　　言

　　20世纪80年代以前，各国中央银行制定宏观经济政策时奉行"神秘主义"，即货币金融政策制定是一门神秘而深奥的艺术，应该完全留给专业的人去做，公众参与政策讨论只会降低货币金融政策的有效性（Bernanke，2004）。与此同时，西方国家在20世纪70年代发生的"滞胀"问题暴露了有效需求理论的不足，理性预期理论随之兴起。理性预期理论认为，当市场参与者能够预期到中央银行未来的货币金融政策时，市场参与者对未来的宏观经济变量形成理性预期并反映在当前的经济中，使得货币金融政策无法真正起到效果。而且，中央银行和金融监管机构与市场参与者的信息是不对称的，监管当局有更多的信息优势，这种信息优势带来的政策不确定性，也会影响货币金融政策效果。

　　因此，从20世纪90年代以来，主要西方国家的货币金融政策操作风格上逐渐从"神秘主义"转向"透明主义"，试图通过多种渠道解释货币金融政策意图，加强与市场参与者的沟通，以提高政策效果。美联储前主席伯南克认为，美联储与公众的沟通可以帮助市场参与者更好地理解美联储决策和未来政策变化的逻辑，这些都有利于提高政策的可信度和有效性。尤其是2008年金融危机后，美国等主要发达国家大幅降低利率稳定经济，而零利率下限约束使得传统货币政策失效，只得实施非常规的量化宽松政策刺激经济增长。为了更好地引导市场预期，拉动经济增长，各国中央银行和金融监管机构进行多次金融政策沟通，在非常规货币政策阶段起到非常重要的作用。布林德等（Blinder et al.，2008）对政策沟通概念进行了界定，认为政策沟通是中央银行提供的关于其当前和未来政策目标、当前经济前景以及未来政策可能路径的信息，以便于引导公众形成对未来宏观政策的合理预期。例如，中央银行和金融监管当局发布的政策公告、新闻发布会、政策会议纪要以及定期发布政策报告都是进行金融政策沟通的重要途径。即使经济回归常态，基准利率摆脱零利率下限，金融政策沟通仍是宏观经济政策中的重要工具，有助于政策当局实现既定的宏观经济政策目标（Blinder，2018）。

在我国，人民银行和金融监管当局的金融政策沟通也经历了较长的发展过程。自2001年发布货币政策执行报告开始，人民银行也开启了政策沟通实践。2009年，"稳定预期"正式写入政府工作报告，为人民银行和金融监管当局进行金融政策沟通引导公众预期提供了基础。近年来，人民银行和金融监管当局加大了与市场沟通的频率，通过发布政策报告、新闻发布会、领导的采访和演讲等渠道向市场传递货币金融政策信息，强化金融政策沟通引导公众预期的重要作用，进一步提高了货币金融政策的有效性。然而，由于近年来复杂的内外部环境，我国经济面临需求收缩、供给冲击、预期转弱的三重压力，经济恢复进程缓慢；由于国际地缘冲突频发、全球通胀压力大、美联储货币政策转向等因素，国际金融风险也逐渐显现。内外部风险因素叠加势必会影响我国经济发展，加剧我国经济增长的不确定性和风险。为了应对世界经济大环境不确定性对我国的冲击，人民银行和金融监管当局需进一步完善金融政策沟通渠道和机制，加强政策沟通引导市场预期，提高货币金融政策效果，更好保障我国经济和金融的稳定发展。

大数据、机器学习、人工智能、云计算等技术加速创新，对传统的经济金融格局造成了一定冲击。不过，大数据、机器学习等技术的发展和应用也为我们从新的视角，利用新的方法探究经济和金融问题提供了研究工具。应用大数据、机器学习等前沿方法可以从海量数据中提取关键的经济信息，更好地识别经济体系的不稳定因素，为政策制定者提供信息参考。这些新技术的应用是对传统政策研究范式和工具的创新和发展，也可能为完善中国金融政策沟通和预期管理提供全新解决思路。例如，借助文本分析技术可以更准确及时地从海量文本数据中识别预测系统性金融风险，提取市场预期的信息等。

　　为更加有效地防范和化解重大金融风险，提高我国金融政策沟通效果，本书从理论和现实背景出发，系统梳理了货币政策和宏观审慎政策双支柱调控框架、政策沟通和预期管理前沿理论及其政策效果的相关研究。进而，在建立政策沟通理论最新研究的基础上，本书结合当前广泛应用的大数据、机器学习、文本分析等前沿技术方法，实证研究我国金融政策沟通在降低金融市场风险、系统性风险和宏观经济波动的重要作用，分析金融政策沟通实现经济和金融稳定的传导机制。本书尝试通过提供理论和经验证据为中央银行和金融监管当局创新和完善我国货币金融政策工具，优化金融政策沟通渠道，更好地守住不发生系统性金融风险底线，为经济稳定发展保驾护航。

　　本书的创新之处主要包括三个方面的内容。第一，本书立足于中国现有经济和金融特征，分析新时期我国金融发展面临的挑战，总结现有政策体系需进一步完善之处，丰富具有中国特色的金融政策沟通和预期管理研究。第二，在数字经济背景下，本书运用文本大数据和机器学习方法识别并解析中国经济金融中的新冲击和新风险点，提高系统性风险的监测和预警能力，坚持守住不发生系统性风险的底线。第三，从金融政策沟通和预期管理理论出发，本书探究金融政策沟通在双支柱调控框架下的创新运用，评估金融政策沟通降低金融风险的作用效果并分析背后的传导机制，为我国货币金融政策体系的优化和完善提供理论和实践指导。

　　本书是我们科研团队以大数据方法为抓手，就完善我国金融政策沟通和预期管理，更好地维护我国经济和金融稳定的系列研究成果的阶段性总结和整理。这项工作得到国家社科基金重大项目"三重压力下双支柱调控的政策效应评估与优化研究"（22&ZD063）的支持。本书的写作过程中，我们还得到了很多老师和同学的大力支持和热情帮助，在此向他们表示最真挚的感谢。感谢中央民族大学经济学院马甜老师、中央财经大学金融学院博士生薛浩同学对第五章的贡献，湖南大学金融与统计学院唐国豪老师、中央财经大学金融学院博士生刘雨旻同学对第六章的贡献，北京大学经济学院博士生孟令超同学对第七章、第八章的贡献。感谢中央财经大学金融学院博士生林奕皓同学、张芷宁同学、柴百霖同学和王月洁同学为校订整书所付出的努力。同时感谢经济科学出版社在本书校订和出版过程中的辛勤付出。

由于作者知识水平有限，选题也仅限于作者兴趣，本书难免出现纰漏，欢迎广大学者不吝赐教。

姜富伟　李梦如　郭　鹏

2023 年 12 月

# 目　　录

**第一章　双支柱政策调控框架** ················· 1

　　第一节　货币金融政策研究进展 ············· 1

　　第二节　宏观审慎政策研究进展 ············· 15

　　第三节　双支柱政策调控框架研究进展 ········· 21

　　第四节　构建符合中国实际的双支柱政策调控框架 ····· 24

**第二章　政策沟通和预期管理理论** ············· 27

　　第一节　政策沟通研究进展 ··············· 27

　　第二节　政策沟通的新凯恩斯模型 ··········· 30

　　第三节　异质信念与金融市场理论 ··········· 33

　　第四节　政策沟通的信息含量 ············· 39

**第三章　政策沟通与预期管理效果** ············· 42

　　第一节　公众预期 ·················· 42

　　第二节　宏观经济 ·················· 46

　　第三节　金融市场 ·················· 47

　　第四节　政策反馈 ·················· 53

　　第五节　经济政策效应评估 ·············· 55

**第四章　各国政策沟通实践** ················ 60

　　第一节　美国 ···················· 60

　　第二节　欧元区 ··················· 61

　　第三节　英国 ···················· 62

第四节 中国 ……………………………………………………………………… 64

第五章 机器学习与系统性风险防控 …………………………………… 66
第一节 机器学习的发展与应用 ……………………………………… 66
第二节 机器学习方法 ………………………………………………… 71
第三节 系统性风险控制 ……………………………………………… 81
第四节 机器学习在系统性风险防控中的应用 …………………… 86

第六章 政策沟通的文本测度方法 …………………………………… 90
第一节 金融文本分析 ………………………………………………… 90
第二节 文本分词与词典法 …………………………………………… 91
第三节 文本特征 ……………………………………………………… 100
第四节 政策沟通词典 ………………………………………………… 104
第五节 政策沟通文本情绪 …………………………………………… 107

第七章 政策沟通与金融市场 ………………………………………… 110
第一节 研究设计 ……………………………………………………… 110
第二节 实证结果 ……………………………………………………… 113
第三节 传导机制 ……………………………………………………… 118
第四节 异质性分析 …………………………………………………… 126
第五节 小结 …………………………………………………………… 131

第八章 政策沟通与银行系统性风险 ………………………………… 132
第一节 系统性风险要素 ……………………………………………… 133
第二节 系统性风险测度 ……………………………………………… 136
第三节 研究设计 ……………………………………………………… 139
第四节 实证结果 ……………………………………………………… 142
第五节 传导机制 ……………………………………………………… 147
第六节 小结 …………………………………………………………… 159

第九章　政策沟通与宏观经济 ………………………………… 161

　　第一节　文本指标与数据 ……………………………… 162

　　第二节　实证结果 ……………………………………… 165

　　第三节　小结 …………………………………………… 175

第十章　美联储货币政策与中国金融市场 …………………… 177

　　第一节　美联储货币政策研究进展 …………………… 180

　　第二节　研究设计 ……………………………………… 186

　　第三节　实证结果 ……………………………………… 197

　　第四节　小结 …………………………………………… 207

第十一章　政策建议 …………………………………………… 209

参考文献 ………………………………………………………… 213

# 第一章 双支柱政策调控框架

## 第一节 货币金融政策研究进展

### 一、货币政策多目标制

根据《中华人民共和国中国人民银行法》，中国人民银行货币金融政策的目标是保持本币币值稳定，并以此促进经济增长。中国人民银行不只是以通胀为目标的中央银行，其目标实际上超出了物价稳定，这是由中国的社会经济金融的现实情况决定的（徐忠，2017）。中国人民银行前行长周小川认为，中国经济转型时期，社会经济结构处于调整过程中，金融市场也在继续发展过程中，货币政策当局面临的约束条件更为复杂，除了币值稳定并以此促进经济增长的法定目标外，货币当局还肩负着充分就业、国际收支平衡的年度目标和推动金融业改革发展的动态目标。[①]

当然，各个货币金融政策目标的相对重要性是不同的，而且在不同的经济发展时期，政策目标也会有所区别。例如，我国国际收支目标应当明确地服务于经济增长和物价稳定的内部目标；促进金融市场发展的政策也可以使其更好地服务于实体经济。徐忠（2017）认为在我国经济转型过程

---

① 把握好多目标货币政策：转型的中国经济的视角 [EB/OL]. (2006 – 06 – 24). http：//www. pbc. gov. cn/goutongjiaoliu/113456/113469/3090366/index. html.

中，实现就业、国际收支平衡和金融市场稳定等政策目标是实现物价稳定的重要前提，而物价稳定则意味着产出缺口为零，也是实现其他政策目标、达到经济均衡的自然结果。因此，价格稳定一直是我国最主要的货币政策目标之一。

除了通胀目标外，我国的货币金融政策目标还需要兼顾就业与经济增长、国际收支平衡和金融稳定。丁伯根法则认为，为了要实现多个目标的均衡状态，政策当局也需要准备至少相同数量的政策工具，而且工具之间的效果要相互独立。只有这样，央行可以使用多种政策工具，实现多重政策目标。与我国多目标的货币政策不同，美国等一些国家采用通货膨胀目标制，货币政策目标盯住通货膨胀，这种政策制度被费歇尔（Fischer，2016）认为是宏观经济理论最重要的成就之一。

金融危机发生后，主要发达国家大幅降低基准利率接近零利率水平，传统货币政策无法实现促进经济恢复和增长的目标，学者们对货币政策目标的可能选择进行了广泛的分析和讨论，包括通胀目标水平、采用名义GDP目标、价格水平目标或将通胀目标与宏观审慎政策相结合（Williams，2016）。其中，斯文森（Svensson，2010）认为通胀目标属于复杂的目标规则类别，而相应的泰勒规则是一种简单的工具规则，根据通胀和产出缺口情况调整利率（Taylor and Williams，2010）。然而，人们认为通胀目标国家（例如英国和瑞典）的利率决策主要依赖于对当前利率的条件性预测值，这可能会在正确评估政策方面带来一些困难。事实上，泰勒（Taylor，2014）指出货币政策表现出越来越明显的相机抉择，是因为通胀目标可能过于僵硬，不能考虑经济的所有复杂性。因此，许多采用通胀目标制的国家不得不采取更加灵活的货币政策，以尽可能提高货币政策效果（Kahn and Palmer，2016）。一个可能的选择是采用名义GDP目标，它考虑了通胀和实际经济增长。这种方法将允许更灵活地应对经济状况，因为中央银行可以根据实际经济增长的变化调整其政策。另一个选择是价格水平目标，它针对的是特定的价格水平，而不是特定的通胀率。这种方法可以在长期内导致更稳定的价格。

此外，关于金融稳定目标是否应该成为货币政策目标之一长期以来也存在很大争议。20 世纪 70 年代，持续的"滞胀"使各国央行意识到相机抉择的货币政策无法再刺激经济高增长，于是从 80 年代开始货币政策的重心逐渐转向防通胀。直到 2008 年金融危机之前，格林斯潘领导下的美联储一直以稳定通胀作为货币政策目标，并且长期保持宽松的货币政策环境。在这一段时期内，经济增长稳定，通胀波动较小，形成了"大缓和"（Great Moderation）的局面。这一时期美联储的货币政策设计理念以规则性和透明度为主，通过言行一致维持央行声誉，稳定市场预期。在这一理念下，货币政策的目标、工具和规则都变得更加简单明确，"单一目标、单一工具"成为货币政策的基本框架。理性预期、动态不一致性理论以及真实经济周期理论等为这一时期的货币政策提供了理论支撑。

因此在 2008 年以前，对于资产价格和金融稳定是否应该额外纳入货币政策目标体系，大多数学者都持反对意见（Bernanke and Gertler，2001）。一方面，从宏观角度来看，有观点认为通货膨胀目标制的货币政策就能够兼顾金融稳定（Crockett et al.，2003）；另一方面，从微观角度来看，微观审慎监管便能确保金融稳定（Lehar，2005），因而金融稳定无须纳入货币政策目标体系。然而，正是这段时期货币政策对通货膨胀的单一关注而对金融稳定的忽视，才使得金融投机在宽松的货币政策环境下大行其道，最终引发了一场自大萧条以来最严重的金融危机。

2008 年金融危机之后，各国央行以及学术界开始意识到以维持物价稳定为单一目标的货币政策框架忽视了信贷和资产价格对金融稳定的影响。同时，由于"合成谬误"问题，微观审慎监管并不足以有效防范化解系统性风险。单个金融机构的稳定不等于整个金融系统的稳定，而且只关注个体稳定甚至还可能加剧金融系统的顺周期波动（李斌和吴恒宇，2019），反而不利于金融稳定。

此时学术界在关于货币政策与金融稳定的讨论上便产生了分歧。一些学者开始主张将金融稳定包括在货币政策目标之内，甚至少数国家央行已通过采取"逆风干预"（Leaning against Wind）策略，并将其付诸政策实践（见表 1－1）。卡鲁安纳（Caruana，2010）认为货币政策应该更加全面地应对宏观经济波动，因此不应将信贷周期和资产价格视为外生变量且仅以控制通胀作为最终目标，而是需要考虑金融稳定目标，在金融不稳定时积极采取"逆风干预"策略。伍德福德（Woodford，2012）也支持金融稳定应该纳入货币政策目标，其研究指出央行的福利损失函数既应包括通货膨胀和产出缺口，又应包括某种金融稳定变量。在金融稳定变量作为政策目标函数构成要素的设定下，金融稳定将对货币政策决定产生直接影响。

表 1 – 1　　关于金融稳定是否应成为货币政策目标的代表性研究

| 观点 | 作者 | 年份 | 主要论述 |
|---|---|---|---|
| 货币政策以价格稳定为唯一目标，金融稳定交给微观审慎主体 | Bernanke and Gertler | 2001 | 央行应忽略金融稳定目标，将金融稳定留给市场，货币政策制定者应考虑资产价格因素 |
| | Crockett et al. | 2003 | 通货膨胀目标制就能够兼顾金融稳定 |
| | Lehar | 2005 | 单一个体的安全稳健便能确保金融稳定 |
| 货币政策同时以价格稳定和金融稳定为目标 | Caruana | 2010 | 货币政策在应对经济衰退和繁荣时应更加全面，并且在面对金融失衡状态的积累时采取"逆风干预"策略 |
| | Woodford | 2012 | 金融稳定变量作为政策目标函数的构成要素，因而金融稳定因素对货币政策的影响是直接的 |
| 货币政策不应关注金融稳定，金融稳定交给宏观审慎主体 | Suh | 2014 | 宏观审慎政策对于稳定信贷非常有效，货币政策对于稳定通胀非常有效 |
| | Svensson | 2019 | 货币政策实现金融稳定的成本远高于收益 |

与此对立的是，大多数学者主张传统的货币政策框架应维持不变，金融稳定目标应当交由宏观审慎监管负责。斯文森（Svensson，2019）反对让货币政策承担金融稳定职责，他认为货币政策不是维护金融稳定的首选工具，利率等货币政策工具的传导过程较长，产生效果较慢，维护金融稳定的成本远大于收益。葛奇（2016）指出根据分离原则，宏观审慎政策而非货币政策才是应对金融不稳定的第一道防线。苏（Suh，2014）比较了

宏观审慎政策和货币政策稳定信贷和通胀效果的优劣，发现宏观审慎政策稳定信贷非常有效而对通胀影响有限；货币政策恰恰相反，其稳定通胀非常有效，但稳定信贷效果不足。切凯蒂和科勒（Cecchetti and Kohler，2015）也持有相同观点，他们认为货币政策应该聚焦于物价稳定和经济增长，审慎监管当局则负责维护金融稳定，只有当审慎监管当局的政策完全失效时，货币政策才需要另外考虑金融稳定。

即便不考虑货币政策实现金融稳定目标的局限性，货币政策在实现价格稳定目标的同时也可能对金融稳定产生溢出效应，因此有不少学者从金融部门与实体经济之间的纵向关联和金融机构之间的网络结构变化两方面进行讨论。

在金融部门与实体经济之间的纵向关联方面，货币政策冲击导致金融机构资产负债表变化，进而影响上行金融周期系统性风险的累积，以及下行金融周期系统性风险的实现。在上行周期，宽松货币政策扩大金融机构净息差，推高金融资产价格，金融机构自有资本金上升而监管资本金下降，由此形成资本正缺口，导致资产负债表扩张。此外，盯市计价的模式还将进一步导致自有资本金上升和监管资本金下降，形成"资本正缺口—资产负债表扩张"这一顺周期的正反馈循环（Adrian and Shin，2010），最终催生信贷和资产价格泡沫。

在下行周期，紧缩货币政策缩窄金融机构净息差，资产价格普遍下跌，形成资本负缺口。由于流动性趋紧，金融机构将抛售非流动性资产以偿还负债，同时为满足资本金监管要求，还将抛售高风险资产，导致资产价格和资本缺口的进一步恶化，形成"资产价格下跌—资本负缺口—资产抛售—资产价格下跌"的负向恶性循环，最终导致系统性风险在下行周期实现。

在金融机构之间的网络结构变化方面，主要研究货币政策对系统性风险的溢出。现有文献一般在内生网络模型中研究货币政策冲击下异质性金融机构的资产负债表行为。例如，沃尔斯基和范德利尔（Wolski and van de Lear，2016）利用异质代理人模型研究货币政策冲击对金融机构同业业务网络结构的影响并进一步给出两条可能的机制。宽松的货币政策一方面会刺激金融机构对同业资金的总需求，需求方因此广泛地进行同业拆借，从而增大机构间的业务关联，使得同业网络的中心度降低且连通度上升；另一方面会使得金融机构风险承担意愿增加，其更多地从事风险和收益更高的无抵押同业业务。

与多目标相比，单一目标的货币政策清晰、简洁、易于沟通，有助于增强中央银行的独立性。然而，只以通胀水平作为唯一目标的通胀目标制一直存在争议。尽管通胀目标制可通过提高货币政策透明度，进而改善货币政策效果，但是政策稳定的结果是可能需要损失一定的产出作为代价（Goncalves and Carvalho，2009）。正是由于这个原因，目前大多数国家央行仍在以多目标的货币政策为主，尽管这种框架可能更为复杂，但提供了更大的灵活性，从而达到更优的经济状态。表 1 - 2 对中国人民银行与美联储货币政策框架进行了比较。

表1－2　　　　　　　中国人民银行与美联储货币政策框架比较

| 货币政策框架 | 中国人民银行 | 美联储 |
|---|---|---|
| 最终目标 | 多目标（稳定物价、充分就业、经济增长、国际收支平衡） | 单一目标 |
| 中介目标 | 通货膨胀，M2，社会融资规模，信贷，汇率 | 通货膨胀 |
| 操作目标 | 基础货币，银行间 7 天回购利率 | 联邦基金目标利率<br>储备资产 |
| 主要工具 | 回购利率，公开市场操作，存贷款基准利率，借贷便利利率，法定存款准备金率，行政指导 | 公开市场操作，贴现窗口，量化宽松，流动性便利 |

在多目标的货币政策背景下，学者也开始研究如何使用多种货币政策工具实现央行政策目标（见表 1 - 3）。这一研究主要探究多目标、多工具下的人民银行货币政策规则如何在数量型和价格型规则下实现政策目标。王君斌等（2013）探究了人民银行使用的数量型和价格型货币政策工具的宏观经济效应，发现货币增长率和通胀水平有显著的线性关系，对产出有显著的影响。这种影响具有显著的长期特征，而利率盯住通胀水平和产出的总体效果较好，但对通胀的影响不一致。他们认为，人民银行的货币政

策操作能够有效地调控产出和通胀水平，利率政策应随着利率市场化的推进，更多地盯住通胀水平。

表 1 - 3　　　　　　　　　中国人民银行货币政策工具分类

| 类型 | 工具名称 |
|---|---|
| 流动性调节工具<br>（数量型） | 公开市场操作（OMO） |
| | 存款准备金制度 |
| | 短期流动性调节工具（SLO） |
| | 抵押补充贷款（PSL） |
| 利率调节工具<br>（价格型） | 再贴现率 |
| | 存款基准利率 |
| | 贷款市场报价利率（LPR） |
| | 债券回购利率 |
| | 常备借贷便利利率（SLF） |
| | 中期借贷便利利率（MLF） |
| | 定向中期借贷便利利率（TMLF） |
| 预期管理工具 | 窗口指导 |
| | 央行沟通 |

资料来源：中国人民银行网站。

同样，一些学者认为，我国货币政策行为在许多方面正在与发达经济体的既定范式趋同。坎伯和莫汉蒂（Kamber and Mohanty，2018）发现紧缩型的货币政策能够提高利率，降低通胀和经济产出，表明在货币政策框架方面，中国人民银行现在有效地运行基于价格的货币政策体系，中国的货币传导与发达经济体的典型情况非常相似。吉拉丹等（Girardin et al.，2017）认为，中国人民银行的货币政策规则与看起来很像非正式通胀目标制的制度，且与其他发达国家的反应函数有共同点。而弗纳尔德等（Fernald et al.，2014）认为中国的制度变革，包括经济的自由化、金融部门的自由化，使得中国货币政策机制逐渐与西方发达国家经济体相一致，即紧缩性的货币政策会导致较高的市场利率、较慢的货币增长、较低的工业产出增长、低消费和低通胀。张成思和田涵晖（2020）研究发现我国经济主体通胀预期形成对非食品类通胀更为敏感，货币当局可以通过非食品类通胀率引导经济主体对通胀的预期，从而提高政策效率。

## 二、量价兼顾的货币金融政策规则

自改革开放以来，我国一直在推行市场化利率改革，建立基于市场供求的利率形成机制。央行通过货币政策工具引导市场利率，以调节宏观经济运行（易纲，2021）。然而，考虑到央行多重政策目标的现实情况，央行尚未实施明确的数量或价格型货币政策。因此，为了在理论模型中准确描述中国的货币政策调控，有必要考虑混合货币政策规则，即融合价格型和数量型货币政策工具，以更好地反映中国货币政策调控的现状。例如，闫先东和张炎涛（2016）研究了单一型货币政策规则和混合型货币政策规则在短期和中长期对宏观经济的影响。他们得出结论，混合型货币政策规则调控经济的效果要优于单一型货币政策规则。进一步地，他们探究了不同组合的混合型规则，发现以价格型政策工具为主，数量型政策工具为辅的混合型规则在控制通货膨胀方面表现较好，而以数量型政策工具为主，价格型政策工具为辅的混合型规则有利于促进经济的增长。格拉斯纳（Glasner，2017）也发现类似的结果，即价格型工具能有效熨平短期经济波动，而数量型工具在稳定通胀方面更有效。对上述这些研究进行归纳为，货币当局应以利率进行短期调控，以货币供应量进行长期调控，长短期结合以实现经济的稳定发展。

我们知道混合型规则假设所构建的货币政策规则都是针对通胀和产出缺口的双重目标规则，那么可以通过下面的公式更准确地描述央行的货币政策调控，即

$$M_t = \rho_M M_{t-1} + (1 - \rho_M)\left[\alpha_M + \gamma_M(\pi_{t-1} - \pi^*) + \beta_M y_{t-1}\right] + \varepsilon_{Mt} \quad (1-1)$$

$$R_t = \rho_R M_{t-1} + (1 - \rho_R)\left[\alpha_R + \gamma_R(\pi_{t-1} - \pi^*) + \beta_R y_{t-1}\right] + \varepsilon_{Rt} \quad (1-2)$$

其中，$M_t$ 和 $R_t$ 分别代表货币供给增速和名义利率，分别测度数量型和价格型货币政策，$\pi_{t-1} - \pi^*$ 代表通胀缺口，$y_{t-1}$ 为产出缺口，$\rho_M$ 和 $\rho_R$ 为平滑参数，$\alpha_M$ 和 $\alpha_R$ 分别为均衡货币增速和均衡利率水平。$\gamma_i$ 和 $\beta_i (i = M, R)$ 分别为货币增速和利率对通胀缺口和产出缺口的调整参数。

我国央行在不同时期会侧重不同类型的货币政策工具，因此为了更加全面地刻画央行货币政策规则，学者采用数量型和价格型加权的形式进行货币政策测度，即为混合型货币政策工具，如式（1-3）所示：

$$MP_t = -\varphi M_t + (1 - \varphi) R_t \qquad (1-3)$$

其中，$MP_t$ 用于测度混合型货币政策规则，参数 $\varphi$ 反映数量型货币政策和价格型货币政策的相对重要性。将具体形式的数量型和价格型货币政策规则代入上述方程，我们可以得到混合型货币政策规则的具体形式：

$$
\begin{aligned}
MP_t ={}& (1-\varphi)(1-\rho_R)\alpha_R - \varphi(1-\rho_M)\alpha_M - \varphi\rho_M M_{t-1} + (1-\varphi)\rho_R M_{t-1} \\
&+ \left[ (1-\varphi)(1-\rho_R)\gamma_R - \varphi(1-\rho_M)\gamma_M \right](\pi_{t-1} - \pi^*) \\
&+ \left[ (1-\varphi)(1-\rho_R)\gamma_R - \varphi(1-\rho_M)\gamma_M \right] y_{t-1} + \varepsilon_{MP} \qquad (1-4)
\end{aligned}
$$

为了进一步分析混合型政策的效果，在理论建模过程中，可以分别考察央行单独实施数量型货币政策规则（$\varphi = 1$）、单独实施价格型货币政策规则（$\varphi = 0$）以及实施混合型货币政策规则的货币政策效应（$0 < \varphi < 1$）。同时，由于在不同时期，数量型和价格型货币政策发挥了不同作用（龙少波等，2021），因此，为了捕捉上述特征，时变权重的混合型货币政策规则可以表示如下：

$$MP_t = -\varphi_t M_t + (1 - \varphi_t) R_t \qquad (1-5)$$

其中，$\varphi_t$ 为时变的货币政策权重。

## 三、利率走廊机制

利率走廊是一种价格型货币政策工具，央行可以通过调整走廊上下限的方式构建目标利率区间，来限制关键政策利率，从而实现稳定同业拆借市场短期利率的目的。与公开市场业务相比，利率走廊这一操作模式有着明显的优势，主要体现在央行向市场提供大量流动性的同时，市场利率仍可以控制在目标利率附近。利率走廊的作用机制在于，当同业拆借市场利率低于利率走廊下限时，商业银行会选择将资金存入央行，获取更高利息收入，从而使得流动性回到央行，同业拆借市场利率上升，回到利率走廊区间；当同业拆借市场利率高于利率走廊上限时，商业银行会选择从央行借入资金，降低资金成本，从而使得流动性投放到市场，同业拆借市场利率下降，回到利率走廊区间。

理论上，中央银行贷款和存款的收益和成本应当匹配，因此目标利率通常设定在存贷款利率区间的中间位置，这也被称为政策利率的均衡情形（Woodford，2001）。然而，金融机构往往要抵押高质量债券才能获得央行资金支持，因而均衡存贷利率区间实际上并不是对称的（Whitesell，2006）。全球金融危机后，不对称存贷款利率区间成为讨论的新方向，很多学者针对央行抵押品机制影响（Bindseil and Winkler，2012），利率走廊不对称区间的非常规货币政策和宏观审慎政策效果进行了大量理论研究（Vollmer and Wiese，2016）。

国内学者对利率走廊机制的效果进行了诸多探索。牛慕鸿等（2017）认为利率走廊在抑制短期利率波动上具有优越性。当市场出现流动性紧张时，利率走廊机制可以缓解金融机构之间的"挤兑"压力；同时当市场上出现央行不可预期的流动性冲击时，利率走廊具有"自动稳定器"的功能。黄志刚等（2019）构建了一个三期局部均衡模型，利用数值计算模拟了需求冲击出现后利率走廊机制的自动调节过程。他们的研究表明利率走廊是独立于央行判断的，无论是面对可预期的还是不可预期的需求冲击，均能起到稳定同业拆借市场利率的作用。

从各国实践经验来看，提高公开市场操作频率，实行较窄的利率走廊区间，以及加强政策沟通和提高透明度等模式，可以使货币市场利率与中央银行目标水平偏离更小，有利于中央银行利率引导市场利率（Bindseil and Jablecki，2011）。与此同时，利率走廊存在最优适度区间。在市场不健全条件下利率走廊区间可以扩大，例如欧洲央行利率走廊区间最初为200个基点，随着市场逐步完善，区间降至150个基点。

近年来，中国人民银行也在不断完善央行利率调控和传导机制，在通过持续进行 7 天回购利率加强短期政策利率引导的同时，借助中期借贷便利常态化提供流动性，发挥其作为中期政策利率的功能。针对不同期限的流动性创新管理工具的改革和创新，很大程度上是为了弥补我国货币市场短期利率、金融市场中长期利率和信贷市场利率传导效率低下问题。2019年 8 月 17 日，中国人民银行宣布改革完善贷款市场报价利率形成机制，推动利率"两轨合一轨"，疏通货币政策传导渠道，推动降低贷款利率，使央行政策利率通过市场利率向贷款利率和存款利率的传导更加顺畅，发挥利率市场化调节金融资源配置的重要作用。

2019 年以来，中国人民银行逐步建立中期借贷便利常态化操作机制，目前基本上每月月中开展 1 次中期借贷便利操作，以 1 年期为主。通过相对固定的时间和频率开展操作，可以提高货币政策操作的透明度、规则性和可预期性，向市场连续释放中期政策利率信号，并为每月报价的贷款市场报价利率提供参考基准，引导市场预期。中国人民银行货币政策报告中多次提到，发挥常备借贷便利利率作为利率走廊上限的作用。图 1 – 1 中给出了我国利率走廊机制区间的关键利率，可以看出货币市场利率银行间

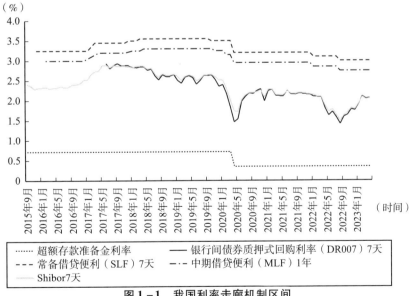

图 1 – 1　我国利率走廊机制区间

资料来源：CEIC 数据库。

债券质押式回购利率（DR007）和上海银行间同业拆放利率（Shibor）一直处在以常备借贷便利为上限，超额存款准备金利率为下限的利率走廊区间内。

## 四、结构性货币政策

传统的货币政策侧重于总量调节，通过整体经济需求刺激，实现经济稳定的目标。但是当经济中结构性问题较为突出时，总量型的货币政策有效性会打折扣，结构性问题的存在也严重制约了我国经济长期健康发展。已有研究发现，在宽松的货币政策环境下，央行通过政策释放的流动性主要流向了房地产、地方融资平台等大型公司，而小微企业长期面临信贷资金约束，阻碍了小微经济的发展（孔丹凤和陈志成，2021）。尤其是2021年以来，我国经济面临更加复杂的内外部环境，整体经济下行压力凸显，央行一方面通过稳健的货币政策稳住经济大盘，另一方面围绕重点经济、重点领域和薄弱环节，通过结构性政策工具助力货币政策的调控效果。

根据中国人民银行的定义，结构性货币政策是指人民银行引导金融机构信贷投向，发挥精准滴灌、杠杆撬动作用的工具，通过提供再贷款或资金激励的方式，支持金融机构加大对特定领域和行业的信贷投放，降低企业融资成本。自2013年以来，人民银行创新性地开发了多种结构性货币政策工具，并纳入央行货币政策操作框架，试图通过总量和结构的调节，更好地实现货币政策功能。具体的政策工具在表1-4中给出。

表1-4 　　　　　　　　中国人民银行创新型货币政策工具

| 缩写 | 工具名称 | 创立时间 | 主要目的 | 期限 | 使用频率 |
|------|---------|---------|---------|------|---------|
| SLO | 短期流动性调节工具 | 2013年1月 | 调整短期流动性；应对突发性流动风险 | 1～6天 | 较少用 |
| SLF | 常备借贷便利 | 2013年3月 | 引导短期利率；发挥利率走廊上限作用 | 1～3个月 | 较常用 |
| PSL | 抵押补充贷款 | 2014年4月 | 定向扶持，支持棚户区改造、水利工程等特定项目 | 3～5年 | 较少用 |

| 缩写 | 工具名称 | 创立时间 | 主要目的 | 期限 | 使用频率 |
|---|---|---|---|---|---|
| MLF | 中期借贷便利 | 2014 年 9 月 | 引导中期利率；市场借贷利率的锚定目标 | 3 个 月 到 1 年 | 较常用 |
| TMLF | 定向中期借贷便利 | 2018 年 12 月 | 定向扶持，降低中小微企业、民营企业融资成本 | 1～3 年 | 较少用 |
| LPR | 贷款市场报价利率 | 2013 年 10 月（2019 年 8 月改革） | 引导长期利率，提高市场利率向信贷利率传导效率 | 1～5 年 | 较常用 |

资料来源：中国人民银行网站。

　　结构性货币政策工具具有控制货币政策总量和结构方面的双重作用。一方面，结构性货币政策将央行资金与金融机构在特定领域和行业的信贷配置相挂钩，实现对实体经济的精准定向支持。另一方面，央行可以通过货币总量调节供应，保障银行系统合理且充足的流动性，支持信贷平稳增长。这种双重功能使得结构性货币政策工具在货币政策实施中扮演着独特的角色，通过为特定领域提供有针对性的支持，促进资源的有效配置和可持续增长。同时，兼顾整体流动性管理确保了金融系统的稳定和宏观经济的稳定。总体而言，结构性货币政策工具是货币政策工具中至关重要的组成部分，其双重功能使其成为中央银行寻求促进经济稳定和增长的工具。表 1－5 给出了中国人民银行结构性货币政策工具情况，截至 2022 年 9 月末，我国结构性货币政策工具余额达到 5.5 万亿元人民币，一定程度上起到调控经济结构的作用。

表 1－5　　　　　　　　　　结构性货币政策工具情况

| 工具名称 | | 支持领域 | 发放对象 | 利率（1 年期）/激励比例（％） | 额度（亿元） | 余额（亿元） |
|---|---|---|---|---|---|---|
| 长期性工具 | 支农再贷款 | 涉农领域 | 农商行、农合行、农信社、村镇银行 | 2 | 7600 | 5587 |

续表

| 工具名称 | | 支持领域 | 发放对象 | 利率（1 年期）/激励比例（%） | 额度（亿元） | 余额（亿元） |
|---|---|---|---|---|---|---|
| 长期性工具 | 支小再贷款 | 小微企业、民营企业 | 城商行、农商行、农合行、村镇银行、民营银行 | 2 | 16400 | 13863 |
| | 再贴现 | 涉农、小微和民营企业 | 具有贴现资格的银行业金融机构 | 2（6 个月） | 7050 | 5449 |
| 阶段性工具 | 普惠小微贷款支持工具 | 普惠小微企业 | 地方法人金融机构 | 2（激励） | 400 | 127 |
| | 抵押补充贷款 | 棚户区改造、地下管廊、重点水利工程等 | 开发银行、农发行、进出口银行 | 2.40 | | 26481 |
| | 碳减排支持工具 | 清洁能源、节能减排、碳减排技术 | 21 家全国性金融机构 | 1.75 | 8000 | 2469 |
| | 支持煤炭清洁高效利用专项再贷款 | 煤炭清洁高效利用、煤炭开发利用和储备 | 工农中建交、开发银行、进出口银行 | 1.75 | 3000 | 578 |
| | 科技创新再贷款 | 科技创新企业 | 21 家全国性金融机构 | 1.75 | 2000 | 800 |
| | 普惠养老专项再贷款 | 浙江、江苏、河南、河北、江西试点普惠养老项目 | 工农中建交、开发银行、进出口银行 | 1.75 | 400 | 4 |
| | 交通物流专项再贷款 | 道路货物运输经营者和中小微物流（含快递）企业 | 工农中建交、邮储、农发行 | 1.75 | 1000 | 103 |
| | 设备更新改造专项再贷款 | 制造业、社会服务领域和中小微企业、个体工商户 | 21 家全国性金融机构 | 1.75 | 2000 | 0 |
| 合计 | | | | | | 55461 |

资料来源：中国人民银行网站，截至 2022 年 9 月末。

学者们也探究了结构性货币政策的效果。例如，孔丹凤和陈志成（2021）从定向中期借贷便利的角度探究了价格型结构货币政策能够起到定向降息的作用，从而实现稳定经济的作用。但是当整体经济金融风险提升时，结构性货币政策容易引发上下游企业产生的背离，不利于经济的稳定，研究表明结构性货币政策要与总量政策相配合。李炳念等（2023）探究了结构性货币政策与银行系统性风险的关系，研究结果表明以中期借贷便利为主的结构性货币政策显著降低了银行系统性风险，而且不同的结构性工具表明出明显区别，这种影响主要通过市场经营环境、监管压力和风险管理等机制起作用。由于结构性货币政策有硬性的政策信号，定向支持小微企业，忽略了这类企业抵押品不足、盈利能力差等信用风险，信贷资金流入这类企业会导致银行经营风险的提高，不利于降低银行系统性风险。彭俞超和方意（2016）比较了数量型和价格型结构性货币政策工具，发现结构性货币政策能够促进创新型企业的发展，降低落后企业的产能，有利于促进新常态下经济结构转型。但是结构性货币政策是与现实背景紧密相关，短期内可以起到作用，但是不能作为常规货币政策长期实施。陈彦斌（2022）则认为面对复杂的环境，结构性政策可以作为货币政策和稳定政策补充，形成"三策合一"，从而实现最优结构下的短期稳定和长期增长。

## 第二节 宏观审慎政策研究进展

2008 年国际金融危机之后，政策制定者和学术界最早达成的一个共识就是必须加强宏观审慎监管，以防范系统性金融风险，维护金融稳定。党的十九大会议上，习近平总书记明确提出"守住不发生系统性金融风险的底线"，将"防范化解重大风险"放在三大攻坚战首位。如前所述，2008 年国际金融危机后，虽然大多数学者认为货币政策不应该新增金融稳定的目标，但他们也意识到此前微观审慎政策存在的"合成谬误"问题使得其无法保证整体的金融稳定，因此他们认为维护金融稳定的职能应该交由宏观审慎政策（Galati and Moessner，2013；Kahou and Lehar，2017）。

自我国经济进入新常态，系统性金融风险逐渐成为政策指引关注的重点。由于微观审慎调控的主要目标是维护微观层面的个体稳定，因此传统以货币政策和微观审慎政策为核心的金融监管机制不能满足维护金融稳定的调控要求，在金融风险发生时无法及时应对。宏观审慎政策则是传统货币政策和微观审慎政策的补充和延伸，目的是建立相应的反应机制以防范和化解系统性风险。虽然宏观审慎政策和货币政策都可以监管和化解金融风险，但是相比于以稳定物价为目标的货币政策，宏观审慎政策更加关注金融系统的稳定。表1－6给出了2010年以来中国宏观审慎政策实践。

表1－6　　　　　　　　　　　　中国宏观审慎政策实践

| 时间 | 政策事件 | 相关内容 |
| --- | --- | --- |
| 2010 年 | 12 月，推出差别准备金动态调整机制 | 将金融机构适用的存款准备金率与其资本充足率、资产质量状况等指标挂钩，实行差别存款准备金率制度 |
| 2016 年 | 1 月，将差别准备金动态调整和合意贷款管理机制升级为宏观审慎评估体系（Macro Prudential Assessment，MPA） | 重点考虑商业银行资本和杠杆、资产负债情况、流动性、定价行为、资产质量、外债风险、信贷政策执行七大方面，后期又将银行业存款类金融机构的绿色信贷和绿色债券业绩纳入 |
| 2017 年 | 7 月，召开全国金融工作会议，设立国务院金融稳定发展委员会 | 旨在强化人民银行宏观审慎管理和系统性风险防范职责，强化金融监管部门监管职责，确保金融安全与稳定发展 |
| | 10 月，十九大报告提出"健全货币政策和宏观审慎政策双支柱调控框架" | 推动货币政策调控框架从数量型调控为主向价格型调控为主转变，增强货币政策操作的规则性和透明度，充分发挥宏观审慎政策结构性靶向调控的作用。把保持价格稳定与维护金融稳定的两大目标有机结合，重在防范金融体系周期导致的系统性风险，通过加强对系统重要性金融机构监管、提高流动性和资本要求等方式，有效维护金融体系稳定 |
| 2018 年 | 3 月，国务院发布《国务院机构改革方案》调整原来的"一行三会"为"一委一行两会" | 旨在解决分业监管与混业经营不匹配的问题，覆盖监管空白、降低沟通成本、避免监管漏洞和监管重复，提高监管效率 |

续表

| 时间 | 政策事件 | 相关内容 |
|---|---|---|
| 2018 年 | 11 月，人民银行发布《关于完善系统重要性金融机构监管的指导意见》 | 完善中国系统重要性金融机构监管框架，建立系统重要性金融机构的识别、监管和处置机制确立总体制度框架 |
| 2019 年 | 2 月，党中央、国务院批定机构改革方案 | 明确人民银行在宏观审慎管理中的牵头职责，统筹监管系统重要性金融机构、金融控股公司和重要金融基础设施，并批准设立宏观审慎管理局 |
| 2020 年 | 2 月，人民银行等六部委联合印发《统筹监管金融基础设施工作方案》 | 加强金融基础设施建设，统筹监管重要金融基础设施，提高服务实体经济水平和防控金融风险能力 |
|  | 9 月，人民银行发布《金融控股公司监督管理试行办法》 | 对非金融企业投资控股形成的金融控股公司依法准入并实施监管，规范金融控股公司的经营行为 |
|  | 9 月，人民银行、银保监会发布《关于建立逆周期资本缓冲机制的通知》 | 明确了我国逆周期资本缓冲的计提方式、覆盖范围及评估机制，根据当前系统性金融风险评估状况和疫情防控需要，明确逆周期资本缓冲比率初始设定为 0，不增加银行业金融机构的资本管理要求 |
|  | 12 月，发布《系统重要性银行评估办法》 | 明确了中国系统重要性银行的评估办法、评估范围、评估流程，从规模、关联度、可替代性和复杂性四个维度确立了中国系统重要性银行的评估指标体系 |
| 2021 年 | 10 月，发布《系统重要性银行附加监管规定（试行）》 | 从附加资本、杠杆率、大额风险暴露、公司治理、恢复和处置计划、信息披露和数据报送等方面对系统重要性银行提出监管要求 |
|  | 12 月，发布《宏观审慎政策指引（试行）》 | 明确了建立健全我国宏观审慎政策框架的要素。其主要包括：一是界定了宏观审慎政策相关概念；二是阐述了宏观审慎政策框架的主要内容；三是提出了实施好宏观审慎政策所需的支持保障和政策协调要求 |
| 2022 年 | 2 月，人民银行、银保监会发布《关于保障性租赁住房有关贷款不纳入房地产贷款集中度管理的通知》 | 明确保障性租赁住房项目有关贷款不纳入房地产贷款集中度管理，鼓励银行业金融机构按照依法合规、风险可控、商业可持续的原则 |

续表

| 时间 | 政策事件 | 相关内容 |
|------|---------|---------|
| 2023 年 | 3 月，国务院机构改革，组建国家金融监督管理总局 | 统一负责除证券业之外的金融业监管，强化机构监管、行为监管、功能监管、穿透式监管、持续监管 |

资料来源：国务院、中国人民银行网站。

## 一、宏观审慎政策工具

根据 2021 年底颁布的《宏观审慎政策指引（试行）》，我国宏观审慎政策工具分为时间维度和结构维度两类，共计九大工具，表 1 - 7 对已有的银行资本管理、流动性管理、跨境资本管理进行了系统分类。两类工具可以相互补充，以提高金融体系应对风险的能力，实现逆周期调节作用。

表 1 - 7　　　　　　　　　　中国宏观审慎政策工具

| 分类 | 名称 | 目标 |
|------|------|------|
| 时间维度工具：用于平滑金融体系的顺周期波动 | 资本管理工具 | 主要通过调整对金融机构资本水平施加的额外监管要求、特定部门资产风险权重等，抑制由资产过度扩张或收缩、资产结构过于集中等导致的顺周期金融风险累积 |
| | 流动性管理工具 | 主要通过调整对金融机构和金融产品的流动性水平、资产可变现性和负债来源等施加的额外监管要求，增强金融体系应对流动性冲击的韧性和稳健性 |
| | 资产负债表管理工具 | 主要通过对金融机构的资产负债构成和增速进行调节，对市场主体的债务水平和结构施加影响，防范金融体系资产风险敞口集中暴露等引发的系统性金融风险 |
| | 金融市场交易行为工具 | 主要通过调整对金融机构和金融产品交易活动中的保证金比率、融资杠杆水平等施加的额外监管要求，防范金融市场价格大幅波动等可能引发的系统性金融风险 |
| | 跨境资本流动管理工具 | 主要通过对影响跨境资本流动顺周期波动的因素施加约束，防范跨境资本"大进大出"可能引发的系统性金融风险 |

| 分类 | 名称 | 目标 |
|---|---|---|
| 结构维度工具：通过提高对金融体系关键节点的监管要求，防范系统性金融风险跨机构、跨市场、跨部门和跨境传染 | 特定机构附加监管规定 | 通过对系统重要性金融机构提出附加资本和杠杆率、流动性等要求，对金融控股公司提出并表、资本、集中度、关联交易等要求，增强相关机构的稳健性，减轻其发生风险后引发的传染效应 |
| | 金融基础设施管理工具 | 主要通过强化有关运营及监管要求，增强金融基础设施稳健性 |
| | 跨市场金融产品管理工具 | 主要通过加强对跨市场金融产品的监督和管理，防范系统性金融风险跨机构、跨市场、跨部门和跨境传染 |
| | 风险处置等阻断风险传染的管理工具 | 主要通过强化金融机构及金融基础设施风险处置安排，当发生重大风险时根据预案恢复持续经营能力或实现有序处置，保障关键业务和服务不中断，避免引发系统性金融风险或降低风险发生后的影响 |

资料来源：中国人民银行网站。

## 二、宏观审慎政策有效性

关于宏观审慎政策有效性的理论研究一般是在含金融摩擦的动态随机一般均衡（Dynamic Stochastic General Equilibrium，DSGE）模型的基础上进行拓展，引入宏观审慎政策（见表1-8）。金融摩擦可以分为两类：信贷需求摩擦和信贷供给摩擦，前者主要关注借款者（家庭和非金融企业部门等）的资产负债表，后者则主要关注金融机构（商业银行等）的资产负债表。

表1-8　　　　　　　　宏观审慎政策有效性的代表性研究

| 研究分类 | 作者 | 时间 | 主要论述 |
|---|---|---|---|
| 信贷需求摩擦模型 | Gelain et al. | 2011 | 以 KM 模型为基础将 LTV 政策工具钉住信贷目标 |
| | Unsal | 2013 | 利用 BGG 模型引入监管溢价政策工具，并将其钉住总信贷，分析资本流动情形下的宏观审慎政策有效性 |

| 研究分类 | 作者 | 时间 | 主要论述 |
|---|---|---|---|
| 信贷供给摩擦模型 | De Resende et al. | 2013 | 利用 Dib 模型研究了钉产出和信贷的逆周期资本充足率政策的有效性问题 |
| | Angelini et al. | 2014 | 基于 GNSS 模型研究了钉信贷逆周期资本充足率政策有效性问题 |
| 宏观审慎政策有效性的经验证据 | IMF | 2011 | 发现贷款价值比（LTV）、负债收入比（DTI）、信贷增长上限、准备金要求和动态拨备规则可以降低信贷和杠杆的顺周期性 |

具有代表性的信贷需求摩擦模型包括 KM 模型（Kiyotaki and Moore，1997）与 BGG 模型（Bernanke et al.，1999）。KM 模型主要关注借款者的贷款数量，且贷款数量依赖于贷款价值比。在该模型中，贷款价值比参数是时变的并可以作为信贷类宏观审慎政策工具。例如，格兰等（Gelain et al.，2012）在 KM 模型中将贷款价值比政策工具钉住信贷目标，从而分析政策有效性。BGG 模型则主要关注贷款利率，且借款者的杠杆越高，其贷款成本越高。例如，乌恩萨尔（Unsal，2013）在 BGG 模型中将监管溢价政策工具钉住总信贷目标，进而分析宏观审慎政策在资本流动情形下的有效性。

信贷供给摩擦模型主要包括内生杠杆模型和外生杠杆模型。内生杠杆模型主要关注商业银行的道德风险问题，道德风险限制了商业银行的杠杆，进而影响其贷款供给。盖特勒和卡拉蒂（Gertler and Karadi，2011）发现银行转移资产的道德风险越高，银行能维持的杠杆越低。塔夫曼（Tavman，2015）在此基础上将准备金率要求、资本充足率要求以及监管溢价政策工具钉住总信贷目标来研究政策有效性。外生杠杆模型通过 Rotemberg 二阶调整函数引入资本充足率要求和利率粘性。例如，迪布（Dib，2010）限制贷款银行的杠杆不能高于监管杠杆要求，并以二阶调整函数形式对银行实际杠杆与监管杠杆的差距予以奖励。杰拉利等（Gerali et al.，2010）的模型则对高于或是低于资本充足率监管要求的银行均施加二阶调整函数形式的成本惩罚。大量研究通常在此基础上将资本充足率要求设定为逆周期调整，由此引入宏观审慎政策。

## 第三节　双支柱政策调控框架研究进展

### 一、双支柱政策调控框架的双重目标

货币政策以经济稳定为目标，而宏观审慎政策以金融稳定为目标的观点得到了越来越多的支持，同时越来越多的国家开始在传统货币政策的基础上引入各种新的宏观审慎政策工具，以防控系统性风险。我国也不例外，党的十九大报告就明确指出"健全货币政策和宏观审慎政策双支柱调控框架"。从实际情况来看，如果一个国家的政策框架在传统货币政策的基础上加入了宏观审慎政策，就可以认为它具有双支柱政策调控框架的基本特征（马勇，2019）。在双支柱政策调控框架下，传统货币政策的目标和实施框架可以维持，宏观审慎政策的工具和决策系统则相对独立。

由于双支柱政策调控框架的流行，学者开始思考为实现经济和金融稳定的双重目标，货币政策和宏观审慎政策是否应该相互协调以及如何相互协调。对此，部分学者持否定态度。例如，卢比奥和卡拉斯科－加列戈（Rubio and Carrasco－Gallego，2014）发现无论货币政策和宏观审慎政策是否合作协调，只要它们独立共存，就能改善社会福利，并且反而在不协调的情况下，它们对改善社会福利最为有效。鲍尔等（Beau et al.，2012）认为这两类政策的目标之间存在一些矛盾，货币政策应独立地针对价格稳定，而宏观审慎政策则应独立地针对金融稳定，贷款价值比等宏观审慎政策工具就可以抑制信贷泡沫。然而，大部分学者验证了两类政策协调的福利收益，进而强调合作的必要性。安格利尼等（Angelini et al.，2012）指出金融或住房市场冲击是经济周期的重要驱动因素时，引入宏观审慎政策的好处往往是可观的，但宏观审慎政策和货币政策之间缺乏合作可能导致

政策冲突，从而产生次优的结果。布鲁诺等（Bruno et al.，2017）关于货币政策和宏观审慎政策的互动研究表明，当宏观审慎政策通过加强货币紧缩来补充货币政策时，比它们在相反方向上的作用更成功。卢比斯等（Lubis et al.，2019）通过对文献的梳理总结出两者之间的合作对于宏观经济稳定是必要的，而且在发展中国家，汇率制度也会影响合作的方式和效果。

尽管大多数理论研究支持两类政策之间的协调配合，但两者因为目标、工具以及传导路径的不同而对彼此造成的溢出效应也不容忽视。例如，马勇和陈雨露（2013）系统考察了包括货币政策、信贷政策和金融监管政策在内的宏观审慎政策规则及三者之间的协调搭配问题，指出"政策冲突"会削弱政策效果，增加政策执行成本，"政策叠加"则会导致经济系统以非预期的方式调整。切凯蒂和科勒（Cecchetti and Kohler，2015）认为原则上货币政策和宏观审慎政策都可以用来实现金融稳定目标，但后者在执行金融稳定职能时可能导致货币政策目标变量波动增加。因此，如何实现货币政策与宏观审慎政策的协调效应最优化是需要进一步讨论的问题。表 1 - 9 给出了宏观审慎政策主要工具与货币政策工具的匹配性，表明不同的经济状态下，宏观经济政策目标的不同会导致双支柱政策调控的不同结果。

**表 1 - 9　系统性风险防范任务、指标及其与货币政策工具的匹配性**

| 工具分类 | 核心任务 | 主要指标 | 货币政策主导性 | 主要政策工具 |
|---|---|---|---|---|
| 时间维度 | 逆周期调节 | 资本 | 强 | 利率、公开市场操作 |
| | | 流动性 | 强 | 利率、公开市场操作 |
| | | 资产负债 | 中 | 利率、货币供应量 |
| | | 市场交易行为 | 弱 | 制度规定 |
| | | 资本流动 | 强 | 利率、汇率 |
| 结构维度 | 基础设施 | 支付清算体系 | 强 | 直接监管 |
| | | 银行间市场 | 强 | 公开市场操作 |
| | | 资产定价制度 | 弱 | 公开市场操作 |

| 工具分类 | 核心任务 | 主要指标 | 货币政策主导性 | 主要政策工具 |
|---|---|---|---|---|
| 结构维度 | 系统重要性 | 风险头寸 | 中 | 资本充足率、准备金 |
| | | 大而不倒 | 弱 | — |
| | | 内在关联性 | 弱 | — |
| | 资产泡沫 | 股票价格 | 弱 | |
| | | 债券价格 | 强 | 利率、公开市场操作 |
| | | 房地产价格 | 中 | 利率、信贷限制 |

资料来源：郑联盛. 货币政策与宏观审慎政策双支柱调控框架：权衡与融合［J］. 金融评论，2018（04）：25－40＋119.

国内很多学者从理论上探讨了货币政策和宏观审慎政策协调配合的最优路径，为健全我国双支柱政策调控框架提供了参考。程方楠和孟卫东（2017）认为在协调机制上，宏观审慎政策和货币政策在协调过程中保持相对的独立性；在协调规则上，两者均适合标准泰勒规则；在协调实施上，政策组合必须综合失衡的原因、程度和性质做出响应。汪川（2018）认为货币政策宏观审慎政策结合可以减少纯货币政策导致的福利损失，且前瞻型宏观审慎政策比后顾型政策对产出缺口和通货膨胀造成的溢出都较小。陈彦斌等（2018）指出，在应对传统资产泡沫时采用的货币政策和宏观审慎政策"双紧"组合，不再适用于应对衰退式资产泡沫，否则会导致大量产出损失；稳健偏宽松的货币政策加上偏紧的宏观审慎政策组合虽然表面上作用方向相反，但由于不会产生已有研究中的政策冲突问题，是更为理想的政策组合。黄益平等（2019）发现在货币政策的基础上增加以跨境资本流入税为代表的宏观审慎政策工具可以有效遏制金融市场的顺周期机制，提高宏观经济的稳定性。

## 二、双支柱政策调控框架的传导机制

在货币政策下，政策的传导主要通过基准利率影响到市场利率，市场利率的变化则通过四种渠道影响经济活动，包括储蓄和投资渠道、现金流渠道、资产价格和财富效应渠道以及汇率渠道。宏观审慎政策影响主要通过时间维度和空间维度起作用（方意等，2019）。时间维度宏观审慎政策主要用于防范和降低金融部门与实体经济之间的"共振"（顺周期性）效应，具体表现为对金融部门"择时"干预。空间维度宏观审慎政策用于防范和化解横向关联性带来的负外部性风险，其主要关注系统性风险的放大机制。图1-2给出了双支柱政策调控框架的影响机制。

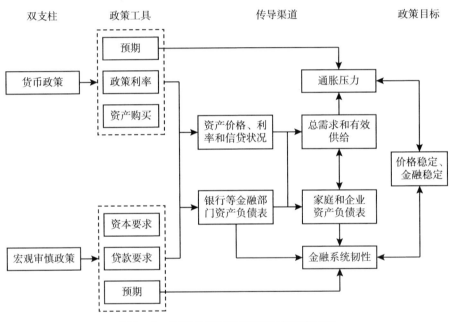

图1-2 双支柱政策调控框架的影响机制

# 第四节 构建符合中国实际的双支柱政策调控框架

中央银行制度是20世纪银行危机的产物，它在一定程度上结束了自由银行业的混乱，以最后贷款人的职能稳定了整个金融体系，天然具有金融稳定职责（周莉萍，2018）。党的二十大报告提出"建设现代中央银行制度，加强和完善现代金融监管，强化金融稳定保障体系"。中国人民银行前行长易纲（2021）认为：从国际中央银行制度演变历史看，最初中央银行的主要任务是向政府融资，后来转为专门管理货币，并逐步建立起通过调节货币和利率维护币值稳定的现代中央银行制度。20 世纪 70 年代全球中央银行开始重视充分就业，2008 年国际金融危机后又关注金融稳定和国际协调合作。

金融是现代经济发展的血脉，是国家重要的核心竞争力。金融活动的本质是不确定性环境下资源跨期配置，金融风险根植于金融活动之中，是金融活动的内在属性。金融市场的剧烈波动对全球经济和金融市场的健康发展造成了严重损害，各国央行对金融风险的政策关注由此上升到新的历史高度。

《2017 年第三季度中国货币政策执行报告》提到，健全货币政策与宏观审慎政策双支柱调控框架，是反思全球金融危机教训并结合我国国情的重要部署，有助于在保持币值稳定的同时促进金融稳定，提高金融调控的有效性，防范系统性金融风险，切实维护宏观经济稳定和国家金融安全。易纲（2021）认为，货币政策主要针对整体经济和总量问题，侧重于经济和物价水平的稳定；宏观审慎政策则可直接和集中作用于金融体系或某个金融市场，抑制金融顺周期波动，防范跨市场的风险传染，侧重于维护金融稳定。两者可以相互补充和强化，形成两个支柱。

为贯彻落实党的十九大关于"健全货币政策和宏观审慎政策双支柱调控框架"的重大决策部署，完善宏观审慎政策治理机制，提高防范化解系统性金融风险的能力，《宏观审慎政策指引（试行）》从我国实际出发，明确了建立健全我国宏观审慎政策框架的要素，配合货币政策框架，有效健全了我国双支柱政策调控框架。

正如图 1-3 所示，在双支柱政策调控框架下，中央银行的主要目标是实现经济稳定和金融稳定。这需要通过货币政策和宏观审慎政策的双支柱政策调控框架来监测经济系统和金融系统。当经济和金融信号发出后，中央银行评估信号和目标之间的偏差，并采用对应的政策工具进行宏观调控，以实现其政策目标。或者，中央银行可以通过引导预期，向市场传递其政策意图，通过政策沟通和预期引导，使其能够相应地进行调整。

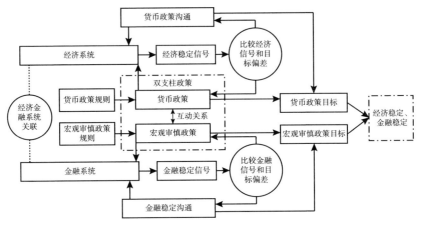

**图 1-3 符合中国实际的双支柱政策调控框架**

资料来源：李拉亚. 双支柱调控框架的新目标制研究 [J]. 管理世界, 2020（10）：27-41.

当经济大幅波动和金融系统性风险超过一定阈值时，监管信号和目标之间可能会出现明显偏差。这种情况下，中央银行必须使用货币政策工具和宏观审慎工具的组合来有效应对这些挑战。然而，经济系统的复杂性可能使得中央银行货币政策和宏观审慎政策之间存在利益冲突，从而削弱其政策效果。因此，中央银行必须从经济和金融系统的角度有效协调其双支柱政策调控框架，以实现宏观经济政策目标。

# 第二章 政策沟通和预期管理理论

## 第一节 政策沟通研究进展

从20世纪90年代起，主要西方国家的中央银行在货币政策操作风格上开始转向"透明主义"，中央银行沟通由此成为许多国家央行的一项非常规政策工具。在2008年金融危机以前，有关央行沟通的文献主要关注央行沟通在实现货币政策目标、维持价格稳定上的作用（Eijffinger and Hoeberichts，2008），而忽视其在化解系统性金融风险、维护金融稳定上的作用。尽管有一些文献探讨了央行沟通对金融市场的影响，但最终目的还是研究央行沟通如何通过金融市场和长期利率的变动影响宏观经济目标的实现（Ehrmann and Fratzscher，2007）。危机爆发后，央行沟通对于维护金融稳定的重要性才开始得到重视。

央行沟通的内容通常包括货币政策目标、政策操作策略、经济前景及未来货币政策走向（Blinder et al.，2008）。定期发布的报告，货币政策委员会例会的会议纪要等文字书面材料，央行行长的讲话、演讲和采访等口头资料等都属于央行沟通的具体渠道。布林德等（Blinder et al.，2008）认为中央银行沟通可以起到提供信息和降低市场噪声的作用。提供信息是指央行沟通的结果可以通过资产价格的变化反映出来，例如，央行公布的政策报告中表达了对当前和未来经济金融形势的乐观看法，市场会根据央行的看法重新对资产价格进行定价，这说明央行沟通提供了新的信息。降低市场噪声是说明央行沟通行为有助于降低政策的不确定性，进而降低金融市场所面临的不确定性，有利于降低金融波动。所以大多数文献从资产价格波动性的角度考察央行沟通是否有助于维护金融稳定。这类文献在研究方法上主要基于 GARCH 类模型实证检验央行沟通对金融资产价格波动是否有平抑作用，但在研究结论上意见却并不统一。冀志斌和宋清华（2012）发现我国央行沟通能有效降低我国长短期利率和汇率的波动程度，从而维护金融市场的稳定。但是货币政策的变动不能总是被市场预期到，当未被市场预期到的货币政策调整时，引起的利率和汇率的波动无法被央行沟通所抵消，从而导致整个市场的风险波动。而且在短期收益率和外汇市场上，紧缩意图的沟通平抑波动的作用比宽松意图的沟通要大。马理等（2013）也认为我国的央行沟通比较有效，能够降低市场利率波动，并且即时生效。但吴国培和潘再见（2014）发现央行沟通会显著增大短期利率波动。张强和胡尚荣（2014）发现虽然紧缩意图的沟通可以减少利率的波动，但宽松意图的沟通却会增大利率的波动。此外，由于央行沟通渠道存在着差别，不少研究则按照沟通渠道进一步将央行沟通分为书面沟通和口头沟通。朱宁等（2016）发现口头沟通中来自央行行长的沟通降低汇率波动的效果更强。哈约和诺伊恩基尔赫（Hayo and Neuenkirch，2015）的跨国研究则表明，在金融危机期间，口头沟通明显降低了股票市场波动率。

尽管在研究央行沟通对金融市场的影响时多采用 GARCH 类模型，但有文献指出这类模型更适合分析高频数据，而央行沟通如会议纪要和政策声明等都属于低频数据，并不适用于 GARCH 框架，相反采用事件研究法会更合理（邹文理等，2020）。例如，弗雷兹策尔（Fratzscher，2008）采用事件研究法探究了央行沟通在金融稳定中的积极作用。研究发现，央行沟通可以降低不同投资者间的经济预期偏差，偏差与信息异质性的降低可以使得资产价格更加接近经济基本面。肖争艳等（2019）则直接关注央行沟通事件前后股票市场的波动变化，其研究表明央行沟通尤其是口头沟通稳定股市波动的效果更好，并且随着货币政策口头沟通措辞的明确化和沟通灵活性与针对性的加强，其作用也会变得更加有效。

另外，还有研究指出较高的政策透明度和可信性可以减少未来的不确定性，提高银行对货币政策的预测能力，最终导致风险低估和银行风险承担行为的增加（Borio and Zhu，2012）。因此除了金融市场的波动风险外，也有部分文献从银行风险承担的角度讨论央行沟通与金融稳定的关系。汪莉和王先爽（2015）认为央行政策制定者在使用传统货币政策工具应对危机时可以通过一定的沟通提高政策透明度与可预测性，避免较大预期波动形成的过度投机与风险承担；在经济较为繁荣时期，央行可以适当降低央行沟通使用频率，警惕过度的政策透明度与可测性在低风险感知时期形成的风险承担激励。刘琦和何启志（2015）发现央行沟通对银行风险承担具有显著正向影响，央行沟通的宽松信息越多，银行风险承担越大。这表明，从金融稳定角度来看，央行沟通并非风险中性。

学界关于货币政策与金融稳定的讨论已经表明，货币政策并非是维护金融稳定的最好工具。相比货币政策沟通，与金融稳定相关的央行沟通在化解系统性风险上的作用更值得被关注。然而，国内外文献关于这一方面的研究却非常少。

最近有一些研究探讨了金融稳定沟通防范系统性风险的作用（见表 2－1）。很多央行将出版金融稳定报告作为维护金融稳定的主要沟通渠道（Cihak，2006），金融稳定报告被认为有利于维护金融稳定、增加金融稳定部门的责任感以及加强各部门在金融稳定问题上的合作（Oosterloo et al.，2007）。因此这类研究一般将金融稳定报告作为沟通样本，采用文本分析技术构造文本情绪指标，从而考察文本情绪与系统性风险之间的相关性。博恩等（Born et al.，2014）收集了 14 年间 37 家央行发布的超过 1000 份金融稳定报告，然后利用文本分析软件 DICTION 得到每份报告的情绪信息，其基于事件研究法的实证结果表明无论是情绪积极还是消极的报告，都能够显著降低市场波动风险。李云峰等（2014）采用了类似的方法考察我国金融稳定报告的作用。科雷亚等（Correa et al.，2021）从全球范围内 66 家机构发布的英文金融稳定报告中，收集整理出了一个金融稳定情感词典，采用该词典构建的文本情绪指数不仅能够解释系统性风险指标的变动，还能够显著预测银行危机的可能性，并且沟通越具有主动性和前瞻性的央行越能够降低银行危机发生的可能性。

表 2-1　　关于中央银行沟通维护金融稳定的代表性研究

| 研究分类 | 作者 | 时间 | 主要论述 |
|---|---|---|---|
| 央行货币政策沟通对资产价格波动的影响 | 冀志斌和宋清华 | 2012 年 | 研究发现我国央行沟通对长短期利率及汇率的波动性影响是显著的，并且有助于金融市场的稳定，但却不足以抵消货币政策决定中的意外成分引起的市场波动 |
| | 肖争艳等 | 2019 年 | 研究表明央行沟通，尤其是口头沟通，稳定股市波动的效果更好，并且随着货币政策口头沟通措辞的明确化和沟通灵活性与针对性的加强，其作用也会变得更加有效 |
| 央行货币政策沟通对银行风险承担的影响 | 汪莉和王先爽 | 2015 年 | 央行政策制定者在使用传统货币政策工具应对危机时可以通过一定的沟通提高政策透明度与可预测性，避免较大预期波动形成的过度投机与风险承担 |
| | 刘琦和何启志 | 2015 年 | 央行沟通对银行风险承担具有显著正向影响，央行沟通的宽松信息越多，银行风险承担越大 |
| 央行金融稳定沟通对资产价格波动的影响 | Born et al. | 2014 年 | 无论是情绪积极还是消极的金融稳定报告，都能够显著降低市场波动风险 |
| | 李云峰等 | 2014 年 | 我国金融稳定报告的发布不能很好地降低股票市场的波动 |
| 央行金融稳定沟通预测银行危机 | Correa et al. | 2020 年 | 央行金融稳定沟通的文本情绪指数不仅能够解释系统性风险指标的变动，还能够显著预测银行危机的可能性 |

# 第二节　政策沟通的新凯恩斯模型

央行沟通的目的是服务于宏观调控，布林德等（2008）充分肯定了中央银行沟通对金融市场的重要作用。他们认为央行沟通可以影响未来短期利率预期，从而影响长期利率和其他资产价格，最终利率和其他资产价格的变化会影响通胀和产出等宏观经济变量。具体而言，长期利率和其他资产价格可以表示为：

$$R_t = \alpha_n - \frac{1}{n}(r_t + E_t r_{t+1} + E_t r_{t+2} + \cdots + E_t r_{t+n-1}) + \varepsilon_t \qquad (2-1)$$

其中，$r_t$ 表示当期短期利率，$\alpha_n$ 表示期限溢价，$\varepsilon_t$ 为扰动项。总需求可以表示为长短期利率 $R_t$ 和 $r_t$、预期通胀率 $E_t\pi_{t+1}$ 及其他必要变量的函数：

$$x_t = D(r_t - E_t\pi_{t+1},\ R_t - E_t\pi_{t+1},\ \cdots) \qquad (2-2)$$

总供给函数则可以用新凯恩斯菲利普斯曲线表示：

$$\pi_t = \beta E_t\pi_{t+1} + \kappa x_t \qquad (2-3)$$

央行货币政策规则可以表示为产出缺口 $x_t$、通胀率 $\pi_t$、目标通胀率 $\pi_t^*$ 等变量的函数：

$$r_t = G(x_t,\ \pi_t,\ \pi_t^*,\ \cdots) \qquad (2-4)$$

最后，未来短期利率预期会受到央行沟通的影响：

$$E_t r_{t+j} = H_j(x_t,\ R_t,\ r_t,\ \cdots,\ s_t) \qquad (2-5)$$

其中，$E_t r_{t+j}$ 表示未来不同时期利率的预期值，$s_t$ 表示来自央行沟通的信号。在该框架下，央行沟通可以通过式（2-5）直接影响利率预期，再通过式（2-1）影响资产价格，最终资产价格的变化通过式（2-2）引起总需求变化。

最近更多的理论研究则聚焦于前瞻指引的政策效果。前瞻指引（Forward Guidance）是央行通过发布宏观经济预测或未来利率路径等前瞻性信息，引导公众形成未来货币政策立场或政策路径变化的预期，是央行沟通的一种方式（万志宏，2015）。这些研究通常在新凯恩斯主义（New Keynesian，NK）模型中论证前瞻指引的传导机制，并且都认为前瞻指引在一定程度上是有效的。前瞻指引之所以有效，是因为前瞻指引能够引导公众预期，经济主体的消费投资决策不仅受到当前利率水平的影响，还会受到未来利率水平预期的影响。中央银行并不控制当前的通货膨胀或产出缺口，而是调控它们的预期值。在一定程度上，中央银行的真正目标是通货膨胀与产出缺口的预期值（董昀等，2015）。根据麦凯等（McKay et al.，2016）的研究，在一个基本的 NK 模型中前瞻指引的效果可以描述如下。首先总需求函数可以表示为：

$$x_t = E_t x_{t+1} - \sigma(i_t - E_t\pi_{t+1} - r_t^n) \qquad (2-6)$$

总供给函数可以用菲利普斯曲线表示：

$$\pi_t = \beta E_t\pi_{t+1} + \kappa x_t \qquad (2-7)$$

其中，$x_t$ 表示产出缺口，$\pi_t$ 表示通货膨胀率，$i_t$ 表示无风险短期名义利率，$r_t^n$ 表示自然利率，实际利率则可以表示为 $i_t - E_t\pi_{t+1}$。假定在无货币政策冲击时，实际利率等于名义利率，产出缺口和通货膨胀均为零。由式（2－6）和式（2－7）可以推导出式（2－8）和式（2－9）：

$$x_t = -\sigma \sum_{j=0}^{\infty} E_t(i_{t+j} - E_{t+j}\pi_{t+j+1} - r_{t+j}^n) \qquad (2-8)$$

$$\pi_t = \kappa \sum_{j=0}^{\infty} \beta^j E_t x_{t+j} \qquad (2-9)$$

在短期利率达到零利率下限的情况下，如果中央银行实施前瞻指引政策，宣布未来短期政策利率将固定在零附近相当长一段时间，那么市场参与者则会预期利率近乎零，实际利率就会下降，低于自然利率。因此，从式（2－8）可以得知，产出缺口会立即增加，并且在未来一段时间会一直增加。前瞻指引的期限越长，产出缺口的累积效应越大。式（2－9）中也可以得到类似的结论，前瞻指引的期限越长，通货膨胀的反应越大。然而，事实上前瞻指引的期限越长，产出缺口和通货膨胀反应越大的结论不仅违反直觉，也不符合事实，德尔内格罗等（Del Negro et al.，2015）称其为"前瞻指引之谜"（Forward Guidance Puzzle）。

前瞻指引之谜出现的根本原因在于标准的 NK 模型假设中央银行可以在任意的期限上控制私人预期，而事实上这有悖常理（Campbell et al.，2019）。因此，大量研究在 NK 模型中调整相关假设条件来解决这一问题。麦凯等（2016）引入了不完全市场假定，消费者面临收入风险和融资约束，此时前瞻指引对宏观经济的刺激作用会因为市场不完全而大幅减弱。坎贝尔等（Campbell et al.，2019）考察了央行无法完全清晰明确地做出承诺的条件下，前瞻指引如何管理预期并影响产出。在这种情况下，尽管前瞻指引作用有限，但仍应该将其作为政策工具保留。艾劳多（Airaudo，2020）认为家庭在消费上面临权衡：是消费掉当期所有财富还是平滑消费，这一假定可以帮助解决前瞻指引之谜。还有研究则不只局限于新凯恩斯主义框架，安吉勒特斯和连（Angeletos and Lian，2018）将 NK 模型与传统的不完全信息资产定价模型结合，研究了不存在公共知识的情形下前瞻指引的作用，其结果也可以解决前瞻指引之谜。以上这些研究中，央行提供的前瞻指引一般是未来政策利率的路径，也即工具型前瞻指引，但安吉勒特斯和萨思特里（Angeletos and Sastry，2020）指出在面临持续的流动性陷阱时，央行应该提供关于货币政策目标（如失业率）的前瞻指引，工具型前瞻指引向目标型前瞻指引的转变也可以完全避免前瞻指引之谜。

# 第三节 异质信念与金融市场理论

## 一、投资者异质信念与资产价格波动

大量文献表明投资者信念是金融周期的重要驱动因素，其中投资者意见分歧即使是在不存在卖空限制或泡沫的情形下也能够加剧资产价格波动（Xiong and Yan，2010；Kubler and Schmedders，2012；Cao，2017）。安吉勒特斯和西姆塞克（Caballero and Simsek，2020）建立了一个以资产价格为核心的 NK 模型，在该模型中利率政策通过影响金融市场和资产价格继而影响总需求，而非传统 NK 模型所考虑的跨期替代。因此该模型更为强调宏观环境中投资者异质信念所引起的金融投机对资产价格波动的影响。

在其模型中，资本运动方程为：

$$\frac{\mathrm{d}k_{t,s}}{k_{t,s}} = g\mathrm{d}t + \sigma_s\mathrm{d}Z_t \tag{2-10}$$

其中，$s \in \{1, 2\}$ 表示经济所处状态，$g$ 表示总产出增长率，$\sigma_s$ 表示总产出的波动率，$\mathrm{d}Z_t$ 表示标准的布朗运动。因此产出波动率的冲击即风险溢价的冲击。基于 $\sigma_s$ 高低可以将经济划分为两种状态：$s=1$ 时经济处于低波动状态，$s=2$ 时经济处于高波动状态。

市场上存在乐观和悲观的两类投资者 $i \in \{o, p\}$，这两类投资者在经济状态的转移概率上存在意见分歧。用 $\lambda_s^i$ 表示投资者 $i$ 认为经济从状

态 $s$ 向另一类状态转移的概率。乐观的投资者会认为经济从高波动状态向低波动状态转移的概率更高，同时认为经济从低波动状态向高波动状态转移的概率更低，也即 $\lambda_2^o > \lambda_2^p$ 且 $\lambda_1^o \leqslant \lambda_1^p$。投资者的平均信念可以表示为：

$$\bar{\lambda}_{t,s} = \alpha_{t,s}\lambda_{t,s}^o + (1 - \alpha_{t,s})\lambda_{t,s}^p \qquad (2-11)$$

其中，$\alpha_{t,s}$ 表示乐观投资者财富份额，且满足：

$$\frac{\dot{\alpha}_{t,s}}{\alpha_{t,s}} = \bar{\lambda}_{t,s} - \lambda_{t,s}^o, \quad \text{如果状态 } s \text{ 不变} \qquad (2-12)$$

$$\frac{\alpha_{t,s'}}{\alpha_{t,s}} = \frac{\lambda_{t,s}^o}{\bar{\lambda}_{t,s}}, \quad \text{如果状态 } s \text{ 变为 } s' \qquad (2-13)$$

在均衡时，若 $s = 1$，则每单位资产的对数价格 $q_{t,1}$ 保持在其有效水平 $q^*$，无风险利率则可以表示 $\alpha_{t,1}$ 的严格增函数：

$$i_{t,1} = \rho + g - \bar{\lambda}_{t,1}(\alpha_{t,1})\left(\frac{Q^*}{e^{q_{t,2}(\alpha')}} - 1\right) - \sigma_1^2 \qquad (2-14)$$

其中，$Q^*$ 表示每单位资产价格的有效水平，$\alpha' = \alpha_{t,1}\dfrac{\lambda_{t,1}^o}{\bar{\lambda}_{t,1}}$，$\bar{\lambda}_{t,1}(\alpha_{t,1})$ 和 $q_{t,2}(\alpha')$ 均为 $\alpha_{t,1}$ 的函数。

若 $s = 2$，则无风险利率为 0，资产价格 $q_{t,2}$ 小于有效水平，满足以下微分方程：

$$q_{t,2}(\alpha_{t,2})(\lambda_{t,2}^o - \lambda_{t,2}^p)\alpha_{t,2}(1 - \alpha_{t,2}) = \rho + g + \bar{\lambda}_{t,2}(\alpha_{t,2})\left(1 - \frac{e^{q_{t,2}(\alpha_{t,2})}}{Q^*}\right) - \sigma_2^2$$

$$(2-15)$$

上述微分方程的解 $q_{t,2}(\alpha_{t,2})$ 也是关于 $\alpha_{t,2}$ 的严格增函数。

在经济繁荣时期即 $s = 1$ 时，乐观投资者会卖出 $s = 2$ 状态下支付的证券，由于 $\bar{\lambda}_{t,1} > \lambda_{t,1}^o$，从式（2-12）和式（2-13）可以看到，在经济进入衰退前，其财富份额 $\alpha_{t,1}$ 会持续增加，无风险利率因此也会随 $\alpha_{t,1}$ 增加。然而经济一旦进入衰退即 $s = 2$ 时，乐观投资者便从悲观投资者手中买入 $s = 1$ 状态下支付的证券，由于 $\bar{\lambda}_{t,2} < \lambda_{t,2}^o$，除非经济进入繁荣时期，否则其财富份额 $\alpha_{t,2}$ 会持续减少。这会进一步导致资产价格持续下跌。而且，由于利率政策面临零利率约束而失效，此时还会加重总需求的衰退。因此总体

来看，投资者由于意见分歧而进行的投机行为会加剧资产价格的波动，并恶化宏观经济，加重经济衰退。

在低利率环境下，传统货币政策难以应对以上投机行为所导致的资产价格剧烈下跌。因此卡巴莱罗和西姆塞克（Caballero and Simsek，2020）进一步指出，在经济繁荣时期实施宏观审慎政策限制投机行为可以避免乐观投资者的财富份额在经济衰退时下跌，从而可以提振资产价格和总需求。宏观审慎政策通过内部化投机所导致的总需求外部性从而实现了帕累托改进。西姆塞克（2021）也得出一致结论，繁荣时期限制投机的宏观审慎政策可以减轻随后的总需求衰退，同时改善社会福利和投机者福利。除了宏观审慎政策，卡巴莱罗和西姆塞克（2019）的研究还表明审慎的货币政策也可以发挥类似于限制杠杆的功能，繁荣时期的审慎货币政策可以减轻随后衰退时期资产价格的下跌，有利于维护金融稳定。

## 二、央行沟通与市场恐慌

卡巴莱罗和西姆塞克（2022b）在标准的 NK 模型中引入了央行与市场间对于未来总需求的意见分歧，从而研究信念异质性如何影响央行的货币政策决定。在其模型中，每一期央行和市场的行为分为三个阶段。首先，央行与市场观察到关于产出增长的公共信号并做出推断，两者存在意见分歧，随后央行决定货币政策利率。其次，所有经济主体观察到实际的产出增长率即总需求冲击。最后，市场选择最优配置并出清，均衡产出水平确定。

用 $F$ 和 $M$ 分别表示央行和市场。在观察到总需求冲击发生后，央行和市场都会更新其信念。因此分别用 $E_t^F$ 和 $E_t^M$ 表示冲击前央行和市场的预期，而分别用 $\overline{E}_t^F$ 和 $\overline{E}_t^M$ 表示冲击后两者的预期。总供给函数依然可以用新凯恩斯菲利普斯曲线（NKPC）表示：

$$\pi_t = \beta\overline{E}_t^M \pi_{t+1} + \kappa x_t \qquad\qquad (2-16)$$

总需求函数则表示为：

$$x_t = \overline{E}_t^M x_{t+1} + l_t - (i_t - \overline{E}_t^M \pi_{t+1} - \rho) \qquad\qquad (2-17)$$

其中，$l_t$ 表示第 $t$ 期至第 $t+1$ 期的产出增长率，即总需求冲击。$l_t$ 服从如下过程：

$$l_t = g_t + v_t, \quad g_t = g_{t-1} + \varepsilon_t \qquad (2-18)$$

$g_t$ 表示增长率中无法被观测到的成分，可以视为经济潜在增长率，$v_t$ 和 $\varepsilon_t$ 为随机扰动项。由于 $g_t$ 无法被观测，央行和市场只能根据给定信息推断 $g_t$ 的水平，并且两者存在意见分歧。在每一期，央行和市场都能接收到关于 $g_t$ 的公共信号 $s_t$，对于任一主体 $j \in \{F, M\}$，$s_t$ 与主体特有信念 $\mu_t^j$ 满足：

$$s_t + \mu_t^j = g_t + e_t \qquad (2-19)$$

其中，$\mu_t^F$ 和 $\mu_t^M$ 服从联合正态分布，并且相关性系数为 $\rho_\mu$，$e_t$ 为随机扰动项。如果 $\rho_\mu$ 为 1，则意味着央行和市场间没有意见分歧，如果 $\rho_\mu$ 小于 1 则意味着存在意见分歧。基于卡尔曼滤波方法，可以得到冲击前主体 $j$ 关于 $g_t$ 的条件期望：

$$E_t^j g_t = \varphi E_t^j g_{t-1} + \omega^s (s_t + \mu_t^j) + \omega^l l_{t-1} \qquad (2-20)$$

其中，$\varphi$，$\omega^s$，$\omega^l$ 均为大于 0 的参数，并且和为 1。进一步可以得到央行和市场的意见分歧满足如下一阶自回归过程：

$$E_t^M g_t - E_t^F g_t = \varphi (E_t^M g_{t-1} - E_t^F g_{t-1}) + \omega^s (\mu_t^M - \mu_t^F) \qquad (2-21)$$

最终可以求解出央行最优的利率决定和均衡的产生缺口水平：

$$i_t = \rho + (1-\varphi) E_t^F g_t + \varphi E_t^M g_t \qquad (2-22)$$

$$x_t = l_t - E_t^F g_t \qquad (2-23)$$

从式（2-22）可以看出，央行利率决定反映了央行和市场的异质信念，央行无法仅依据自身预期决定货币政策，而是需要格外考虑市场预期，并且两者之间意见分歧的持续性越强（$\varphi$ 越大），央行对市场预期赋予的权重越高。除了研究央行和市场间意见分歧对宏观经济调控的影响，萨思特里（2021）还探讨了出现意见分歧的原因。其理论模型将央行和市场间的意见分歧分解为三个维度，一是央行相对市场具有私人信息，二是市场对货币政策理解存在偏误，三是两者关于公共信号存在异质信念。随后的经验证据表明，公共信号的异质信念对意见分歧的解释作用最大，而央行的私人信息几乎不起作用。

在式（2-18）中，进一步考虑央行和市场对于增长率 $l_t$ 中的扰动项 $v_t$ 也存在意见分歧的情形。市场认为 $v_t$ 服从正态分布 $N(0, \sigma_v^2)$，而央行则认为其服从的正态分布为 $N(\Delta v_t^F, \sigma_v^2)$，$\Delta v_t^F$ 反映了央行对增长率中短期成分预期的变化。市场由于无法得知央行如何推断增长率中长期成分 $g_t$ 和短期成分 $v_t$，因此只能根据央行的政策决定做出推测。用参数 $\tau \in [0, 1]$ 表示市场反应类型，即市场多大程度上将利率决定理解为长期信念变化。如果 $\tau = 0$ 则市场将央行的利率决定完全理解为短期信念变化，市场远期利率不变化，市场属于不反应类型；如果 $\tau = 1$ 则市场将央行的利率决定完全理解为长期信念变化，市场远期利率对政策利率变化反应最大，市场属于完全反应类型。考虑央行知道市场反应类型，则其最优利率决定为：

$$i_t = \rho + (1 - \varphi) E_t^M (E_t^F g_t) + \varphi E_t^M g_t + (1 - \tau\varphi)(\Delta g_t^F + \Delta v_t^F) \quad (2-24)$$

其中，$\Delta g_t^F = E_t^F g_t - E_t^M(E_t^F g_t)$，表示央行预期相对市场预期的意外成分。此时，央行仍然可以保证其预期产出缺口为零。但现实情形通常是央行并不知道市场反应类型，从而也需要对 $\tau$ 进行估计。假设央行认为 $\tau = 1$ 的概率为 $\delta \in [0, 1]$，认为 $\tau = 0$ 的概率为 $1 - \delta$，那么可以求解出最优利率决定为：

$$i_t = \rho + (1 - \varphi) E_t^M (E_t^F g_t) + \varphi E_t^M g_t + (1 - \tilde{\delta}\varphi)(\Delta g_t^F + \Delta v_t^F) \quad (2-25)$$

其中，参数 $\tilde{\delta}$ 满足 $\tilde{\delta} > \delta = E_t^F \tau$。此时，央行的产出缺口预期无法维持在零值水平：

$$E_t^F x_t = \varphi(\tilde{\delta} - \delta)(\Delta g_t^F + \Delta v_t^F) \quad (2-26)$$

从式（2-24）和式（2-25）可以看出，当央行对经济形势的估计比市场所预期的更加乐观时，即 $\Delta g_t^F + \Delta v_t^F > 0$ 时，央行会以一定权重向上提高利率，但是在其不确定市场类型的情况下，其决策更加谨慎，权重会更低（$1 - \tilde{\delta}\varphi < 1 - \delta\varphi$）。从式（2-26）可以看出，此时其产出缺口预期也会正向偏离。从直觉上理解，央行以最小化经济波动为目标，因此为避免产出缺口的过度波动而需要牺牲对预期水平的控制。如果央行错误地估

计了市场反应类型，那么当央行相比市场更加乐观时，其提高利率的行为会造成市场恐慌。考虑央行将完全反应类型错认为不反应类型的极端情形，在式（2-24）中，央行认为 $\tau = 0$，此时市场观察到央行大幅提高了短期利率，并将其完全理解为央行长期信念的变化，那么市场对未来利率和产出缺口的预期变化可以表示为：

$$\Delta E_t^M i_{t+h} = \frac{\Delta g_t^F + \Delta v_t^F}{1 - \varphi} \varphi^h (1 - \varphi) \qquad (2-27)$$

$$\Delta E_t^M x_{t+h} = -\frac{\Delta g_t^F + \Delta v_t^F}{1 - \varphi} \varphi^h \qquad (2-28)$$

可以看出，市场远期利率大幅上升，同时产出缺口预期负向大幅变动，同时资产价格水平则会出现大幅下跌（Caballero and Simsek，2022a），由此出现市场恐慌。现实中，美联储就曾因低估了市场反应而引起 2013 年的"缩减恐慌"。因此，央行会更谨慎地操作，以更小的幅度提高利率水平，而后果便是无法实现产出缺口目标。

市场恐慌出现的原因在于市场无法清楚地分辨出央行利率决定中的长期信念和短期信念，因此一个自然的策略是央行通过与市场的沟通向其揭示两种不同的信念成分。具体而言，央行可以向市场同时声明当前利率决定 $i_t$ 和未来利率决定预期 $E_t^F i_{t+1}$，在均衡状态下满足：

$$i_t = \rho + (1 - \varphi) E_t^F g_t + \varphi E_t^M g_t + \Delta v_t^F \qquad (2-29)$$

$$E_t^F i_{t+1} = \rho + (1 - \varphi^2) E_t^F g_t + \varphi^2 E_t^M g_t \qquad (2-30)$$

可以看到，当前利率决定揭示了央行的短期信念变化 $\Delta v_t^F$，而未来利率预期则揭示了长期信念变化 $\Delta g_t^F$。一旦市场完全分辨出央行信念变化，均衡状态便与市场反应类型无关，产出缺口也就和式（2-23）类似：

$$x_t = l_t - E_t^F g_t - \Delta v_t^F \qquad (2-31)$$

因此，无论市场反应类型如何，对央行而言产出缺口的期望都为零：

$$E_t^F x_t = E_t^F (x_t | \tau) = 0 \qquad (2-32)$$

央行沟通的目的并非是消除央行和市场间的意见分歧，而是向市场传递自身预期信息，避免市场误解央行政策决定，从而在消除市场恐慌的同时维持了政策目标。

# 第四节　政策沟通的信息含量

央行沟通能够对金融市场和实体经济产生显著影响，这些影响既来自央行沟通的货币政策信息，也来自与货币政策无关的经济基本面信息。一方面，传统货币政策理论认为央行沟通的货币政策信息改变了公众对未来货币政策走向的预期；另一方面，经济基本面信息则会改变公众对于未来经济形势的预期。例如，央行提高利率的声明会间接地向公众传递未来经济增长的信号，公众可能因此预期未来经济形势向好，最终增加消费和投资。

央行向公众揭示有关经济基本面的增量信息从而对经济产生影响被称为信息效应（Information Effect）（Romer and Romer，2000；Nakamura and Steinsson，2018）。由于信息效应渠道的存在，紧缩的货币政策可能会起到刺激经济的效果，表现出与传统货币政策理论相反的结果。因此，有必要从央行沟通的影响中分解出信息效应，考察央行沟通中经济基本面信息如何影响经济主体的预期和决策。

## 一、信息效应的识别

现有文献中识别信息效应的方法可以分为两种，一是基于（预测）调查数据（Survey Data），二是基于金融市场数据（Market Data）。如果央行向经济主体揭示了其未预期到的经济基本面信息，那么经济主体便会根据这些增量信息调整自身对于宏观经济的预期。基于这一假设，第一种非常直观的识别方法便是使用宏观经济变量（如通胀、GDP）预测值的调查数据来衡量私人预期，再根据央行沟通前后预期的变化测度信息效应。休伯特（Hubert，2015）考察了央行的通胀预测对私人通胀预期的影响，发现两者之间存在显著的正相关性，表明私人预期会根据央行的预测做出同方向的调整。央行在改变政策利率时可能并不改变其通胀预测，中村和斯坦松（Nakamura and Steinsson，2018）则从更广义的角度考察了货币政策冲击对于私人通胀和 GDP 预测的影响。他们发现 25 个基点的货币政策冲击会导致通胀预期和 GDP 增长率预期均增加 25 个基点。坎贝尔等（2012）也发现美国联邦公开市场委员会（Federal Open Market Committee，FOMC）声明中正向的政策利率冲击不仅不能显著降低通胀预期，甚至还显著降低了失业率预期。他们将其解释为 FOMC 声明中包含了公众未预期到的经济基本面信息，即德尔斐式（Delphic）前瞻指引。

然而这一方法最大的缺陷在于调查数据的频度较低。在两次调查数据发布之间，公众会面临很多其他信息的冲击，这会对信息效应的识别造成干扰。因此，布特罗斯（Boutros，2018）认为基于调查数据测度的信息效应只能视作真实信息效应的上限。与此相对立，另一种方法则使用金融市场的高频数据识别信息效应，并依赖于股价和利率的联动效果。该方法假设市场参与者可以感知并甄别货币政策信息和非货币政策信息的影响，从而导致股价的不同反应。紧缩货币政策信号意味着利率上升，因此会降低股价，表现为货币政策效应，但其中暗含的正向经济增长信号则被认为可以提振股价，表现为信息效应（Jarociński and Karadi，2020）。因此如果央行提高利率后股价上升，这说明信息效应大于货币政策效应。基于这一前提条件，现有文献一般构建一个包含股票价格、利率和宏观变量的 VAR 模型，并对股价和利率施加符号限制，从而识别出政策沟通的信息效应和货币政策效应（Kerssenfischer，2019；Jarociński and Karadi，2020）。西斯拉克和施伦普夫（Cieslak and Schrimpf，2019）从央行沟通中分解出了更为丰富的信息成分，包括经济增长信息、风险溢价信息以及货币政策信息，这三种信息成分的占比取决于央行采取的沟通渠道。他们发现在有关政策决定的沟通中，前两种非货币政策信息效应反而占据主导地位，而且在金融危机及随后的复苏期间金融市场也主要对非货币政策信息做出反应。

## 二、信息效应与货币政策有效性

在越来越多的研究为信息效应的存在提供证据的同时，一类文献探讨了信息效应如何影响货币政策有效性。首先，一类研究分析了信息效应是否会削弱传统货币政策的有效性。布特罗斯（2018）发现虽然紧缩货币政策的信息效应会带来相反的经济扩张效果，但紧缩货币政策的净影响仍然是降低通胀和产出，这与现实情形相符。尽管如此，其研究进一步指出央行在制定货币政策时仍然需要考虑信息效应，否则货币政策会出现自我对抗的结果从而失效。平切蒂和斯泽帕尼亚克（Pinchetti and Szczpaniak，2022）发现信息效应是英国央行沟通影响金融市场的主要渠道，但随着央行政策透明度的提高，央行和市场参与者之间的信息不对称会降低，信息效应便会减弱。因此他们认为央行可以通过提高政策决定的透明度来增强货币政策的有效性。不同于上述研究认为中央银行应尽力避免信息效应的观点，詹森和贾（Janson and Jia，2020）则认为从货币政策维护价格稳定的目标来看，信息效应并不会削弱反而可以增强货币政策效果。在其理论模型中，央行偏向于传递关于需求冲击而非供给冲击的信息，因此在央行宣布货币政策之后，公众也更多地将其理解为央行对需求冲击做出反应，从而改变产出增长预期，但不会改变通胀预期。

　　鉴于信息效应对经济的重要影响，另一类文献则探讨央行沟通的信息效应能否作为一项非传统货币政策工具。何（He，2021）发现在澳大利亚股票市场上，央行的货币政策声明并不具有显著的信息效应，但行长演讲却可以发挥显著的信息效应，因此他认为行长演讲的信息效应可以作为一项政策工具。除了宏观经济水平状况，央行沟通所揭示的宏观经济不确定性在长期利率的形成中发挥了重要作用，因此汉森等（Hansen et al.，2019）认为央行在面临短期利率的零下限约束时，应当考虑利用央行沟通的信息效应来影响长期利率。事实上，早在金融危机以前，一些央行就通过实施德尔斐式前瞻指引向公众揭示未来经济形势的信息。如今央行公布宏观经济预测信息也已经成为货币政策常态，但前瞻指引中的经济形势信息却并非多余（Andrade and Ferroni，2021）。除了央行沟通，公众也面临很多其他冲击，正如信息效应会抵消部分货币政策效应，其本身也可能被这些冲击的影响抵消，信息效应能否真正作为一项有力的政策工具还有待进一步研究。

# 第三章　政策沟通与预期管理效果

## 第一节　公众预期

货币政策的最终目的是影响家庭和企业的决策。理论研究认为，央行沟通对公众而言是重要的信息来源，能影响公众的预期和决策，但很长一段时间内，少有文献能从实证角度提供相应的微观经验证据。有观点认为，普通公众并不像市场参与者那样十分关心央行沟通，央行沟通最重要的应是政策制定者向市场参与者进行的政策解读。因此，持有这类观点的学者认为，现实中依靠央行沟通不能有效引导普通公众预期（Blinder, 2018）。但近年来，随着网络的普及和社交媒体的兴起，这一观点开始受到动摇。图3-1展示了2012~2018年欧洲央行相关的推文、谷歌搜索以及新闻报道数量的月度变化。图中竖线代表五次重要的欧洲央行沟通事件，显然在每次沟通事件当月，公众对央行话题的关注都会大幅上升，表明普通公众也并非不关心央行沟通。

### 一、家庭预期

有关家庭预期和行为的数据可获得性非常有限，这无疑为实证工作增加了难度。最近几年，问卷调研和实验法的流行以及文本大数据的应用都使得相关的实证研究开始丰富起来。

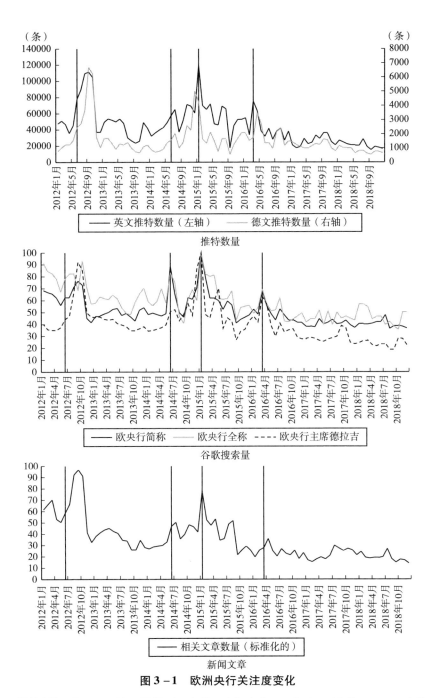

图 3 – 1 欧洲央行关注度变化

资料来源：Ehrmann，M.，Wabitsch，A. Central Bank Communication with Non-experts – A Road to Nowhere？［J］. Journal of Monetary Economics，2022：69 – 85.

关于央行沟通对家庭预期影响的研究最有影响力的方法是随机控制实验法（Randomized Control Trial，RCT）。该方法依靠开展问卷调查获取数据，并在调查过程中随机分配处理组和控制组，保证处理组接收到来自央行的信号，从而推断央行沟通与家庭预期之间的因果关系。研究发现央行沟通会影响家庭对通货膨胀（Coibion et al.，2020）和金融稳定（Beutel et al.，2021）的预期，并且最终会因此影响家庭的消费和资产配置。也有学者得到了不一样的结论，拉姆拉和维诺格拉多夫（Lamla and Vinogradov，2019）的研究表明，FOMC 的政策声明对消费者信心并没有显著影响，但会促使更多消费者关注货币政策消息。

之所以无法观察到央行沟通对普通家庭具有显著影响，可能有以下两个原因：第一，央行沟通文本一般而言具有非常强的专业性，这极大地提高了普通公众的阅读门槛，例如，富尔伍德（Fullwood，2016）发现近年来英国央行的演讲和报告要求读者具有大学教育水平；第二，央行沟通所传递的货币政策信息与个人日常生活的相关性不高，导致普通公众对央行沟通并不敏感。因此，一些研究从上述角度探讨了央行沟通对家庭影响的异质性。博拉特等（Bholat et al.，2019）比较了英国央行两种形式的通货膨胀报告摘要，货币政策摘要（Monetary Policy Summary）和可视化摘要（Visual Summary）对公众的影响。前者是英国央行传统上采用的概要形式，语言复杂且专业化，而后者是自 2017 年起新增的形式，语言更加通俗易懂。他们发现可视化概要显著提高了公众对货币政策信息的理解，而之所以达到这种效果正是因为其语言复杂度更低。进一步基于心理和行为经济学的分析表明，货币政策信息与日常生活的相关性可以提高公众对央行沟通的理解和信赖程度。克里夫佐夫和彼得森（Kryvtsov and Petersen，2021）探究了对过去利率政策操作的披露、对未来政策利率变化的声明、对当前货币政策实施时长的承诺等三种央行沟通对于公众预期的影响，也得到了类似的结论。他们发现央行沟通可以稳定公众预期，减小其预测误差，尤其是第一种沟通影响最大，这是因为其中的信息更加简单易理解，所以更有效。除了沟通形式和内容的变化，还有研究发现 FOMC 成员（人种和性别上）多样性的提高会增强白人女性和黑人对 FOMC 的信心和对货币政策的兴趣，央行沟通在这类群体对宏观经济（尤其是失业率）预期上的效果也得以增强（D'Acunto et al.，2021）。

这些结论表明，央行利用沟通成功管理预期的一个重要前提是确保普通公众能够理解央行观点，使更多居民参与到沟通过程中。实际上，这也是近年来很多央行努力的方向，例如欧洲央行和加拿大央行也采取了类似于英国央行简化沟通语言的措施。霍尔登等（Haldane et al.，2020）便提出了使用央行沟通进行预期管理的"3E"法则：Explanation，Engagement和Education。他们的研究表明，若不遵从"3E"法则，向公众进行沟通反而会造成福利损失。

使用实验法的好处在于可以确保目标群体接收到央行的信号，从而据此进行因果推断分析。但在现实生活中，普通家庭并不像市场参与者那样拥有广泛的信息来源，其信息获取渠道基本只有新闻媒体。与此同时，央行沟通可以引起媒体报道内容的显著变化（Ter Ellen et al.，2022），因此新闻媒体是央行与公众之间重要的信息传递渠道，媒体报道不足很可能导致一些家庭无法接收到央行沟通信号。所以还有一些研究则试图使用来源更为广泛的数据度量家庭预期，而不只局限于实验数据。路易斯等（Lewis et al.，2010）使用 Gallup 经济信心指数衡量家庭信心，该指数的构建基于 Gallup 公司关于国民经济形势的每日问卷调查数据，其研究表明 FOMC 货币政策声明对家庭信心具有显著且直接的影响。埃尔曼和瓦比茨（Ehrmann and Wabitsch，2022）则利用 Twitter 推文的文本大数据比较了"内行"和"外行"用户对央行沟通的反应，发现央行沟通可以在社交媒体上引起更真实且一致的讨论，尤其体现在"外行"用户中。

## 二、企业预期

预期管理文献认为宏观经济政策可以改变微观企业预期，从而影响企业的投融资行为。因此不少研究直接考察宏观政策对企业投融资的影响，具体政策视角包括经济政策不确定性（Baker et al.，2016；彭俞超等，2018）、货币政策（张成思等，2021）、经济危机引起的融资成本上升

（Chaney et al.，2012）等。央行沟通作为一类特殊货币政策工具，相应的研究也采用类似的做法。王宇伟等（2019）从央行沟通文本中构建了反映宽松程度的沟通指数，随后发现宽松方向的沟通促进了企业的投资行为，但沟通频数的增加可能会弱化沟通效果。

还有部分文献从已有的企业问卷调查数据中获取企业预期数据，从而直观地研究央行沟通如何影响企业预期。黄等（Hwang et al.，2021）使用了国际管理发展研究所（International Institute for Management Development）的企业家观点调查数据，其中来自 61 个国家 1998～2016 年的样本表明，央行沟通频数的增加反而会损害企业家对央行政策的信心，尤其是在金融危机期间更加显著。恩德斯等（Enders et al.，2019）使用了慕尼黑大学对企业产值和价格预期的调查数据，发现来自央行沟通的冲击对企业预期同时具有线性和非线性的影响。

从现有文献来看，研究结论均表明央行沟通对于家庭和企业的决策有着重要且不可忽视的作用。但同时相关文献尤其是国内的研究还十分欠缺，对央行沟通作用机理的讨论也不够深入，因此在未来这方面的研究仍然具有进一步探讨的空间。

# 第二节  宏 观 经 济

从 20 世纪 80 年代开始，各国央行在货币政策理念上更加强调规则性和透明度，意图通过简单明确的政策工具和目标稳定市场预期，形成了"单一目标、单一工具"的政策框架，以保持价格稳定作为货币政策主要甚至是唯一的目标（李斌和吴恒宇，2019）。因此在传统的货币政策框架中，央行沟通如何促进经济稳定增长一直是一个重要的研究话题。

大量经验证据均支持央行沟通的宏观经济效应，这类研究主要使用向量自回归（Vector Autoregressive Model，VAR）方法考察央行沟通对产出、投资、通胀、失业率等经济变量实际值或预期值的影响，从而检验央行沟通能否调控宏观经济。美联储降低利率的前瞻指引可以刺激投资，并带来较温和的通胀压力（Bundick and Smith，2020）。欧洲央行的奥德赛式（Odyssean）前瞻指引成功地刺激了经济增长（Andrade and Ferroni，2021）。瑞典和挪威央行的前瞻指引对产出和通胀的影响会随着前瞻指引期限的延长而减弱，印证了前瞻指引之谜（Brubakk et al.，2022）。中国央行的沟通也能够帮助预测诸多宏观经济变量（林建浩等，2021）。除了影响本国经济，本国央行沟通还会对外国宏观经济产生溢出效应。阿美利斯等（Armelius et al.，2020）构建了全球 23 家央行的沟通情绪指数，发现本国央行的情绪指数对他国的央行情绪指数、宏观变量、政策利率均有溢出效应，而且美联储情绪指数的溢出效应最为强烈。

2008 年金融危机之后，货币政策目标单一的局面有所改变，许多国家央行认为在实施货币政策时需要兼顾金融稳定。在意识到金融稳定支持宏观经济增长的重要性之后，一些学者开始探讨央行沟通能否有助于维护金融体系的稳定。

霍瓦斯和瓦斯科（Horváth and Vaško，2016）构建了多个国家央行的金融稳定透明度指数，以反映央行对金融稳定政策的披露情况。他们发现金融稳定透明度与货币政策透明度之间具有线性关系，而与金融体系稳定之间具有非线性关系。货币政策透明度越高的央行也具有越高的金融稳定透明度，同时金融稳定透明度的提高有利于金融稳定，但透明度过高反而会损害金融稳定。科雷亚等（Correa et al.，2021）基于各国央行的金融稳定报告构建了金融稳定情绪指数，发现该指数不仅能够解释金融周期的变动，还能够有效地预测银行危机。

# 第三节　金融市场

正如布林德等（2008）所指出的，金融市场在央行沟通影响实体经济的传导机制中发挥着重要作用，因此关于央行沟通与金融市场的实证研究格外丰富。央行沟通被认为是对市场影响最大的一种信息之一（Ehrmann and Talmi，2020），以往大量研究表明央行沟通对各种资产价格的形成具有非常重要的影响，包括各种不同期限利率（Andersson et al.，2006；Ehrmann and Fratzscher，2007）、汇率（Fratzscher，2006）以及股票回报（Rosa，2011）等。

但这些传统研究在研究主题和方法上还存在不足。在研究主题上，这些研究大多忽视了央行沟通对风险因素的影响，而投资者的风险偏好在资产价格形成中具有重要作用。

在研究方法上，第一，央行沟通通常以文本形式出现，而文本作为一类高维数据，包含的信息复杂多样，并非所有信息都能够影响资产价格，也并非所有的影响都相同。因此更多层次的文本特征对资产价格的影响值得进一步探索。第二，如果只关注央行沟通中纯粹的货币政策冲击，那么在识别该冲击时不仅需要排除金融市场上其他信息的影响，还需要排除央行沟通中其他非货币政策信息的干扰。

最近的文献在上述几方面做了进一步探索。首先是关于风险的研究，一些文献发现央行沟通之所以能够推动长期利率变化，一个很重要的原因是央行沟通能够影响风险溢价（Hansen et al.，2019；Leombroni et al.，2021）。杜沙尼（Dossani，2021）对外汇市场的研究也表明，央行沟通偏强硬的语气会伴随着方差风险溢价和方差互换收益的降低，以及隐含风险厌恶水平的上升。还有文献则直接考察央行沟通如何引起市场风险的变化。服部等（Hattori et al.，2016）发现非常规货币政策特别是前瞻指引的声明可以降低股市尾部风险以及利率风险。赵静和许海萍（2021）利用LASSO方法构建中国上市金融机构间的风险溢出网络，并用金融机构间的关联度反映系统性风险大小，最终发现宏观审慎监管当局的口头沟通可以降低系统性风险，但偶尔会失灵。

在研究方法上，最新的研究倾向于使用文本分析技术更细致地刻画央行沟通的信息。表3-1总结了实证文献中常见的央行沟通文本指标。文本情绪在资产定价和公司金融领域的研究中得到了广泛应用（Tetlock，2007；Loughran and MacDonald，2011），目前越来越多的研究也表明央行沟通的文本情绪对金融市场有着重要影响（Hansen and McMahon，2016；Hubert and Labondance，2021；姜富伟等，2021a）。语义相似性的变化也能够解释资产价格水平和波动的变化（Ehrmann and Talmi，2020；Beaupain and Girard，2020；Guo et al.，2021）。此外，央行沟通透露的对宏观经济的不确定性也能够推动长期利率变化（Hansen et al.，2019）。

表 3 - 1　　　　　　　　　　　　央行沟通文本指标

| 文本指标 | 方法及含义 | 文献作者 |
| --- | --- | --- |
| 情绪（语调） | 基于现有或自定义的情感词典构建指数，反映央行对经济金融环境的乐观（悲观）程度或货币政策的宽松（紧缩）倾向 | Hansen and McMahon，2016；Hubert and Labondanc，2021；姜富伟等，2021a |
| 语义相似性 | 用词频表示文档向量，进而可以用向量间的余弦值表示文档内容的相似性 | Ehrmann and Talmi，2020；Beaupain and Girard，2020；Guo et al.，2021 |
| 文档主题 | 使用潜在语义索引（Latent Semantic Indexing，LSI）、潜在狄利克雷分配（Latent Dirichlet Allocation，LDA）等方法划分出主题，每个主题都是对特定内容的叙述，但并非所有主题都可以被直观地解读 | Hansen et al.，2018；Ter Ellen et al.，2022 |
| 政策制定者不确定性 | 用表示不确定性含义关键词的词频构建指数，反映政策制定者在决策时面临的不确定性。关键词的选取可以基于现有词典，或者是使用机器学习方法（例如 Word2Vec） | Hansen and McMahon，2016；Cieslak et al.，2021 |
| 宏观经济预测因子 | 在栅栏分布式多项回归模型（Hurdle Distributed Multinomial Regression，HDMR）模型中通过逆回归进行基于文本数据的有监督学习，预测因子包含对预测变量有解释作用的所有信息 | 林建浩等（2021） |

在识别货币政策冲击方面，一种思路是将事件研究法与高频数据相结合，在沟通发生当日将事件窗口精确到分钟。以欧洲央行公布政策决定的沟通事件为例，图 3 - 2 表示当天的时间线，其中在 13：45 央行宣布目标利率，但不会做任何解释。然后在 14：30 央行召开新闻发布会，对政策决定做出解释，并且期间会有问答环节。如果只考虑新闻发布会事件，便可以将 14：25 至 16：10 的时间窗口作为事件窗口。这一方法的好处在

于，极短的时间内资产价格的变化可以认为是市场仅仅对央行沟通的反应，从而排除了市场上其他冲击的干扰。然后可以进一步从资产价格的变化中提取出反映纯货币政策冲击的因子。

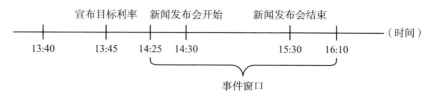

**图 3 – 2　欧洲央行沟通当天的时间线**

资料来源：Leombroni, M., Vedolin, A., Venter, G., Whelan, P. Central Bank Communication and the Yield Curve [J]. Journal of Financial Economics, 2021 (03): 860 – 880.

阿尔塔维拉等（Altavilla et al., 2019）建立了一个欧元区货币政策事件研究数据库（Euro Area Monetary Policy Event – Study Database），该数据库记录了欧洲央行公布政策决定的当日内各类资产价格的变化。图 3 – 3 显示了在四次沟通事件当日，两年期隔夜指数掉期（Overnight Index Swap, OIS）利率的变化情况，其中竖直实线表示宣布政策决定的时间，竖直虚线则表示随后新闻发布会的时间。将数据频率精确到分钟之后，可以明显发现 OIS 利率对前三次事件具有明显反应，而在第四次事件中没有显著变化。利用窗口内利率的变化，阿尔塔维拉（2019）便分别提取出了目标利率因子、前瞻指引因子和量化宽松因子，然后探究了各类资产价格对这些因子的不同反应。利奥姆博尼等（Leombroni et al., 2021）同样基于事件研究法，进一步使用主成分法度量沟通对无风险利率的冲击，并且从股票回报中分解出沟通对风险溢价的冲击。

然而大多数采用事件研究法的研究并不能很好地控制住央行沟通中的非货币政策信息。为了更准确地识别货币政策冲击，最近少数文献采用的另一种思路是使用文本分析的方法度量央行沟通的非货币政策信息，从而直接将其与纯货币政策冲击分离。奥斯塔彭科（Ostapenko, 2020）利用 LDA 方法提取了 FOMC 文本的主题，然后在传统上识别货币政策冲击的 VAR 模型中加入主题的文本情绪以进一步控制经济基本面信息。类似地，

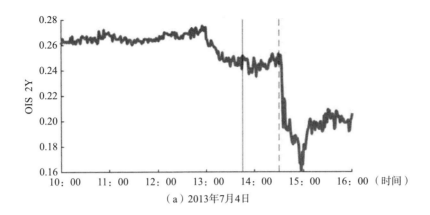

（a）2013年7月4日

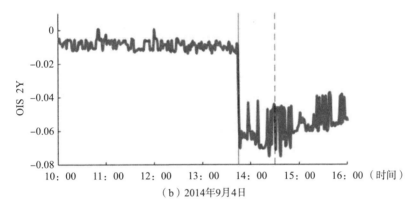

（b）2014年9月4日

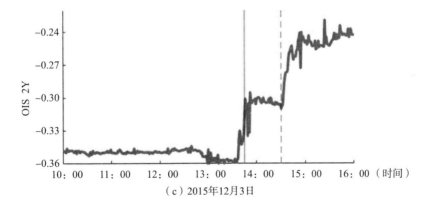

（c）2015年12月3日

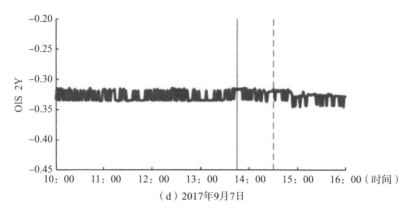

（d）2017年9月7日

**图 3 - 3　欧洲央行沟通事件当天两年期 OIS 利率的变化**

资料来源：Altavilla, C., Brugnolini, L., Gürkaynak, R. S., Motto, R., Ragusa, G. Measuring euro area monetary policy [J]. Journal of Monetary Economics, 2019（108）：162 - 179.

阿鲁巴和德雷克塞尔（Aruoba and Drechsel，2022）从 FOMC 文本中提取出表示经济含义的词语，并利用这些词语集合的文本情绪控制央行沟通的经济基本面信息，然后基于机器学习方法提取出纯货币政策冲击。

除央行沟通以外，其他宏观信息（如非农就业人口）以及微观信息（如上市公司盈余公告）的冲击也会对资产价格造成显著影响（Gilbert et al.，2017）。因此除了直接反映在资产价格中，央行沟通对金融市场的影响还体现在对其他信息影响的调节效应中。加德纳等（Gardner et al.，2022）使用文本分析技术构建了美联储沟通的情绪指数，图 3 - 4 展示了情绪指数的变化情况以及股票回报对宏观信息正向冲击的反应。可以很明显地看到，两者呈现反方向变动趋势，FOMC 情绪会弱化股市对宏观信息的反应。赫舒拉发和盛（Hirshleifer and Sheng，2021）在央行沟通这类宏观信息和盈余公告这类微观信息之间也发现了调节效应，具体表现为宏观信息和微观信息的互补关系。他们的结论表明，在 FOMC 发布声明的日期中，股票回报对盈余公告的反应更大。

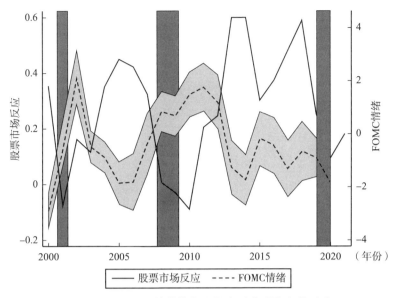

图 3-4 FOMC 情绪指数和股市对宏观信息的反应

资料来源：Gardner，B.，Scotti，C.，Vega，C. Words Speak as Loudly as Actions：Central Bank Communication and the Response of Equity Prices to Macroeconomic Announcements [J]. Journal of Econometrics，2022（02）：387-409.

# 第四节　政　策　反　馈

　　政策制定者（如货币政策委员会）在决定货币政策时，可以通过政策沟通向公众传递信息，同时其本身也面临来自外部环境的信息影响。政策制定者对这些信息的关注和理解将会决定其想要在沟通中向公众传递什么样的信号。那么，政策制定者如何对宏观政策和经济金融环境的变化做出反应？

　　汉森等（Hansen et al.，2018）以 1993 年美联储决定公布 FOMC 会议文本作为一次自然实验，研究政策透明度的提高如何影响 FOMC 成员在会议中的发言。他们利用 LDA 方法进行主题聚类，得到每位成员发言的主题分布情况，并基于主题分布刻画会议信息含量的变化。在透明度提高后，出于对职业生涯的考量，政策制定者既会因为约束效应（discipline effect）而对会议做更多准备，又会因为从众效应（conformity effect）而在会议中避免提出异议。最终约束效应占据主导地位，使得会议的信息含量增加。

切斯拉克等（Cieslak et al.，2021）基于 FOMC 会议文本构建了两类指数：一类是政策制定者不确定指数，反映了 FOMC 成员对当前经济金融环境的不确定程度；另一类是政策偏好指数，反映政策制定者采取紧缩或宽松货币政策的倾向。随后他们发现政策制定者对实体经济和金融市场的不确定程度越高，其货币政策立场越宽松，而对通胀的不确定程度越高，其货币政策立场越紧缩。切斯拉克和维辛 - 约根森（Cieslak and Vissing - Jorgensen，2021）分别统计了 FOMC 会议文本中关于股市的正面和负面词汇数量，发现过去的股票回报可以显著预测这些词汇数量。图 3 - 5 展示了样本期内会议前的平均回报和正负面词汇数量的相关关系，可以看到会议前股票回报越低，会议文本中负面词汇越多，反之同理。切斯拉克等（2021）和切斯拉克和维辛 - 约根森（2021）的研究还表明，政策偏好指数和负面词汇数量都对最终的货币政策决定即联邦基金目标利率具有显著的预测作用，这实际上也为宏观经济和金融市场对央行货币政策决定的影响提供了新的渠道解释。

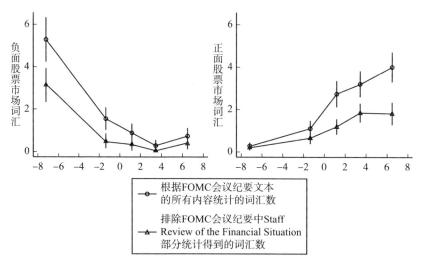

图 3 - 5　股票回报和正负面词汇数量的相关关系

注：横轴表示相邻两次 FOMC 会议期间股票超额收益的五分位组均值（百分比）。

资料来源：Cieslak，A.，Vissing - Jorgensen，A. The Economics of the Fed Put ［J］. The Review of Financial Studies，2021（09）：4045 - 4089.

# 第五节　经济政策效应评估

经济政策是中国政府主导和影响经济活动最主要的方式（洪永淼，2015）。如何科学评估与量化经济政策信息影响和实施效应对于政策制定和经济发展具有重要意义。在过去很长一段时间内，学者主要采用一般均衡模型、向量自回归等方法对经济政策进行量化评估。而最近二十年来，计量经济学出现了一个新的领域，称为政策（或项目）评估计量经济学，并广泛地应用于量化评估各种经济政策。赫克曼、卡德、安格瑞斯特和因本斯（Heckman，Card，Angrist and Imbens）等不少经济学家在政策效应评估计量中做出了重要贡献，因此获得诺贝尔经济学奖。由此可见，政策评估计量经济学是经济学领域重要的研究方法，也是科学评估政策效应的有效工具。

政策评估计量经济学已被广泛应用于经济金融政策因果效应评估，方法主要包括双重差分法（Difference in Differences，DID）、断点回归设计（Regression Discontinuity Design，RDD）、合成控制法（Synthetic Control Method，SCM）和 Rubin 宏观经济政策评估等。

## 一、双重差分法

双重差分法的一般模型如式（3-1）所示：

$$y_{it} = \alpha + \beta treat_i + \gamma after_t + \delta treat_i \times after_t + \varepsilon_{it} \qquad (3-1)$$

其中，$i$ 代表个体；$t$ 代表时间；$y$ 为所观察的结果变量；$treat$ 为政策分组虚拟变量，若个体 $i$ 为处理组（实验组），则取值为 1，若为对照组（控制组），则取值为 0；$after$ 为政策时期虚拟变量，当时间 $t$ 在政策发生后，取值为 1，否则为 0；$\varepsilon$ 为误差项。

在政策实施前，处理组的 $E(y) = \alpha + \beta$，对照组的 $E(y) = \alpha$，将处理组和对照组的平均效应相减，可得政策前两组的差异为 $\beta$。在政策实施后，处理组的 $E(y) = \alpha + \beta + \gamma + \delta$，对照组的 $E(y) = \alpha + \gamma$，将处理组和对照组的平均效应相减，可得政策实施后两组的差异为 $\beta + \delta$。因此，政策实施导致的两组差异，可以用 $\delta$ 表示。从图 3 – 6 则可以直观地看出，通过双重差分法，可剔除处理组和对照组"政策前差异"（Pretreatment Differences）的影响（$\beta$），进而可以得到干净的政策效果，即 $\delta$。

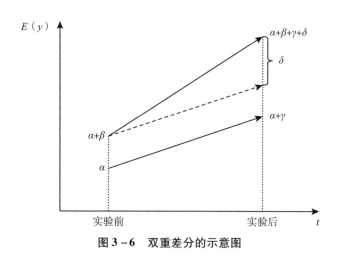

图 3 – 6　双重差分的示意图

在 DID 方法的实际应用方面，黄振和郭晔（2021）将 2013 年央行担保品管理框架设立作为准自然实验，分析被纳入合格担保品范围债券的信用利差所受影响。王馨和王营（2021）检验了《绿色信贷指引》实施前后、绿色信贷限制行业相对于非绿色信贷限制行业的绿色创新表现，以此分析绿色信贷政策对绿色创新的影响。李青原等（2022）检验了金融强监管政策的实体经济效应，发现资管新规实施后，高金融化企业的实体投资显著增加，从而支持监管有效观。

## 二、断点回归设计

在自然实验中，有一类特殊的事件是：个体是否为处理组完全由某个可观测特征是否达到某个值所决定，这个值也称断点（Cut – Point）。当个

体的某个可观测特征达到该值之上，则为处理组（对照组），反之则为对照组（处理组）。针对这类自然实验，往往可采用断点回归（Regression Discontinuity Design，RDD）的方法。假设个体在断点的小领域内是随机分组的，即断点两边附近个体是否接受处理是随机的，那么在断点附近可视为自然实验。通过在原模型基础之上，引入是否达到断点的虚拟变量 $D$，即可估计出断点附近的平均处理效应。因此，RDD 只能用于估计局部平均处理效应（Local Average Treatment Effect，LATE），即在断点附近的平均处理效应，无法估计全局平均处理效应。图 3 - 7 展示了断点回归的示意图。由于个体在 $x = c$ 处无系统差别，因此 $E(y_i|x)$ 的跳跃即为 LATE。

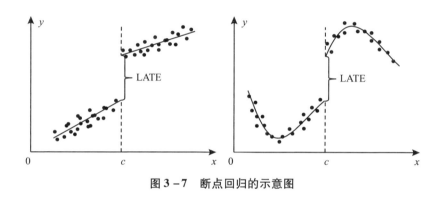

图 3 - 7　断点回归的示意图

孔东民等（2021）基于央行的定向降准政策，采用 RDD 评估贷款可得性对小微企业商业信用的影响，以考察定向降准是否有利于疏通小微企业通过正式制度如银行贷款进行融资的渠道。蒋海等（2022）以我国引入流动性覆盖率和净稳定融资比例的时间点为断点，检验流动性监管对银行风险承担的影响。

## 三、合成控制法

在大多数的自然实验（政策）中，往往存在多个实验组（处理组）个体，但是在某一类实验中，可能仅存在一个实验组个体，例如，1997 年中国香港回归祖国、美国加州通过当代美国最大规模的控烟法等。由于仅存在一个实验组个体，故难以使用双重差分法、断点回归法等估计平均处理效应。为此，针对这类自然实验（政策），阿巴迪和加德阿萨巴尔（Abadie and Gardeazabal，2003）提出了合成控制法，通过将控制组个体"合成"近似于实验组的个体，推断出实验组个体的反事实结果，进而估计处理效应。

图 3-8 绘制了合成控制法的示意图。左图显示为 SCM 的几何意义，右图则为 SCM 的直观模型。如左图所示，$x_1$，…，$x_{N-1}$ 表示的是控制组个体，$x_N$ 表示的是实验组个体。通过对控制组个体赋予权重得到"合成体"$x_0 w$。合成控制法的目的即在于求得权重 $w_1$，…，$w_{N-1}$，使得"合成体"与实验组个体之间的距离 $d$ 最小化。如右图所示，实线表示能够观测实验组个体的结果变量，虚线表示"合成体"的结果变量。在政策干预时期 $T_0$ 前，"合成体"与实验个体的结果变量基本吻合。因此，在政策干预后，"合成体"的结果应接近于实验个体的反事实结果，两者在政策干预后的距离，即为政策效应 $\hat{\Delta}_{Nt}$。

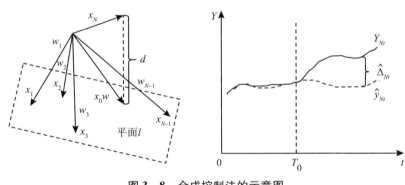

图 3-8　合成控制法的示意图

萧等（Hsiao et al.，2012）借助 SCM 使用一个由 24 个国家组成的小组来评估香港与中国内地的政治和经济一体化的影响。苏治和胡迪（2015）采用 SCM 通过对多个国家加权以模拟通货膨胀目标制实施前的情况，发现实施国的通胀率明显低于同期假设其不实施时的通胀率，且波动更小。钱水土和吴卫华（2020）采用 SCM 考察浙江省台州市信用环境建设中信用信息平台的搭建对小微企业信贷融资获得性的影响及其变化趋势。

## 四、Rubin 宏观经济政策评估

前文介绍的主要从经济政策效应的微观效果评估为主，是通过比较政策选择后，不同个体的可能结果，也称为潜在结果，潜在结果与实际结果的变化称为政策效应。近年来，学者开始将 Rubin 因果效应评估的方法应用于宏观经济效应评估，安格里斯特和库斯坦纳（Angrist and Kuersteiner，2011）以及安格里斯特等（2018）根据传统结构化模型的脉冲响应分析方法，提出"动态潜在结果"的概念，以用于宏观经济政策效应的评估。刘泽琴等（2022）认为通过宏观经济政策评估方法估计得到的动态处理效应和通过结构性宏观经济模型推导出的脉冲响应函数，在理论上是一致的，在一定条件下两者之间可以互相印证。因此，这种方法在评估宏观经济政策方面是可行的。

刘泽琴等（2022）根据动态政策效应的定义，$t$ 期政策变量 $D_t = d_i$ 对目标变量 $Y$ 向前 $l$ 期的动态政策效果可以定义为 $\theta_{l,j} = E[Y_{t,l}(d_j) - Y_{t,l}(d_0)]$，$d_0$ 为 $t$ 期用于比较的选项。但是，由于无法观测所有结果，政策效应识别是依赖于条件独立性假设和重叠性假设。条件独立性假设意味着，政策当局根据 $t$ 时期信息，在多种政策之间进行选择，即政策是具有随机性的，这也是政策效应识别的主要来源。重叠假设是指政策监管当局可以在多种政策之间进行选择，即所有的潜在使用的政策都有可能被使用，使得概率为正，即 $0 < \alpha \leq P[D_t = d_j | z_t] \leq \bar{\alpha} < 1$。在两个假设的情况下，

$$\theta_{l,j} = E[Y_{t,l}(d_j) - Y_{t,l}(d_0) | z_t] = E[Y_{t,l} | D_t = d_j, z_t] - [Y_{t,l} | D_t = d_0, z_t]$$

$$(3-2)$$

其中，$\theta_{l,j}$ 是关于可测结果的条件均值，可以被识别。而且，当 $z_t$ 维数较高时，可以使用倾向性得分法对政策效应进行估计，并通过逆概率加权法估计得到。他们使用上述方法量化评估了 2007～2017 年我国货币政策和宏观审慎双支柱政策调控框架对经济增长、物价稳定及金融稳定的影响。

# 第四章　各国政策沟通实践

## 第一节　美　　国

在很长一段时间内，美联储信奉"越不透明越有效"的政策观点，对政策沟通不以为意。但伴随着世界各国逐渐兴起货币政策公开透明的浪潮，美联储开始重视政策沟通，并逐步采取改革措施提升货币政策透明度。1993 年 3 月美联储开始公布 FOMC 会议纪要，11 月开始公布详细会议记录。1994 年 2 月开始，在 FOMC 会议当天宣布联邦基金目标利率变化，并对政策立场解释说明。在这之前，FOMC 会议不会透露利率调整信息，市场只能从公开市场操作的类别和数量上来推测基金利率，直到下一次 FOMC 会议召开。1999 年 5 月美联储的透明化改革更进一步，开始对外发布解释货币政策决定和展望经济前景的 FOMC 会议声明。自 2003 年起，美联储为应对互联网泡沫破灭，开始采用前瞻指引的美联储沟通工具，对外宣称在相当长一段时间内继续实施宽松政策。2008 年金融危机后，为安抚市场情绪、提振宏观经济，美联储再次启用了前瞻指引。经过对沟通政策的不断变革，美联储在货币政策框架下已经建立起一套较为完善的沟通体系。

但在金融稳定方面，美联储采取的沟通举措却显得有些滞后。从 2018 年起，美联储才开始发布金融稳定报告，此前具有类似性质的报告则是金融稳定监督委员会（Financial Stability Oversight Council，FSOC）发布的年度报告。FSOC 是 2010 年依据《多德—弗兰克法案》设立的一个跨部门组织，由财政部部长主持，成员包括美联储主席和其他金融监管机构。FSOC 的会议纪要一般会在下一次会议上获得批准，随后公布在网上。由于建立起了发达的衍生品交易市场，美国有包括利率期货和波动率指数期货在内的各种金融期货产品，可以让监管机构通过观察期货价格和波动实时监控金融风险并据此评价央行沟通的效果。

# 第二节　欧　元　区

欧洲央行的特殊之处在于它是多个国家所组成的货币联盟的中央银行，最初这一特点深刻地影响了其沟通行为，欧洲央行和成员国央行沟通行为常常有自相矛盾的地方。为此，欧洲央行逐渐探索出一套口径统一的对外沟通体系。

目前欧洲央行在沟通方面主要倚重两种沟通工具。一是每次货币政策会议后由行长和副行长主持召开的新闻发布会。欧洲央行管理委员会（Governing Council）在召开会议的当天对外宣布政策决定，随后召开新闻发布会，对政策决定做出解释，并且期间会有问答环节。在发布会结束的几个小时内，发布会的详细记录便会公开在央行网站上。二是欧洲央行每年出版八次的经济报告。与新闻发布会上提供的简略信息不同，经济报告提供了欧元区当前经济形势和价格稳定所面临风险的详细分析，这也是欧洲央行管理委员会做出政策决定的主要依据。

类似地，欧洲央行在金融稳定沟通方面也采取了"会议＋报告"模式的沟通策略，同时沟通工具更加丰富多样。欧洲央行每年都会召开会议讨论欧元区金融稳定问题，并邀请市场参与者和专家共同参与。欧洲央行还会举办首席风险官圆桌论坛，开展银行业对话，从而对一些突发的、结构性的金融或实体经济问题提供有针对性的反馈。在上述会议结束后，相关的会议纪要都会公布在央行网站上。欧洲央行通过发布金融稳定报告和宏观审慎报告全面评估欧元区的潜在金融风险，披露宏观审慎政策工作进展。此外，欧洲央行还会发布金融结构报告和金融一体化报告，作为金融稳定报告的重要补充。

2008 年全球金融危机之后，为加强金融监管，欧盟还成立了独立于欧洲央行的欧洲系统性风险委员会（European Systemic Risk Board，ESRB），由欧洲央行行长担任委员会主席。ESRB 负责对整个欧盟地区的系统性风险进行监测和评估，并相应地发出警告和提出建议，其监管范围涵盖银行、保险公司、资产管理公司、影子银行、金融市场基础设施以及其他金融机构和市场。ESRB 通常每年召开四次例会，会议纪要都会公布在 ESRB 网站上。ESRB 每年还会召开一次附带问答环节的新闻发布会，文字和视频记录也都会及时公布。此外，ESRB 通常在每年 7 月发布一份年度报告，概述系统性风险状况并提供政策建议。

# 第三节 英 国

英国央行存在着关于货币政策委员会（Monetary Policy Committee）成员发言的限制规则，该规则明确规定在例会前的周五至例会后的周五，成员禁止对外发表货币政策相关演讲，在通货膨胀报告发布的月份，"禁声期"还需要延长至报告发布当日午夜。然而在上述"禁声期"之外，英国央行则采取了一系列沟通举措保障政策透明度。英国央行在货币政策例会后及时公布会议纪要。会议纪要不仅记录了货币政策委员会对于政策决定的讨论，还披露了记名投票结果。在每季度的通货膨胀报告中，英国央行会解释其货币政策决定，并展望宏观经济前景。

英国央行于 2013 年设立了金融政策委员会（Financial Policy Committee），专职负责识别、监控和处置系统性风险，其定位类似于货币政策委员会。金融政策委员会在召开例会后也会对外公布会议纪要，包含对经济金融环境的分析和做出的政策决定。此外，该委员会还负责每半年出版一次金融稳定报告，报告所涉及的委员会观点和政策决定更加详细具体。实际上，英国央行早在 1996 年就开始出版金融稳定报告，是全球第一家出版金融稳定报告的央行。而且从 2021 年起，英国央行还会针对特定的金融稳定话题如疫情对企业部门的冲击发布特别报告，提供风险状况分析和应对措施，作为金融稳定报告的补充。

对于普通公众而言，这些专业化的报告具有较高的阅读门槛，从而不利于央行扩大沟通的受众，以提高沟通的影响力。为此，英国央行采取了简化沟通语言的举措。例如，从2017年起，英国央行开始发布通货膨胀报告的可视化摘要（Visual Summary）。该摘要采用更加通俗直白的语言，并结合简单的可视化图表以解释货币政策决定，金融稳定报告也紧随其后进行了类似的语言简化改革。表4-1总结了美国、欧元区和英国三个发达经济体的政策沟通方式。

表4-1　　　　　　　　主要发达经济体的政策沟通方式

| | 项目 | 美国 | 欧元区 | 英国 |
|---|---|---|---|---|
| 整体沟通策略 | 明文规定的沟通策略 | 无 | 无 | 无 |
| | 事先安排沟通时间表 | 是 | 是 | 是 |
| 货币政策沟通方式 | 货币政策最高决策委员会 | 联邦公开市场委员会 | 管理委员会 | 货币政策委员会 |
| | 即刻公布政策决定 | 是 | 是 | 是 |
| | 会议纪要 | 是 | 无 | 是 |
| | 投票记录 | 是 | 无 | 是 |
| | 附带问答环节的新闻发布会 | 是 | 是 | 是 |
| | 央行货币政策报告 | 一年两次 | 一年八次 | 一年四次 |
| 金融稳定沟通方式 | 金融稳定最高决策委员会 | 金融稳定监督委员会 | 欧洲系统性风险委员会 | 金融政策委员会 |
| | 是否设在央行内部 | 否 | 否 | 是 |
| | 会议纪要 | 是 | 是 | 是 |
| | 附带问答环节的新闻发布会 | 无 | 是 | 无 |
| | 委员会年度报告 | 是 | 是 | 无 |
| | 央行宏观审慎报告 | 无 | 是，不定期 | 无 |
| | 央行金融稳定报告 | 一年一次 | 一年两次 | 一年两次 |

资料来源：根据各国央行网站整理。

# 第四节 中 国

我国高度重视金融稳定对稳增长的重要性，是全球首个真正以官方声明和政策文件形式明确双支柱调控框架的国家。在探索并建立完善的央行沟通体系的道路上，我国也走在国际前列，已经初步建立起了具有中国特色的央行沟通体系。例如，2021年12月央行发布的《宏观审慎政策指引（试行）》强调"宏观审慎管理牵头部门建立健全宏观审慎政策沟通机制，做好预期引导，定期或不定期以公告、报告、新闻发布会等方式与市场进行沟通"。2022年3月，在股票市场剧烈震荡下跌时，监管当局重磅发声，对市场关心的热点和重点问题进行回应，传递出稳定宏观经济、稳定资本市场的明确信号。这一沟通举措有助于提振市场信心，稳定市场预期，保持经济和金融大局稳定。

在维护金融稳定方面，中国人民银行以定期和不定期两种方式继续进行政策沟通。在定期沟通方面，自2005年起，人民银行金融稳定分析小组每年编写并出版《中国金融稳定报告》，以标准化和规范化的语言透明地展示中国金融稳定工作的进展。在不定期沟通方面，人民银行高层领导会就金融稳定话题发表演讲、接受采访或召开新闻发布会，语言相对更加日常化和口头化。图4-1统计了2001～2020年20年间每季度我国央行沟通频数。面对2008年全球金融危机带来的外部风险输入，我国迅速采取应对措施，积极开展央行沟通，旨在增强社会公众、市场主体和国际社会对国内金融体系的信心。此后央行沟通频数长期保持高位，但从2019年开始逐渐降低。一方面是因为不定期沟通频数有所下降，另一方面是因为定期沟通渠道不够丰富。此外，与上述几个发达经济体央行的表现相比，人民银行公布的相关会议纪要篇幅较短，与市场的沟通往往偏于保守，因此在沟通内容的丰富性方面也可以进一步提升。

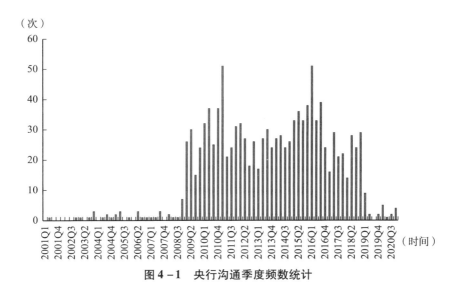

图 4 - 1　央行沟通季度频数统计

总体来看，当前我国央行沟通政策取得明显成效，在稳定公众预期和防范系统性风险方面发挥了重大作用，有力地维护了金融稳定。我们研究发现，在我国金融稳定报告发布后的当天，我国股票市场平均上涨 0.8%，而波动率平均下降 1.0%。尤其是当报告的内容比较积极乐观时，上证股指涨幅能够达到 1.7%，而且波动率降幅达到 1.3%。市场收益上升而不确定性下降就是金融体系趋于稳定的体现，证明了我国金融稳定沟通的有效性。

央行沟通的成效，主要有两个驱动因素：第一，沟通引导公众增强对经济增长和金融稳定的预期。央行被认为具有信息优势，当央行借助沟通政策向外界释放经济增长和金融稳定的积极信号时，市场会相信央行的观点并形成更加乐观的预期。第二，沟通协调公众达成一致预期。信息不对称是金融市场的固有属性，市场参与者也往往因此具有不一致的预期，尤其是在经济低迷和市场动荡时期。但央行沟通传递的公共信息能够缓解信息不对称，促使市场达成共识，避免因预期的不稳定造成的市场波动风险。

# 第五章　机器学习与系统性风险防控

## 第一节　机器学习的发展与应用

### 一、机器学习的发展历程

机器学习领域的创始人亚瑟·塞缪尔（Arthur Samuel）早在 1959 年就给机器学习（Machine Learning）下了定义：机器学习能让计算机不依赖确定的编码指令来自主地学习工作。由于时代的限制和计算机技术的不成熟，这个概念并没有做更具象化的推广和实践。随着计算水平的发展，米切尔（Mitchell，1997）对机器学习给出了一个更形式化的定义：假设用 P（Performance）来评估计算机程序在某类任务 T（Task）上的性能，若一个程序通过利用经验 E（Experience）在 T 中任务上获得了性能改善，则我们就说关于 T 和 P，该程序对 E 进行了学习。更具体的，机器学习是这样一门学科，它通过大量计算和学习经验来改善系统的性能。在计算机系统中，经验（Experience）通常是数据（Data），学习算法（Learning Algorithm）学习产生数学模型（Model），不断改善系统性能（Performance）。机器学习涉及概率论、统计学、逼近论、凸分析、算法复杂度理论等多门学科，其目的是让计算机模拟或实现人类的学习行为，以获取新的知识或技能，重新组织已有的知识结构使之不断完善自身的性能。简单来讲，机器学习就是人们通过提供大量的相关数据来训练机器。

自 20 世纪 50 年代亚瑟·塞缪尔首次提出"机器学习"一词，到 21 世纪深度学习在各个领域取得突破，机器学习发展迅速，大致可以分为四个时期，如图 5-1 所示。图中列举了机器学习发展历史中一些标志性事件。

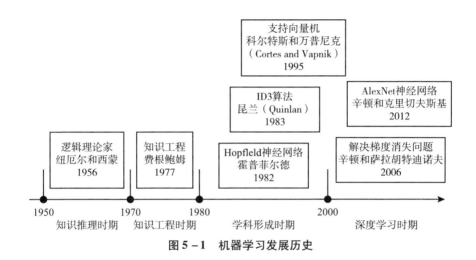

**图 5-1　机器学习发展历史**

### 1. 知识推理时期

20 世纪 50 年代至 70 年代初，机器学习还处于知识推理时期，当时人们认为只要给机器赋予逻辑推理能力，机器就具有智能。其中最具代表性的机器学习应用程序当属纽厄尔和西蒙（Newell and Simon，1956）的自动定理证明系统"逻辑理论家"（Logic Theorist），它证明了著名数学家罗素和怀特海的名著《数学原理》第二章中的全部 52 条定理，其中某些解法甚至比人类数学家提供的方案更为巧妙。1975 年，纽厄尔和西蒙因为人工智能方面的基础贡献而获得图灵奖。1978 年，西蒙还因为对经济组织内的决策过程进行的开创性研究荣获诺贝尔经济学奖。

然而随着研究的深入，人们清楚地认识到，仅靠逻辑推理不足以实现人工智能，要使机器具有智能，必须设法使其具有知识。

### 2. 知识工程时期

20 世纪 70 年代中后期为机器学习发展的知识工程时期，大量专家系统问世。费根鲍姆（Feigenbaum，1977）系统地阐述了专家系统的思想，并提出了知识工程（Knowledge Engineering）的概念。费根鲍姆作为知识工程之父在 1994 年获得了图灵奖。专家系统作为早期人工智能的重要分支，是一种在特定领域内具有专家水平解决问题能力的程序系统。专家系统一般由两部分组成：知识库与推理引擎。它根据一个或者多个专家提供的知识和经验，通过模拟专家的思维过程，进行主动推理和判断，解决问题。

这一时期的研究重点是将各个领域的知识嵌入专家系统里，通过机器模拟人类学习的过程。图结构及其逻辑结构的知识也被用来进行系统描述，并且主要是用各种符号来表示机器语言。在这一时期，人们从学习单个概念扩展到学习多个概念，探索不同的学习策略和方法，且开始把学习系统与各种应用结合起来，极大地刺激了机器学习的研究和发展。但是，专家系统随即面临"知识工程瓶颈"——人类无法将所有知识都总结出来再教给机器。于是，人们想到，如果机器自己能够学习知识该多好。

**3. 学科形成时期**

从 20 世纪 80 年代开始，机器学习发展为一个独立学科领域，各种机器学习方法相继问世。1980 年，美国卡耐基梅隆大学举办了第一届机器学习研讨会。1986 年，第一本机器学习专业期刊 *Machine Learning* 创刊。1989 年，人工智能领域的权威期刊 *Artificial Intelligence* 出版机器学习专辑。

20 世纪 80 年代机器学习基本理论基本形成，基于符号主义（Symbolism）发展而来的机器学习方式被称为符号学习方式，其中最著名代表的是决策树。ID3 算法（Quinlan，1983）和 CART 算法（Breiman et al.，1984）几乎同时被提出，而且都是采用类似的方法从训练样本中学习决策树。此后，决策树在机器学习、数据挖掘领域得到快速发展。基于连接主义（Connectionism）发展而来的机器学习方式被称为连接学习方式，是一种基于神经网络及网络间的连接机制与学习算法的智能模拟方法。霍普菲尔德（Hopfield，1982）提出了一种单层反馈神经网络，随后他设计并研制了网络模型的电路，成功求解了"旅行商问题"（Travelling Salesman Problem）这一著名的非确定性多项式（Nondeterministic Polynomially，NP）难题，在学术界引起轰动。鲁姆哈特等（Rumelhart et al.，1986）提出了著名的反向传播（Back Propagation，BP）算法，对神经网络的发展产生了深远影响。

20世纪90年代，统计学习出现并迅速占据主流舞台。统计学习由符号学习发展而来，诸多理论直接来源于统计学研究，代表性技术是支持向量机以及更一般的核方法。此后支持向量机在文本分类应用中大放异彩，核方法也逐渐成为机器学习的基本内容之一。

**4. 深度学习时期**

21世纪初，基于大数据分析的需求，神经网络又被重现，掀起了以"深度学习"为名的热潮。2006年，深度学习概念被正式提出。此前，由于BP算法被指出存在梯度消失问题，神经网络发展陷入低谷。辛顿和萨拉胡特迪诺夫（Hinton and Salakhutdinov，2006）第一次提出梯度消失问题的解决方案：通过无监督的学习方法逐层训练算法，再使用有监督的反向传播算法进行调优。深度学习自此重新在学术界和工业界掀起浪潮。

2012年，深度神经网络技术在图像识别领域取得惊人的效果。杰夫里·辛顿（Geoffrey Hinton）和他的学生亚历克斯－克里切夫斯基（Alex Krizhevsky）设计的AlexNet神经网络模型在ImageNet图像识别竞赛中以巨大优势碾压第二名（支持向量机方法）而一举夺得冠军，这是史上第一次有模型在ImageNet数据集中表现如此出色。深度学习算法在世界大赛的脱颖而出，也再一次吸引了学术界和工业界对于深度学习领域的注意。约书亚·本吉奥、杰夫里·辛顿和杨立昆（Yoshua Bengio、Geoffrey Hinton and Yann LeCun）等三位"深度学习之父"为人工智能领域奠定了概念基础，并为证明深度神经网络的优势做出了巨大贡献，他们也因此于2019年共同获得图灵奖。

近年来，深度学习方法在计算机视觉、语音识别、自然语言处理和强化学习等众多应用领域都取得了惊人的突破，图形处理器（Graphics Processing Unit，GPU）并行计算和云计算也为深度学习的发展提供了基础保障。新的机器学习算法面临的主要问题更加复杂，机器学习的应用领域从广度向深度发展，这对模型训练和应用都提出了更高的要求。

## 二、机器学习在金融领域的应用

机器学习在金融领域的一个重要应用是文本分析。金融文本往往能反映投资者、公司股东、分析师、政府管理者的情绪，而情绪是行为金融和资产定价研究领域的重点研究内容，德朗等（De Long et al.，1990）认为投资者情绪的变化会导致资产价格偏离正常价格，测量情绪是文本在金融领域的重要应用。文本中常用正面与负面、积极与消极、乐观与悲观等不同语调来表达情绪。文本情绪的主要研究对象包括媒体（新闻）情绪、公司管理层情绪（如上市公司的年报、电话会议、其他的公开信息等）、投资者情绪（如各种社交软件文本、各类股票投资软件的评论文本等）等。汉森和迈克马洪（Hansen and McMahon，2016）通过抽取股票上市阶段分析师分析报告的情绪，发现分析师的分析报告情绪对股票 IPO 的发行价格与开盘首日价格有一定的相关性。希勒特等（Hillert et al.，2014）分析了从 1989～2010 年 43 家国家和地方性报纸的 200 多万条新闻，研究媒体信息中提及的上市公司的动量效应更强，且与新闻的情绪直接相关。

由于机器学习与深度学习算法在预测问题上的优势，目前正逐渐被应用于估价预测与量化投资中。如李斌等（2019）对 A 股市场的异象因子采用 12 种机器学习算法构建股票收益预测模型及投资组合。结果表明机器学习算法能够有效地识别异象因子超额收益间的复杂模式，其投资策略能够获得比传统线性算法和单因子模型更好的投资绩效。目前，机器学习在资产定价中的主流应用是用于构建传统因子定价模型的拓展研究。前沿研究已经意识到机器学习对量化投资的重要价值，部分文献也开始尝试利用机器学习考察更多的股价预测变量。曼尼拉和莫雷拉（Manela and Moreira，2017）使用华尔街日报的头版新闻构建了基于新闻的恐慌指数，并使用支持向量回归估计期权价格和词频之间的关系。古等（Gu et al.，2020）总结了几类机器学习模型对比普通最小二乘法的结果分析，强调梯度下降树及神经网络模型比传统线性回归获得了更好的结果。

# 第二节　机器学习方法

经过长时间的发展，机器学习已经发展出很多具体的方法。根据是否有目标变量，可以将这些具体的机器学习分为有监督（supervised）和无监督（unsupervised）。根据模型中的变量关系，可以分为线性模型和非线性模型。

## 一、LASSO、岭回归和弹性网络

对于给定的自变量 $x = (x_1, x_2, \cdots, x_n)$ 和因变量 $y$，典型的线性方程可表示为：

$$y = b_1 x_1 + b_2 x_2 + \cdots + b_n x_n + a \tag{5-1}$$

改写为向量形式为：

$$y = b^T x + a \tag{5-2}$$

其中，$b = (b_1, b_2, \cdots, b_n)$，$b$ 和 $a$ 为我们需要获取的模型参数。

当自变量矩阵各变量存在较高的相关性时，模型的参数估计会出现多重共线性的问题，多重共线性会使得拟合参数方差增大，严重影响模型的精确性，这类情况在经济学研究中尤为常见。此外，高维度的自变量数据会引起模型过拟合，降低其样本外的预测能力。

针对上述两类问题，我们通过在目标函数中引入惩罚项来解决：

$$b^* = \mathrm{argmin} \sum_{i=1}^{m} \left( y_i - \sum_{j=1}^{n} b_j x_{i,j} \right)^2 + \lambda \rho \sum_{j=1}^{n} |b_j| + \lambda(1-\rho) \sum_{j=1}^{n} b_j^2 \tag{5-3}$$

$\lambda$ 为惩罚因子，用来控制惩罚项的占比。当 $\rho = 1$ 时，方程变为：

$$b^* = \mathrm{argmin} \sum_{i=1}^{m} \left( y_i - \sum_{j=1}^{n} b_j x_{i,j} \right)^2 + \lambda \sum_{j=1}^{n} |b_j| \tag{5-4}$$

上述模型称为 LASSO 回归，通过加入惩罚项，目标函数在计算最优解时将会剔除绝对值较大的参数即 $b_j = 0$，最终得到的线性方程中自变量数将大大降低，此外，通过提高 $\lambda$ 的赋值同样可以进一步优化自变量数，具有变量选择的功能。

当 $\rho = 0$ 时，方程变为：

$$b^* = \operatorname{argmin} \sum_{i=1}^{m} \left( y_i - \sum_{j=1}^{n} b_j x_{i,j} \right)^2 + \lambda \sum_{j=1}^{n} b_j^2 \qquad (5-5)$$

上述方程称为岭回归（Ridge Regression），不同于 LASSO 的变量剔除，岭回归通常会压缩参数接近于 0，而不会完全剔除某个变量，即可以理解为变量压缩法。

当 $0 < \rho < 1$ 时，惩罚项兼具变量选择和变量压缩功能，称为弹性网络法。当对高维变量进行回归时，LASSO 模型可以将相关性较低变量剔除，而剩下的独立变量对于解释经济行为和后续模型预测具有重要作用，这类情形下弹性网络模型的表现往往更好（Zou and Hastie，2005）。

## 二、主成分回归和偏最小二乘回归

在高维情形下出现的数据样本稀疏、计算困难等问题被称为维数灾难（Curse of Dimensionality），解决上述问题的重要途径是降维（Dimension Reduction），即通过数学变换将高维空间数据投射到低维空间中。在这一过程中最大程度地保留有效信息，对于金融数据而言，这一过程可以剔除噪声，提高数据的信噪比。

对数据进行降维处理时主要分为两种方式：一类为对已有的可观测因子（Observable Factor）进行筛选，按照特定判据选择对于模型最为有效的变量，如 LASSO 等；另一类模型关注于整体数据中的公共信息，并利用坐标轴重构等方式提取可量化的隐含因子（Latent Factor），如主成分分析、偏最小二乘法等。

主成分分析（Principal Component Analysis，PCA）是考察多个变量间相关性的一种多元统计方法，研究如何通过少数几个主成分来揭示多个变量间的内部结构，即从原始变量中生成少数几个主成分，使它们尽可能多地保留原始变量的信息，且彼此间互不相关。

考虑将原变量的维度降低为 $K$ 维时，新的变量可表示为：

$$x_{i,t} \times \Omega_K \tag{5-6}$$

其中，$\Omega_K$ 为 $P \times K$ 维矩阵，$P$ 为原变量维度，$K$ 为新设定的维度，矩阵中每一列 $\omega_j$ 为构造新维度的线性权重即特征向量，目的是找出变量间方差最大的坐标来进行降维，且不同特征变量间保持正交消除重复信息，特征向量的目标函数可表示为：

$$w_{j,t} = \text{argmaxVar}(x_{i,t}w_t) \tag{5-7}$$

$$\text{s. t. } w_t'w_t = 1, \text{ Cov}(x_{i,t}w_t, x_{i,t}w_{t,l}) = 0, l = 1, 2, \cdots, j-1 \tag{5-8}$$

偏最小二乘法 PLS 与主成分分析类似，在选择特征向量矩阵 $\Omega_K$ 时 PLS 的目标公式为：

$$w_{j,t} = \text{argmaxCov}^2(y_{i,t}, x_{i,t}w_t) \tag{5-9}$$

$$\text{s. t. } w_t'w_t = 1, \text{ Cov}(x_{i,t}w_t, x_{i,t}w_{t,l}) = 0, l = 1, 2, \cdots, j-1 \tag{5-10}$$

其中，$y_{i,t}$ 为需要预测的指标，由公式可以看出相比 PCA 只考虑变量内部的相关关系（方差），PLS 将预测的目标引入，考察变量目标间的相关性（协方差），并按照与目标最相关的维度进行坐标系重构和降维。

## 三、树形回归模型

相比线性模型，树形结构通过分支引入了非线性的概念，近年来涌现出大量基于树型结构的资产定价研究，如布雷兹加洛瓦等（Bryzgalova et al.，2020）基于简单树型模型提出了"资产定价树"（Asset Pricing Trees），而以吉达和克科莱特（Guida and Coqueret，2018）和克科莱特和吉达（2020）为代表的研究通过将树形模型与股价预测、投资组合构建以及传统因子模型优化相结合，均取得了不错的效果和实证结果。

图 5 - 2 给出资产定价领域利用规模因子和价值因子对股票进行分类的简单决策树结构。首先按照企业规模对数据进行一次划分，高于 0.5 的归为类别 3，低于 0.5 的再次按照账面市值比进行划分，低于 0.3 的归入类别 1，高于 0.3 的归入类别 2，三类数据集分别对应着小盘成长股、小

盘价值股和大盘股，则后续新加入的股票在按照标准进行分类后其预测收益为组内历史股票的平均收益。

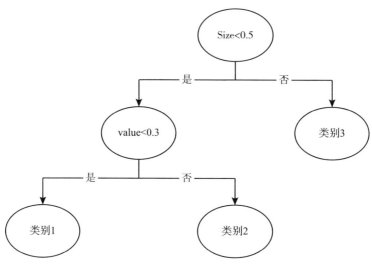

图 5 - 2　简单分类决策树

可以看出，选择最优划分属性是树型模型构建的重点，抉择过程中两个问题需要考虑，即划分点的选择和使用的属性数目的确定，选择最优的划分点可以得到最好的分支效果，而控制使用的属性数量可以降低过拟合的发生。对于不同类别的样本，我们希望其在训练过程中的"纯度"（Purity）越来越高，度量样本集合纯度的指标有信息熵（Information Entropy）和基尼系数（Gini Index）等。

信息熵作为最常用的度量纯度的指标，设定全样本集合 $D$ 中第 $i$ 类样本占比为 $p_i$，则样本 $D$ 的信息熵定义为：

$$Ent(D) = - \sum_{i=1}^{m} p_i \log_2 p_i \qquad (5-11)$$

$Ent(D)$ 值越小，$D$ 的纯度越高。使用属性 $X_i$ 对样本进行划分后得到的信息增益（Information Gain）可表示为：

$$Gain(D,i) = Ent(D) - \sum_{v=1}^{V} \frac{|D^v|}{|D|} Ent(D^v) \qquad (5-12)$$

其中，$v$ 为属性 $X_i$ 设定的划分点，$D^v$ 为在分支 $v$ 上的样本数，$\dfrac{|D^v|}{|D|}$ 为不同分支点上的样本数权重。信息增益越大，则表明新构建的分支对于数据集纯度的提升越大，以此作为目标函数即可对决策树进行优化训练。

此外，对于划分点的选择同样可以使用信息增益模型：

$$Gain(D, i) = \max_{t \in T_i} Ent(D) - \sum \frac{|D_t^\lambda|}{|D|} Ent(D_t^\lambda) \qquad (5-13)$$

其中，$t$ 为属性 $i$ 中的划分点，$D_t^\lambda$ 为按照划分点分类后的分支样本数。

数据纯度的另外一种度量为基尼系数，设定 $p_i$ 代表第 $i$ 类样本占总样本的比例，则 $Gini$ 可表示为：

$$Gini(D) = -\sum_{i=1}^{m} \sum_{i' \neq i} p_i p_{i'} = 1 - \sum_{i=1}^{m} p_i^2 \qquad (5-14)$$

$Gini$ 值越高，数据纯度越低，若样本中所有数据为同一类即 $p_i = 1$，则 $Gini = 0$，此时样本纯度最高。

将信息熵或基尼系数作为模型优化的目标函数，即可进行最优属性选择和分支等操作。事实上，单一的树型模型在面对大数据时拟合结果并不理想，因此人们采取集成学习（Ensemble Learning）的方法，通过采用不同的训练方式得到大量的基础树模型，最终的模型输出为所有基础树预测结果的汇总。

## 四、集成学习

集成学习中增强法（Boosting）的训练机制与串联模型相似。先使用初始样本集训练出一个基学习器，根据基学习器的表现对样本分布重新进行调整，并更关注分类错误的数据；接着基于调整后的数据再训练下一个基学习器，循环上述过程直到达到规定的迭代次数或者预期的误差率，最终模型输出为 $T$ 个学习器的综合。

Boosting 模型中最经典的为自适应增强（Adaptive Boosting，Ada-Boost），模型设定总学习器 $H(x)$ 为 $T$ 个基学习器的线性加权：

$$H(x) = -\sum_{t=1}^{T} a_i h_t(x) \qquad (5-15)$$

AdaBoost 的每一个基学习器为只包含一个特征的单层决策树，模型在训练中不断修正数据和各基学习器的权重来最小化误差，具体来说分为数据权重和基学习器权重：（1）首先设定初始数据权重为等权重，在训练完一个基学习器后重新调整数据权重并增加上一轮训练中被误分类点的权重，使得本轮训练的基学习器更侧重于错误点，迭代上述过程直到生成所有学习器；（2）此外，基于上述基学习器加总得到强分类器时需要调整各学习器的权重，权重大小主要依据各分类器的分类错误率，分类器错误率越低，其权重就越高。

梯度下降树（Gradient Boost Decision Tree，GBDT）也是集成学习Boosting 家族的成员，但是却和 AdaBoost 有很大的不同。首先二者使用的基学习器不同，AdaBoost 算法利用单层决策树的误差来更新样本权重值，然后进行迭代；而 GBDT 则要求弱学习器必须是分类与回归树模型（Classification and Regression Trees，CART）。其次由于使用了 CART，因此相比AdaBoost 通过提升错分数据点的权重来定位模型的不足，GBDT 可以使用更多种类的目标函数，通过计算目标函数的梯度，使用梯度下降的方式来减少训练误差。因此 GBDT 常用在处理连续数据的回归问题中，此时目标函数可以为均方误差等。

集成学习中的 Boosting 算法在每次训练时需要结合已得到的所有基学习器，即第 N 步训练需要已训练好的 N-1 个学习器和一个新生成的学习器来共同完成，因此训练效率不高。作为集成学习的另外一种思路，引导聚集算法（Bagging）通过并行的方式同步生成多个基学习器，最终通过集合所有学习器的结果来得到训练结果。不同于 Boosting，Bagging 生成的基学习器之间并没有"依附"关系，每个模型通过随机设定样本集和特征数来得到。通过随机化样本，一方面可以使得训练出的学习器之间更为独立；另一方面在提高模型泛化能力的同时也可以使用子样本外的数据进行"包外估计"（Out of Bag Estimate）来避免过拟合。

随机森林（Random Forest，RF）作为典型的 Bagging 类算法（见

图 5 – 3），模型进一步在基学习器训练中引入了随机属性，即在 RF 模型中，每个基学习器的属性集合为总集合的一个子集，子集大小一般设定为 $k = \log_2 d$，$d$ 为总的特征数集合。

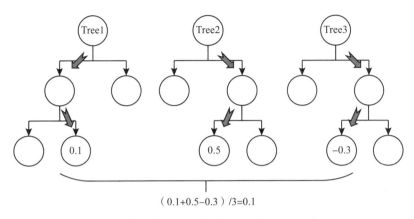

（0.1+0.5−0.3）/3=0.1

**图 5 – 3　基于 Bagging 的随机森林**

与传统 Bagging 中基学习器通过样本扰动来实现"多样性"不同，RF 的多样性不仅来自样本，同时也来自属性扰动。更多的随机特性使得随机森林的泛化能力大大提高，模型在很多现实任务中表现出强大的性能。

## 五、神经网络模型

麦克库洛赫和皮茨（McCulloch and Pitts）于 1943 年首次建立了神经网络模型，但直到 20 世纪 90 年代初由于计算运算资源以及模型训练算法的限制，神经网络并未应用到实际研究中。随着鲁梅尔汉特等（Rumelhant et al.，1986）将改进的反向传播算法引入神经网络来进行模型优化和参数选择，神经网络模型才重新崭露头角，霍尼克等（Hornik et al.，1989）提出的万能近似定理（Universal Approximation Theorem）则极大地提升了神经网络的适用范围。近年随着大数据技术的发展加之 GPU 等硬件并行处理能力的高速提升，神经网络尤其是深度学习模型（Deep Learning）被广泛应用在图像识别、自然语言处理等场景，并在特定领域衍生出卷积神经网络、循环神经网络等专有模型。

神经网络是一种运算模型，由大量的节点（或称神经元）之间相互联接构成。最经典的神经网络为前馈式神经网络模型（Feed Forward Networks，FFN），一般包括输入层、隐藏层和输出层，数据在每层传导时通过指定的激活函数（Activation Function）生成下一层数据。标准的神经网络模型构建如下：设定每层网络节点数为 $K$，除输入层外，每层输入为上层输出，除输出层外，每层输出为使用非线性激活函数 $g$ 进行转换后得到，对于输入集合 $x(0) = (x_1, \cdots, x_N)'$，第 $l$ 层每个节点输出为：

$$x_K^{(l)} = g(b^{l-1} + x^{(l-1)'} W^{(l-1)}) \qquad (5-16)$$

则对于具有 $L$ 层的神经网络模型，最终层输出为：

$$G(x, b, W) = b^{L-1} + x^{(L-1)'} W^{(L-1)} \qquad (5-17)$$

其中，$W$ 和 $b$ 代表每层输入的权重参数和偏置参数。

图 5-4 展示了具有 3 层隐藏层的神经网络模型，隐藏层每层各节点通过式（5-16）生成数据并作为下一层的输入。非线性数据生成过程中

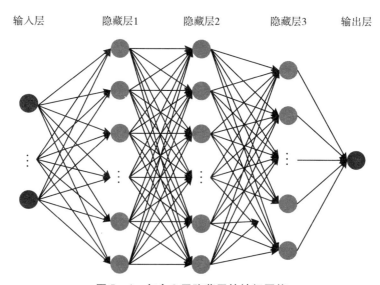

图 5-4　包含 3 层隐藏层的神经网络

常用的激励函数有修正线性单元（Rectified Linear Unit，ReLU）和 Sigmoid 函数等，*ReLU* 作为目前最常用的激活函数，对于输入变量 $x_k$ 其解析式为：

$$ReLU(x_k) = \max(x_k,\ 0) \qquad (5-18)$$

但 *ReLU* 函数缺乏随机性，随机性的存在可以减少过拟合的现象，因而出现了一类新的激活函数即高斯误差线性单元（Gaussian error Linear Units，GeLU）。*GeLU* 在激活函数中引入了随机正则的思想，是一种对神经元输入的概率描述，直观上更符合自然的认识。对于服从标准正态分布的 *GeLU*，其近似的计算公式为：

$$GeLU(x_k) = 0.5 x_k \left\{ 1 + \tanh \left[ \sqrt{\frac{2}{\pi}} (x_k + 0.044715 x_k^3) \right] \right\} \qquad (5-19)$$

循环神经网络（Recurrent Neural Network，RNN）是神经网络的一种变形，主要用于处理时序数据。考虑 $x_t = I_t$ 作为 $t$ 时期输入信息集，则 RNN 模型隐藏层由当期信息 $x_t$ 和上期存留信息 $h_{t-1}$ 共同生成，其中 $g$ 为激活函数：

$$h_t = g(W_h^{(c)} h_{t-1} + W_X^{(c)} x_t + \omega_0^{(c)}) \qquad (5-20)$$

RNN 可近似为一种非线性自回归过程，当上期信息同当期有关联时模型表现良好。但 RNN 只能考虑近期的信息数据，无法捕捉长期信息对于当期的影响。

作为对 RNN 的改进，长短期记忆网络模型（Long Short Term Memory，LSTM）最早由霍克莱特等（Hochreiter et al.，1997）提出，目前已广泛应用于自然语言程序（Natural Language Processing，NLP）等具有时序特征数据的挖掘及分析工作中。LSTM 在 RNN 模型基础上加入了判定有效信息的记忆模块，弥补了 RNN 模型"短时记忆"的缺陷。典型的记忆模块包含 3 个单元，即输入门、遗忘门和输出门。输入门用来控制进入模块的新信息流，遗忘门选择有效信息并留存在模块中，输出门对接模型输出层进行训练计算。考虑 $t$ 时期输入信息集 $x_t$，模型新创建的记忆模块包含当期信息和上期留存信息 $h_{t-1}$：

$$\tilde{c}_t = \tanh(W_h^{(c)} h_{t-1} + W_X^{(c)} x_t + \omega_0^{(c)}) \qquad (5-21)$$

输入门和遗忘门控制记忆模块所保留的信息集，输出门控制当期隐藏层的信息集，各个门控使用 Sigmod 激活函数即下式中的 $g$ 来将不同权重下的 $h_{t-1}$ 和 $x_t$ 线性输出转换为 0 到 1 的连续数值，其中 0 代表完全不允许数据通过，1 为完全允许数据通过：

$$input_t = g(W_h^{(i)} h_{t-1} + W_X^{(i)} x_t + \omega_0^{(i)}) \qquad (5-22)$$

$$forget_t = g(W_h^{(f)} h_{t-1} + W_X^{(f)} x_t + \omega_0^{(f)}) \qquad (5-23)$$

$$out_t = g(W_h^{(o)} h_{t-1} + W_X^{(o)} x_t + \omega_0^{(o)}) \qquad (5-24)$$

设定 $\odot$ 为矩阵点积，则最终构建的记忆模块和隐藏层为：

$$c_t = forget_t \odot c_{t-1} + input_t \odot \tilde{c}_t \qquad (5-25)$$

$$h_t = out_t \odot \tanh(c_t) \qquad (5-26)$$

图 5-5 给出 LSTM 模型的典型结构，模型迭代主要分为三个阶段：第一阶段为遗忘阶段，对于输入的长期记忆 $c_{t-1}$，遗忘门控制有效信息通过并截断无效信息；第二阶段为选择记忆阶段，通过计算上期信息 $h_{t-1}$ 和本期新信息 $x_t$ 来确定输入门控和输入信息，两者点乘并与第一步通过遗忘门的有效信息相加得到 $c_t$；第三步为输出阶段，即基于上述计算得到模型

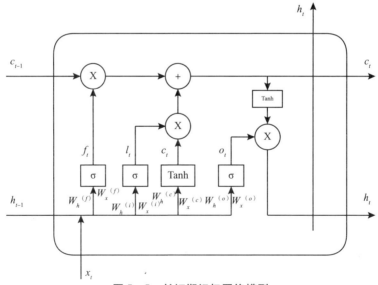

图 5-5　长短期记忆网络模型

本次迭代最终输出 $c_t$ 和 $h_t$，其中 $c_t$ 作为长期记忆将应用到下次迭代过程，$h_t$ 则为本期预测结果。

# 第三节　系统性风险控制

## 一、整体风险控制

整体风险控制是指当风险冲击发生并经由金融系统的放大效应而可能促成危机时，如何对系统性风险进行管理并采取合适的救助方式避免危机进一步扩散。大量文献从货币政策、宏观审慎政策等角度提供的建议成为政策制定者的重要参考，然而目前系统性风险管理的控制和救助措施却并未达成共识。在 DSGE 框架中，对流动性的额外要求等价于庇古税，这为宏观审慎政策工具提供了理论基础。部分学者对宏观审慎政策的内涵、审慎监管工具的作用机制以及货币政策和宏观审慎政策双支柱的关系均有重要发现。上田和瓦伦西亚（Ueda and Valencia，2014）认为货币政策的调整既会影响未来经济的发展也会调整过去所积累债务的实际价值，而宏观审慎政策则只会干预未来经济的走向；黄志刚和许伟（2017）发现宏观审慎管理能有效平抑房价；程方楠和孟卫东（2017）指出宏观审慎政策与货币政策协调中需避免"政策冲突"和"政策叠加"问题，任何问题的出现不仅会影响政策协调的效果，而且会增加政策实施的成本，同时会增加社会福利损失。

在复杂金融网络模型中，监管部门可以依据网络拓扑指标判断金融系统中的重要组成部分而针对性地采取措施。众多学者基于复杂金融网络研究金融系统的拓扑结构，在把握金融体系微观结构的基础上探究援助效果的影响因素。童牧和何奕（2012）用熵最优法模拟了包含 26 个节点的大额支付系统网络以探究最优的流动性救助措施，发现完全救助策略严格占优，不完全救助策略则各有优劣；胡志浩和李晓花（2017）将传播动力模型与复杂金融网络模型中的无标度金融网络结合，发现多次适量救助可以避免感染机构比例超越均衡值的现象，且应该根据机构节点度按由大到小的顺序进行救助；何奕等（2019）考虑了救助顺序的作用，发现当救助规模适中时，不同网络拓扑结构中不同救助顺序才会影响救助效果。

## 二、金融机构风险控制

金融机构风险控制的重点是理解不同金融机构在系统性风险中的相对重要性。在这方面，监管机构做出了很多努力，评估了金融体系中金融机构的重要性，并以系统性重要银行名单方式进行公布。表 5 – 1 中给出了 2021 年全球系统性重要银行名单，该名单基于 2020 年底的全球银行数据，根据巴塞尔银行监管委员会（BCBS）设计的评估方法得到。由于名单中机构在全球金融体系的重要作用，在特定条件下，最具系统重要性的银行可能面临最高 3.5% 的附加资本，以防范 2008 年次贷危机后银行"大而不能倒"（Too big to fail）问题。其中，中国共有四家国有银行进入该名单，一方面显示中国金融机构在世界金融体系的重要作用，同时也显示出国有银行在国内金融体系的核心位置。

表 5 –1　　　　　　　　　　　全球系统性重要银行

| 组别 | 全球系统性重要银行 | | |
| --- | --- | --- | --- |
| 3.50% | — | | |
| 2.50% | 摩根大通 | | |
| 2.00% | 法国巴黎银行 | 花旗银行 | 汇丰银行 |
| 1.50% | 美国银行 | 中国银行 | 巴克莱银行 |
| | 中国建设银行 | 德意志银行 | 高盛 |
| | 中国工商银行 | 三菱日联金融集团 | |
| 1.00% | 中国农业银行 | 纽约梅隆银行 | 瑞信 |
| | 法国 BPCE 银行集团 | 法国农业信贷银行 | 日本瑞穗金融集团 |
| | 摩根士丹利 | 加拿大皇家银行 | 桑坦德银行 |

| 组别 | 全球系统性重要银行 | | |
|------|------|------|------|
| 1.00% | 法国兴业银行 | 渣打银行 | 道富银行 |
| | 三井住友金融集团 | 多伦多道明银行 | 瑞银集团 |

资料来源：FSB《2021 年全球系统重要性银行名单》。

　　理论方面，识别系统性重要银行也是学术界关注的重点。伴随着网络分析方法的发展，金融网络成为分析系统性重要机构的主流方法。已有研究认为，网络结构特征能够影响整个网络中金融传染和系统风险程度（Acemoglu et al.，2015）。不存在部门异质性的完备网络中，较小的负向冲击能够被网络有效分散，而存在异质性的网络中，巨大的负面冲击可能会导致风险的蔓延，网络体系更加脆弱，而这种脆弱性适用于一般的网络结构；阿西莫格鲁（Acemoglu et al.，2017）利用 Domar 权重的经验分布来测度网络中部门异质性水平，研究发现，当网络中部门的异质性水平足够高时，风险冲击可能会导致整个网络系统陷入尾部风险当中，而当部门异质性水平不够高时，足够大的尾部风险冲击同样可以导致整个系统的尾部风险。

　　实践方面，2020 年 12 月，为完善我国系统重要性金融机构监管框架，建立系统重要性银行评估与识别机制，人民银行会同银保监会制定了《系统重要性银行评估办法》。2021 年 10 月，中国人民银行、中国银保监会发布了我国系统重要性银行名单，评估认定了 19 家国内系统重要性银行，包括 6 家国有商业银行、9 家股份制商业银行、4 家城市商业银行。此外，中国人民银行自 2017 年起启动金融机构评级工作，重点关注金融机构资本管理、资产质量、流动性、关联性、跨境业务和稳健性等宏观审慎管理要求，以确保金融体系中金融机构的健康发展。表 5-2 和图 5-6 中给出了 2021 年第四季度央行评级结果和分布情况。整体上看，大部分金融机构评级结果都在安全边界内，且大型银行评级结果最好。高风险金融机构数量较多，仍需要重点关注。

表 5 – 2                            **2021 年第四季度参评机构评级结果**

| 机构分类 | 机构类型 | 机构数（家） | 评级 |
|---|---|---|---|
| 银行金融机构 | 开发性银行和政策性银行 | 3 | 1 ~ 7 级 |
| | 国有商业银行 | 6 | 1 ~ 7 级 |
| | 股份制银行 | 12 | 1 ~ 7 级 |
| | 城市商业银行 | 128 | 2 ~ 10 级 |
| | 农村商业银行 | 1592 | 2 ~ 10 级 |
| | 农村信用社、农村合作银行 | 569 | 2 ~ 10 级 |
| | 村镇银行 | 1649 | 2 ~ 10 级 |
| | 民营银行及其他 | 20 | 3 ~ 7 级 |
| | 外资法人银行 | 42 | 3 ~ 6 级 |
| 非银行金融机构 | 企业集团财务公司 | 255 | 3 ~ D 级 |
| | 汽车金融公司 | 25 | 3 ~ 10 级 |
| | 金融租赁公司 | 68 | 3 ~ 10 级 |
| | 消费金融公司 | 29 | 3 ~ 7 级 |

注：央行评级每季度开展一次。评级等级划分为 11 级，分别为 1 ~ 10 级和 D 级，级别数值越大表示机构风险越高，D 级表示机构已倒闭、被接管或撤销，评级结果为 8 ~ 10 级和 D 级的机构被列为高风险机构。

资料来源：中国人民银行网站。

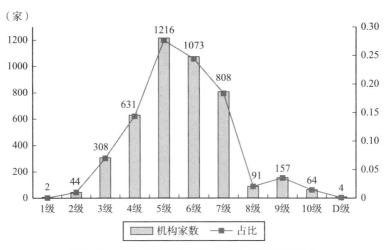

图 5 – 6   **2021 年第四季度金融机构评级结果分布**

资料来源：中国人民银行网站。

从央行金融机构评级结果来看，开发性银行和政策性银行、国有商业银行、股份制银行总计 21 家，其他相对不重要机构超过 4000 家，这些中小银行具有高度的同质性，对经济社会发展与稳定具有重要影响。近年来，随着内外部环境的不确定性提高，我国中小金融机构的风险积聚特征愈发明显。《2021 年中国金融稳定报告》披露，2021 年人民银行对 4015 家银行机构开展压力测试，充分评估银行体系在多种"重度但可能"不利冲击下的稳健性状况。偿债压力测试发现，30 家大中型银行整体抗冲击能力较强，但是当冲击程度提高时，也会有少数银行未通过测试。但是对于 3985 家中小型银行而言，当不良贷款率上升 100% 时，超过三分之一的银行未通过测试，而不良贷款率上升 200%，未通过银行数超过了一半。流动性压力测试中，大中型银行在重度情形下有 8 家未通过测试，而中小银行未通过数超过 610 家。已有研究也开始关注金融体系中"太小而无法竞争"（Too small to compete）的问题，即规模较小的金融机构更易引发系统性金融风险，因此需要加强对小型机构的监管力度。因此，我国数量众多、规模较小的商业银行风险能否演化成系统性风险，以及在何种情况下能够演化成系统性风险，是我国监管部门和学术界需要高度关注的问题。

在金融系统网络中，中小银行面临的风险冲击可能通过网络的放大机制对整个金融体系造成冲击，从而导致严重的系统性风险，即"多而不能倒"。"多而不能倒"指的是即使大银行是健康的，当短时间内足够多的中小银行出现风险问题，集体的道德风险及羊群效应使得其集体倒闭后产生的损失和传染效应可能会传导到整个银行系统，从而造成银行危机。

2023 年 3 月 10 日，美国硅谷银行（Silicon Valley Bank）倒闭，这是 2008 年金融危机以来最严重的银行倒闭事件。3 月 12 日，美国签字银行（Signature Bank）倒闭，美国银行业危机持续蔓延，甚至有可能进一步导致更多银行倒闭，引发银行挤兑。为了应对银行倒闭对金融体系的冲击，美国联邦存款保险公司成为倒闭银行的接管方，负责处理倒闭后的债务处理问题。存款保险的介入能够有效防范银行风险的传染，避免不完全信息下的银行挤兑，保护公众信心。但是，仅靠银行存款保险不足以避免银行倒闭。为了降低银行倒闭对整个金融机构的影响，美联储采取了紧急救助措施，最重要的一点是为有需要的银行提供流动性，包括银行定期融资计划（Bank Term Funding Program，BTFP），确保银行能够满足储户的提款需求。美联储的兜底有效地阻止了公众恐慌情绪的蔓延和信心的崩溃，美国金融市场的反弹证明了美联储政策操作的积极作用。

# 第四节　机器学习在系统性风险防控中的应用

## 一、系统性风险预测

传统的系统性风险预测研究主要使用统计和计量方法对一些经济金融指标建模，进而分析和预测系统性风险。例如，大量文献依据经济金融历史数据构建指标体系，然后采用统计方法合成相关指数，以反映系统性风险水平。伊林和刘（Illing and Liu，2006）最早提出金融压力的概念，指出对金融压力的准确刻画是预测金融危机的前提，并进一步构建出能够衡量发达金融体系风险状况的金融压力指数，指数的极端值便代表了金融危机。采用多元回归模型预测金融危机也是传统研究中另一常用的做法。弗兰克尔和罗斯（Frankel and Rose，1996）将货币危机定义为名义汇率的大幅贬值，选择100多个发展中国家的年度数据面板建立 Probit 概率模型预测危机。

在数字经济时代，类型多样、规模巨大、关联紧密的金融大数据在系统性金融风险监测和预警中占据越来越重要的地位。大数据包括结构化、半结构化和非结构化数据，其中文本、图片、视频、音频等非结构化数据逐渐成为主要部分，这类数据可以来自网站搜索、网上交易平台、社交媒体、移动电话、卫星图像等多种渠道。不同于传统统计和计量方法预设具体的模型，机器学习方法通过算法并设定目标函数直接学习，能够更好地捕捉变量之间复杂的非线性关系，获得更高的预测精度。因此近年来，运用各种机器学习方法分析金融大数据，并进行系统性风险预测的研究取得了越来越多进展。托洛（Tölö，2020）应用递归神经网络进行 1～5 年的系统性风险预测，发现预测效果优于传统的逻辑回归模型。欧阳等（Ouyang et al.，2021）通过文本挖掘构建了一个网络舆情指数，并将其放入 LSTM 神经网络模型来研究系统性风险预测效果，发现其准确率明显高于 SVR 模型和 ARIMA 模型。范小云等（2022）使用 334 万余条新闻文本数据测度中国银行间网络关联，并构建银行共现新闻情绪指标测度系统性风险水平，在此基础上应用隐马尔可夫模型识别和预测中国银行业系统性风险。陈等（Chen et al.，2023）利用支持向量机、随机森林等多种机器学习方法从大量文本数据中构建系统性风险预测指标，发现文本数据有助于减少系统性风险预测中的误判。

还有一些研究致力于通过比较不同的机器学习模型预测效果寻找最优的机器学习预测模型。王克达（2019）分别使用二元分类树模型、Bagging 和随机森林模型，对系统性银行危机、货币危机和主权债务危机的预警进行研究，发现随机森林模型的预警效果最好，能够有效识别金融危机先导指标。苏斯和特雷特尔（Suss and Treitel，2019）利用 K 近邻、随机森林、支持向量机、Boosting 等机器学习方法建立英国银行危机预警系统，发现随机森林很大程度上优于其他模型。萨米塔斯等（Samitas et al.，2020）选取股票指数、主权债券和 CDS 数据，运用决策树、判别分析、支持向量机、K 近邻、集成分类器等机器学习算法，对潜在的风险传染进行早期预警分析，发现支持向量机预测最为准确。

## 二、系统性风险成因

在预测的基础上，识别和理解系统性风险成因对于系统性风险防范至关重要。只有准确找到系统性风险来源，才能对症下药，从根本上遏制风险的累积和扩散。萨沃纳和维佐利（Savona and Vezzoli，2015）使用一种基于回归树的新方法预测主权债务违约，研究表明流动性不足、违约历史、实际 GDP 增速和美国利率是新兴市场国家违约和欧洲主权债务危机的主要决定因素。历史上金融危机的教训表明信贷过度增长往往会导致系统性风险的积累，最终出现系统性银行危机，阿莱西和德肯（Alessi and Detken，2018）因此基于随机森林算法建立了一个银行危机预警系统，旨在识别金融体系脆弱性是否因总信贷和资产价格的上升而加剧。

由于"黑箱机制"的存在，机器学习模型与传统计量和统计模型相比，在因果推断方面存在一定短板。为了克服这一问题，近年来也发展出一批以解释向量（Explanation Vectors）模型、IME（Interactions-based Method for Explanation）模型、LIME（Local Interpretable Model-agnostic Explanations）模型为代表的机器学习算法解释模型，极大地增强了机器学习模型对于因果关系的解释能力，从而能够更好地应用于系统性风险研究等对解释性要求较高的领域。布劳斯坦等（Bluwstein et al.，2020）在1870～2016年17个国家的宏观金融数据集上应用机器学习技术开发了金融危机预测预警模型，并通过引入SHAP机器学习解释模型，识别出最重要的预测因素是信贷增速和收益率曲线斜率。王达和周映雪（2020）发现随机森林模型能够很好地识别中美两国的系统性风险，并进一步采用Shapley值和作用力图展示不同特征变量对两国系统性风险年度概率水平的边际贡献，指出稳定信贷杠杆率仍应作为中国宏观审慎政策的重点。

## 三、系统性风险传染

决定系统性风险的不仅仅是金融机构的规模和特有风险，还有机构间的关联性。在特定经济条件下，如果不考虑金融机构间的风险溢出效应，就无法对个体以及系统的风险进行适当评估。现有研究主要通过网络分析方法评估系统性风险的传染程度以及金融机构在风险网络中的系统重要性。

切尔切洛等（Cerchiello et al.，2017）利用机器学习高斯图模型提出了一个建立在金融市场和推特大数据基础上的系统性风险预测框架，给定其他银行的违约概率，该框架可以通过基于上述两种不同数据来源的随机网络来预测一家银行的违约概率。甘迪和维拉阿特（Gandy and Veraart，2017）为银行间市场等金融网络的系统性风险评估提出了一种贝叶斯方法，以网络中可观察到的总负债和总资产以及可能观察到的某些银行负债为条件生成样本用于压力测试。马斯穆迪等（Masmoudi et al.，2019）使用一个带有隐含变量的离散贝叶斯网络来模拟贷款用户的违约情况，并基于自定义的期望最大化算法进行参数学习，该贝叶斯网络在贷款归属和客户选择方面被证明是有用的决策工具，为管理不良贷款提供更充分的信息。苗子清等（2021）运用传统金融数据和互联网文本信息，借助高斯图模型分析中国上市银行关联性和系统性风险传染情况，发现系统性风险能在银行间相互传染，且国有大型银行在风险传染网络中的系统重要性程度最高。

上述研究通常是在一国的金融体系内建立金融风险传染网络，然而随着全球化加深，金融风险会从一国蔓延至其他国家，加剧全球金融不稳定。最近的一个例证便是2008年金融危机由单纯的一国本土危机扩散为全球性危机，发达国家和新兴经济体几乎无一幸免。相关研究进一步向系统性风险在全球主要经济体金融市场之间的传染情况拓展。朱迪奇和斯卑尔脱（Giudici and Spelta，2016）基于国家间的跨境金融联系建立全球金融网络，并利用国际清算银行的地区银行统计数据，分别建立高斯模型、静态贝叶斯模型和动态贝叶斯模型对该网络进行刻画。杨子晖和周颖刚（2018）采用有向无环图技术方法以及网络拓扑分析方法，从网络关联视角考察全球系统性金融风险的动态演变，发现中国内地金融市场为风险溢出的净输入者。

# 第六章  政策沟通的文本测度方法

## 第一节  金融文本分析

在金融学领域的传统实证研究文献中，研究数据多局限于财务报表数据、股票市场数据等结构化数据。而在大数据时代，随着计算机和互联网技术的飞速进步，数据类型更加丰富，越来越多的文本大数据如新闻报道、公司业绩披露、社交媒体评论等信息的可获得性大大提高。这种非结构化数据在公司对外披露以及股票市场中所占的比重较大，传递形式和表达方式更为多样化，在金融学领域中拥有较高的研究价值。

文本数据一般是非结构化的（Unstructured Data），相较于能够用二维表结构来进行表达的结构化数据（Structured Data），非结构化数据所包含的信息无法用事先定义好的方式或数据模型表达和管理。文本分析是指运用特定的人工智能方法挖掘文本信息内容，从而对文本的情绪语调、可读性以及相似度等文本特征进行分析。借助文本分析方法已经可以轻松地解读和分析文本数据，并能够对非传统领域的经济现象展开研究（Loughran and McDonald，2016）。

文本分析的关键在于如何把文本的非结构化情绪信息有效地简化、准确地提取。一般而言，文本信息的提取需要经过以下几个步骤：（1）需要将原始文本分解成单个词语的集合，也即分词，以便转化为计算机能够处理的数字矩阵。（2）将词语表示为向量，常见的方法有独热表示法和词嵌入技术。（3）将词向量组合后得到数字矩阵，采用无监督或有监督学习方法从矩阵中提取信息。

目前经常使用的文本分析法是词袋法（Bag of words）。它的核心思想是使用一个"词袋"将词汇装入，这种方法假定对于一个文本而言，忽略语序等信息，仅仅是将文本看作是一个词汇的集合。它可以对文本词汇进行编码，将输入的文本转化为词频文档矩阵，从而进行进一步的应用和计算。词袋法包括词汇分类字典法、文本词汇加权法和基于机器（统计）学习的多种分类法（如朴素贝叶斯法）。此外，研究者还可以通过不同的文本特征（诸如文本可读性、文本叙述方法等）进行文本分析，从而推断文本创作者所持的观点或情绪并考察相应的市场反应。下面将对主要的文本分析方法和最新研究成果进行详细的介绍。

# 第二节　文本分词与词典法

## 一、中文分词

在英文文本中，单词之间的界是空格，自然而然地完成了分词。但是在实证运用中，学者会将单个单词扩展多个单词组成的词组，称为 n 元词组（N-gram），n 代表词组中的长度，原因是词组比单词包含更多的信息，也更能反映文本的语言结构特征。随着 n 的值越来越大，文本的总词组的数量就越多，表示文本的向量的维度也快速增长。为了避免总词组数过多导致的维度灾难，N-gram 模型中我们常用的 n 取值一般为 1~3。

中文语境下，文本为汉字的连续排列，因此需要按照一定的规则将汉字排列切分成词或词组。根据分割原理，可将现有的分词方法归纳为基于字符串匹配、基于理解和基于统计这三类。目前，常见的中文分词工具是自然语言处理与信息检索共享平台（Natural Language Processing & Information Retrieval Sharing Platform，NLPIR）（汪昌云和武佳薇，2015），中科院汉语词法分析系统（段江娇等，2017），Python 语言"jieba"模块（王靖一和黄益平，2018）等。由于一些特定领域的文本包含一些对信息提取比较重要的专有词语（如上市公司名称、金融术语等），因此常常需要根据研究问题拓展现有词典，以提高软件识别和分割词语的准确度。

## 二、词向量化

词典法的一个显著缺点是忽略了语序上下文的文本信息，所以如果我们在分析中进一步考虑上下文，表达不同词汇的差异程度，那么就可以使用词嵌入 Word2Vec 模型。首先，在前面，我们使用词袋模型构建词向量虽然方便快捷，但通常并不是一个好选择。例如，对于由 N 个不同词汇组成的文档，为了得到某个词的独热（One-hot）向量表示，我们可以将每个词就表示成一个长度为 N 的向量，其中第 i 个元素为 1，其余均为 0，i 为该词在词典中的索引。很显然，独热词向量无法准确表达不同词之间的相似度（各词向量余弦距离接近 0 值）。比如我们前面提到的分词过程，也存在诸多障碍。在英文中，比如"DCF"和"Discounted Cash Flow"本质上是同一个单词，"NPV"和"Net Present Value"也是相同含义，"Interest Rate"不能拆分，"CAPM"和"Beta"也是相同的金融含义，我们需要把这些词汇统一起来，比如将"Discounted Cash Flow"全部换成"DCF"。其次，中文的分词可能更加麻烦，一个主要的原因在于中文词的边界更模糊，选择不同的切分方法对语义的影响很大，比如"北京大学新生"，划分为"北京/大学/新生"和"北京大学/新生"具有不同的语义。另外，中文分词常用的工具是 jieba，但是这个分词工具并不是给金融会计的研究者做的，有很多专用词汇并没有包含在 jieba 的字典里，因此我们需要扩充该词典，比如"破产成本"等。

因此，为了弥补词袋模型的上述缺点，对其进行改进，其中一种改进是词嵌入模型。词嵌入是指把一个维数为所有词数量的高维空间映射到一个维数低得多的连续向量空间中，每个单词或词组被映射为实数域上的向量。这种方法将每个词表示成一个定长的向量，并使得这些向量能较好地表达不同词之间的相似和类比关系。近年来的代表性算法就是 Word2Vec

模型。

Word2Vec 模型由米科洛夫等（Mikolov et al., 2013）提出，它是一种深度学习算法，它的特点是将所有的词向量化，因此可以通过对向量的张量计算获取相关文本特征信息。在这之前，人们常用独热编码的形式，但是使用 Word2Vec 的优势在于，可以通过向量链接更加复杂的神经网络结构，并且从计算维度上来讲，可以缓解"维度诅咒"，实现编码输入的降维过程。Word2Vec 包括两种类型：CBOW（Continuous Bag-of-words）和 Skip-gram。CBOW 模型输入的是某一个特征词的上下文相关的词对应的词向量，而输出就是这特定词的词向量，主要是根据上下文对目标词进行预测；Skip-gram 模型和 CBOW 的算法逻辑相反，即输入是特定的一个词的词向量，而输出是特定词对应的上下文词向量，根据目标词对文本上下文和邻近词进行预测。

近年来，该方法的应用越来越多。例如，王靖一和黄益平（2018）利用该技术拓展了金融科技情绪词典。李等（Li et al., 2019）对比了独热表示法和 Word2Vec 两种方法，发现相比于独热表示法，使用 Word2Vec 来表示文本特征能够显著提高文本情绪的分类准确性。胡楠等（2021）使用 Word2Vec 算法对管理者短视主义词集进行扩展，合成了管理层短视主义的相关文本指标。姜富伟等（2021b）使用新闻媒体文本数据提取信息，并利用 Word2Vec 对情感词典进行了扩充，构建中文金融情感词典。

## 三、金融词典

在经济金融文本分析领域，词典法是最常用的无监督学习方法，该方法从预先设定的词典出发，我们可以将文本中的文字根据其含义及属性的不同而简化为不同的类别。通过统计文本数据中不同类别词语出现的次数，结合不同的加权方法来提取文本信息。比如，在提取文本情绪信息的过程中，研究者通常以某一类别词汇出现的次数除以文本总字数来衡量文本的情绪倾向，更高的积极词汇占比表示文本透露出越高的乐观情绪，而更高的消极词汇占比则表示文本包含的悲观情绪越重。

使用词典法的一个关键环节是选择或构建合适的词典，这里词典包括特定词典，也包括作者构造的特定词语或词组的集合。早期文献中常用的英文特定词典包括 Harvard Ⅳ－4 词典、Henry 词典（Henry，2008）、Diction 词典和 LM（Loughran－McDonald）词典等。早期文本情绪构造多使用 Harvard Ⅳ－4 词典（Tetlock，2007；Tetlock et al.，2008），该词典包含心理和社会学常涉及的 1045 个正面词语和 1160 个负面词语，但其词典内容与经济金融话题无关。由于创建时间早且易获得（2000 年 7 月即可通过互联网获得），Harvard GI Word Lists 是最早被研究者应用于会计和金融领域的词汇字典。泰特洛克（Tetlock，2007）利用 GI 词汇字典中的Ⅳ－4 分类区分《华尔街日报》"市场动态"专栏中的消极词汇，并运用主成分分析法构建了基于媒体报道消极程度的投资者情绪指标。他发现更高的投资者消极情绪在接下来的一天内会使得道琼斯工业平均指数降低，但指数在随后的 2～5 天内发生反转。同时，更低的指数能够预测未来增长的投资者消极情绪。此后越来越多的文献使用了 GI 词汇字典来区分报纸专栏等媒体中的情绪信息（Tetlock et al.，2008；Hanley and Hoberg，2010）。赫斯顿和辛哈（Heston and Sinha，2015）从 2003～2010 年汤森路透社（Thomson Reuters）的 900754 条新闻中提取了情绪信息，并发现那些被新闻（中性新闻）提到的公司比没有任何新闻的公司股票收益高，而公司新闻中积极情绪更多的将在一周内有更高的股票收益，公司新闻中消极情绪较多的将在未来的一个季度内有较低的股票收益。但是，由于 GI 词典最初并不是专门为金融文本分析创建的，其中的很多分类（如Ⅳ－4 分类）将许多不带有情感色彩的金融类文本常用词汇（如税收和负债等）和行业专用词汇（如癌症和矿产等）错误地归类为消极词汇，因此其提取信息的准确性往往被质疑（Loughran and McDonald，2011）。

Henry 词典是首个专门针对金融类文本创建的词汇字典。亨利（Henry，2008）运用该字典对 1998～2002 年间电信以及计算机行业内公司的 1366 份盈利新闻稿文本词汇进行分类，发现新闻稿情绪会影响投资者的行为，且可由前景理论解释。普莱斯等（Price et al.，2012）也运用了该字典对美国公开交易股票的季度盈利电话会议的语调情绪进行了衡量。他们发现在问答环节中透露出的情绪越积极的公司其未来三天或两个月的股票收益会更高，而电话会议情绪消极的公司超额收益为负。该词典的缺点是总词汇数不多，特别是只包含了 85 个消极词汇。因此它可能遗漏了不少文本中消极情绪的信息。

Diction 词典包含了 686 个乐观词汇以及 920 个悲观词汇，它被应用于一款名为 Diction 的计算机辅助文本分析软件。Diction 软件的数据库是基于 50000 份经过分析的文档构建的，它还能将文本分为 36 个子类（比如演讲、诗歌、商业报告等）。许多会计领域的研究者用这款软件和它的乐观、悲观词汇分类字典来衡量文本的语气或情绪。戴维斯等（Davis et al.，2012）利用 Diction 衡量了文本的净乐观语气（Diction 乐观词汇占比与悲观词汇占比之差），分析了 1998～2003 年间近 23000 份季度盈利披露新闻。他们发现当公司盈利新闻中包含的语气或情绪越积极时，未来一年公司的资产收益率越高。但与 GI 词汇字典类似，洛克伦和麦克唐纳（Loughran and McDonald，2011）指出 Diction 词典将许多在金融会计文本中出现的并不表示乐观情绪的词汇（如必须、权利等）错误地加入其中，使得其准确性降低。

LM 词典（Loughran and McDonald，2011）是通过 1994～2008 年的美国上市公司年报词汇使用情况构建的词汇分类字典，它将词汇分为六个类别，其中包含 354 个积极词汇以及 2329 个消极词汇。在金融、会计领域的文本分析中，相比于 Henry 词典，LM 词典几乎没有遗漏常用的积极和消极词汇；相比于 GI 词典和 Diction 词典，LM 词汇字典的分类方式则更加严谨和准确。因此，LM 词汇字典近年来被广泛地应用于经济文本领域的研究中（Dougal et al.，2012）。加西亚（Garcia，2013）用 LM 词汇字典中的积极和消极词汇分类来提取 1905～2005 年间《纽约时报》中金融市场和华尔街话题两个专栏中体现的情绪信息，并发现构建的情绪指标能够在经济衰退时有效预测股票市场收益。更进一步，越来越多的研究开始关注文本情绪会如何影响市场参与者的行为。所罗门等（Solomon et al.，2014）发现投资者更愿意购买那些近期被新闻正面（用 LM 词典衡量）提到的基金，而忽略收益同样不错但新闻关注度不高的基金。黄等（Huang et al.，2014）使用了 LM 词典来衡量公司经理人在盈利披露新闻中所体现的异常积极语气或情绪，并指出异常积极情绪往往伴随着公司未来较低的盈利和现金流。经理人之所以在盈利披露新闻中体现出这样的情绪倾向，是因为想策略性地影响和控制投资者对公司基本面的预期。

在确定词典后，另一个要处理的问题是如何确定词语权重。齐普夫定律（Zipf's Law）指出如果将单词出现的频率由大到小进行排列，则每个单词出现的频率与它的名次的常数次幂存在简单的反比关系。即大多数文本只有极少数的词被经常使用，而绝大多数词很少被使用。因此，不同词汇分类表对于这些高频词汇定义的异同影响了提取的文本情绪信息的准确度，选取合适的词汇分类字典或者选取不同的词汇分类字典进行文本分析和对比有助于研究者得到更客观的结果（Loughran and McDonald，2016）。

在将文本信息简化为单词和数量的矩阵时，还需要对词数进行标准化。这是由于不同文本的长度不同，如果只是简单地计算某一类词汇在所有文本中出现的数量，势必使其受到总字数较多的文本影响。解决这个问题的简单办法是计算某一类词汇在文档中出现的比例而不是数量。另一种方法是赋予文本词汇以不同的权重，被称为文本词汇加权（Term Weighting）。比如，可以赋予那些出现频率较低但表达的情感含义却很强烈的单词较高的权重。

杰加迪西和吴（Jegadeesh and Wu，2013）指出，选择合适的加权方法有时比构建完备且精确的词典更重要。最常用的加权方式是洛克伦和麦克唐纳（2011）推荐的使用词频—逆文件频率法（Term Frequency – Inverse Document Frequency，TF – IDF）来计算每个文本特征词在每篇文档中的权重。计算方法可由式（6 – 1）简单说明：

$$w_{i,j} = \begin{cases} \dfrac{1 + \log(tf_{i,j})}{1 + \log(a_j)} \log \dfrac{N}{df_i} & \text{若} tf_{i,j} \geq 1 \\ 0 & \text{其他} \end{cases} \quad (6 – 1)$$

其中，$w_{i,j}$ 表示第 $j$ 篇文档中第 $i$ 个单词的权重，它由文档总数量 $N$，所有文档中包含的第 $i$ 个单词（至少出现一次）的总文档数量 $df_i$，第 $j$ 个文档中第 $i$ 个单词出现的总次数 $tf_{i,j}$ 以及第 $j$ 个文档中包含的平均单词数 $a_j$ 所决定。对于某一特定词汇，当它在某一文档中出现次数越高，而在所有文档中出现的次数越低，同时该文档中平均词数越少的情况下，它所获得的权重越高。另外，计算权重时选择对数形式可防止出现频率较高的单词获得过高权重。洛克伦和麦克唐纳（2011）指出使用 TF－IDF 方法比简单地计算某一单词在文本中出现的比例能更有效地提取文本信息，因此值得推广。杰加迪西和吴（2013）甚至发现对文本词汇进行合适加权有时比选取准确的词汇字典能更有效地提取文本信息。

姜富伟等（2021b）结合现有的中文通用情感词典以及英文金融词典（LM 词典），使用 Word2Vec 算法构建中文金融情感词典。具体做法是：第一，将英文 LM 金融词典转化为对应的中文版本（洋为中用）。第二，从中文通用情感词典中筛选出在金融语境下仍然适用的情感词汇（古为今用），为了避免不同通用情感词典之间特征差异的影响，同时也为了保证词语的完备性，将三个应用程度较为广泛的词典（知网 HowNet 情感词典、清华大军李军词典以及台湾大学 NTUSD 词典）合并去重，以此作为所使用的通用情感词典。第三，为了避免金融情感词语的遗漏，利用Word2Vec 算法从语料库中找到与前两部分词语高度相关并且具有合适情感倾向的词语以扩充词典。第四，将以上三步得到的词语合并去重，得到最终的中文金融情感词典。由于一些特定领域的文本包含一些对信息提取比较重要的专有词语（如上市公司名称、金融术语等），因此常常需要根据研究问题采集更多的金融语料库来拓展现有词典。

总体而言，词典法简单易行，从文本中提取信息的能力较强，对于短文本和词语间逻辑关系较弱的文本更有优势。例如，雷诺（Renault，2017）发现在识别论坛情绪方面，机器学习方法与词典法预测的准确率差距不明显，表明词典法在文本提取上的优秀表现。李等（Li et al.，2019）分析了中文论坛帖子数据，验证了雷诺（2017）观点。

## 四、机器学习

随着计算机技术的快速进步，基于机器学习的文本分类法在搜索引擎、邮件自动分类、电子会议、图书馆的数字化管理、网络内容监管和信息过滤等众多领域已经运用广泛且成熟。机器学习算法的出现为我们进行文本分析提供了更多的思路。在前面使用词袋法将文本数据输入得到每个单词的计数向量以后，就可以通过这些计数向量使用机器学习的相关算法进行运算、分类和合成，算法包括朴素贝叶斯、支持向量机等。

**1. 朴素贝叶斯算法**

朴素贝叶斯算法是指给定一个已知的训练数据集，它先使计算机学习该数据集中单词与不同类别的关系，然后依照这个关系对其他的文本信息进行最为相似的分类。它的算法实质是首先利用贝叶斯条件概率公式，计算出已知文档属于不同文档类别的条件概率，然后根据最大后验假设将该文档归结为具有最大后验概率的那一类。

朴素贝叶斯法的优点是：第一，它是目前大数据文本分析中历史最悠久、发展最成熟的方法，它使得机器能够遵循一定的规则，替代人类处理和分析非常庞大的文本信息。第二，朴素贝叶斯分类方法是基于条件"独立性假设"，因此适合于处理属性个数较多的分类任务，而文本分析正是多属性的分类任务。第三，一旦朴素贝叶斯分类器（分类规则）通过机器学习被定义完整后，在提取文本信息的过程中研究者的主观倾向性能够被很好地消除。

尽管朴素贝叶斯法有许多优势，但在使用这种方法过程中，需要提供初始训练集指导机器学习分类。这个训练集往往是随机地选取并由人工定义，因此分类种类和方法也总是因人而异，不仅缺乏统一的规范和标准，而且时间及人力消耗多。对于那些没有在训练集中出现的单词，计算机会把它归为中性或不确定一类，这也降低了该法提取文本信息的准确度。不过，对于还没有成熟的词汇字典的新文本问题，机器学习方法依然有很大的应用空间。

**2. 支持向量机**

支持向量机（Support Vector Machine，SVM）最早由科特斯和万普尼克（Cortes and Vapnik，1996）提出，它是一种基于统计理论与结构风险最小原理的有监督机器学习算法，既可以用于分类也可以用于回归分析。

其基本原理是，首先将每个文本通过核函数投射为高维空间的一个点，然后通过训练文本数据，找到一个超平面，使得文本点能够按照标签值进行分类，并且使每个类别的点到超平面的距离最大化。

有学者使用该模型应用于经济金融文本分析。例如，曼尼拉和莫雷拉（Manela and Moreira，2017）使用 SVM 提取新闻隐含波动率指数（NVIX），他们发现这一指数在股市崩盘、政策不确定性、世界大战和金融危机期间尤其高。伊志宏等（2019）使用 SVM 分析了分析师研报中的特质信息与股票价格同步性的关系，他们发现分析师报告中公司特质信息含量越高，所关注公司的股价同步性越低；当公司所面临的信息不对称问题更加严重、分析师报告影响力更大时，这一负向关系更加显著；进一步研究发现，分析师的能力越强，研究报告中公司特质信息含量越丰富，其盈余预测准确性也越高。

越来越多的研究开始使用机器学习进行文本分析，提取文本中所包含的语气和情绪信息。杰加迪西和吴（Jegadeesh and Wu，2013）以公司年报文件的市场反应来对其包含单词进行赋值并进行分类，这进一步消除了研究者主观判断所带来的误差。他们分析了 1995 ~ 2010 年间 45860 份文档，并发现公司年报中积极和消极词汇所包含的语气将对市场反应产生影响。此外，朴素贝叶斯法也可以从不同的信息来源有效衡量文本中的情绪信息。黄等（Huang et al.，2014）从标普 500 公司的 363952 份分析师报告中提取了情绪信息，并发现分析师报告中的正向情绪对公司未来五年的盈利增长有很好的预测价值。布尔迈尔和泽车内（Buehlmaier and Zechner，2016）使用朴素贝叶斯法衡量了 1999 ~ 2009 年间美国 130589 份新闻报纸关于并购宣布报道中的情绪信息，并指出股票价格对于金融类新闻报道中所体现信息的反应明显不足。

## 五、深度学习

基于变换器的双向编码表示（Bidirectional Encoder Representations from Transformers，BERT）模型是由德夫林等（Devlin et al.，2018）提出的一

种基于深度神经网络的自然语言处理模型，它是一种有监督的机器学习算法框架。它的核心算法框架是 Transformer 结构（Vaswani et al.，2017）。BERT 模型最早是由谷歌开源并提出，它与传统的词向量、Word2Vec 等文本分析方法的显著区别是能够有效测度词汇的序贯特征，有效获取了上下文信息，避免了语意分歧，实现了对词汇语意与语序的量化。Transformer 结构的注意力机制可以有效提取词汇的序贯信息并且推理计算，这一点在 BERT 模型的预训练任务中可以进一步体现，并且 BERT 模型是大样本的预训练模型，所以可以有效通过调参优化实现模型任务的迁移。

在金融文本情绪分析领域，代表性研究是黄等（2022）。他们通过使用年报等金融文本大数据，按照 BERT 模型训练和迁移后，得到了针对金融领域的英文 FinBERT 模型。他们发现 FinBERT 模型对于字典法情绪而言，具有更强的股票收益样本外预测效果。在国内，石等（Shi et al.，2022）使用 BERT 模型对股吧社交媒体投资者情绪进行了分析，合成认同指数，发现其与未来股票回报呈现显著的负相关关系。

目前，BERT 模型在金融文本情绪分析的应用是最受学界和业界关注的技术应用，有诸多学者针对年报、财经新闻、社交媒体等多种金融文本做出了尝试，并且通过对比 FinBERT 与上文提到的传统机器学习、深度学习模型发现 FinBERT 模型具有显著的样本外预测效果和较高的情绪分类精度。

# 第三节　文本特征

文本情绪的研究按照文本来源可以分为三类（见表 6 - 1）。第一类研究公司年报、盈余公告等的文本情绪对公司股票价格的影响。亨利（Henry，2008）将事件研究法引入文本分析，从公司的盈余公告中提取了文本情绪、文本长度、数字占比等文本特征，探究它们对公告发布后公司股票异常收益率有无显著的解释力。洛克伦和麦克唐纳（2011）与杰加迪西和吴（2013）指出公司年度报表文本情绪对公司股票异常收益率有显著影响。谢德仁和林乐（2015）发现公司管理层在年度业绩说明会上的正面语调与公司下一年度的业绩显著正相关，说明管理层语调可信度较高。张秀敏等（2016）利用文本分析方法统计了我国上市公司的年报和社会责任报告的情感态度、语气强度等文本特征。

表 6 - 1　　　　　基于文本分析提取文本特征的代表性研究

| 文本特征分类 | 作者 | 时间 | 主要论述 |
|---|---|---|---|
| 文本情绪 | Loughran and McDonald | 2011 年 | 从上市公司的 10 - K 文件中人工收集并整理构造出 LM 词典，其实证结果表明 LM 词典在度量文本情绪方面比 HarvardIV - 4 词典和 Diction 词典的效果更好 |
| | Tetlock | 2007 年 | 从华尔街日报和道 - 琼斯通讯社统计了每日金融新闻中 77 种不同类别的词的数量，用主成分分析的方法从 77 个序列中提取了一个方差最大的主成分作为新闻文本情绪的代表变量，并用 VAR 模型来检验新闻文本情绪代理变量的变动是否对股票市场有显著影响 |
| | 姜富伟等 | 2021 年 | 计算了我国央行货币政策报告的文本情绪指标，该指标能显著降低股市波动率，并且产生影响的是该指标中反映货币政策指引的部分 |
| 文本可读性 | Li | 2008 年 | 将迷雾指数应用到了文本分析中，指出迷雾指数越小时，年报的可读性越强 |
| | Loughran and McDonald | 2016 年 | 当公司具有多种业务时，内部业务结构复杂的公司很可能会因为业务复杂性而披露难以阅读和理解的年报。因此，在衡量公司年报文本可读性时，应当考虑将企业的业务复杂性因素剔除 |
| | Jansen | 2011 年 | 用可读性指标衡量美联储沟通的清晰度并发现沟通清晰度的上升可减少股票市场和债券市场的波动性 |
| 文本相似度 | Jansen and De Haan | 2014 年 | 研究了欧洲央行沟通内容的文本相似度，发现欧洲央行的信息公开文本总体存在一致性，但也会通过灵活的遣词造句来应对变化 |

第二类研究媒体报道文本情绪对股票市场总体的影响。泰洛克（Tetlock，2007）从华尔街日报和道 - 琼斯通讯社统计了每日金融新闻中 77 种

不同类别的词的数量，用主成分分析的方法从 77 个序列中提取了一个方差最大的主成分作为新闻文本情绪的代表变量，并用 VAR 模型来检验新闻文本情绪代理变量的变动是否对股票市场有显著影响。加西亚（Garcia，2013）发现，在经济衰退时期，纽约时报文本情绪对股票市场收益率的预测能力较强。黄等（2014）提取了分析师报告的文本情绪，发现该指标能显著解释报告发布后相关公司股票的价格变动。国内方面，游家兴和吴静（2012）发现，媒体报道传递出的文本情绪越高涨或越低落时，股票价格越有可能偏离基础价值，且公司信息不确定性越强时，媒体情绪对定价错误的影响越显著。罗炜等（2017）发现，财经媒体报道的正面情绪可以给创业企业带来更多的风险投资数额。

第三类研究中央银行沟通的文本情绪对股票市场、债券市场总体的影响，阿马亚和菲尔比恩（Amaya and Filbien，2015）研究了欧洲央行沟通文本情绪对股票市场走势的影响。坎农（Cannon，2016）研究了美联储公开市场委员会例会后会议记录文本情绪与美国宏观经济的相关关系，并比较了记录中不同地位的与会者发言的文本情绪与经济相关性的大小。坎尔曼和塔耳米（Ehrmann and Talmi，2020）用 EGARCH 模型研究了加拿大央行货币政策公告文本情绪对债券市场和股票市场收益率的影响。早期国内关于文本情绪的文献多集中于前两类研究，最近在第三类研究中也有了一些进展。姜富伟等（2021a）计算了我国央行货币政策报告的文本情绪指标，该指标能显著降低股市波动率，并且产生影响的是该指标中反映货币政策指引的部分。

除了上述提到的文本情绪字典法，近年来许多研究开始使用更高级的方法研究其他的文本特征，主要包括文本可读性（Readability）、文本叙述方法（Document Narrative）等。研究者可以通过这些文本特征来进一步推断文本创作者所持的观点或情绪，同时探讨其与阅读文本信息的投资者的行为或市场反应之间的关系。

文本的可读性衡量了读者通过阅读获取文本真实信息的难易程度。对于文本信息的发布者，当他们越不想让投资者了解公司目前存在的问题时，他们越倾向于发布晦涩难懂、可读性低的披露信息。当他们想尽快让更多的投资者了解自身的好消息以期待更高的股票回报时，他们发布的信息言简意赅、可读性高，进而会影响到投资者的投资行为。经济金融领域，较为普遍的衡量文本可读性指标是迷雾指数（Fog Index），该指数可从文章的词数、句数、平均句长等方面衡量文章阅读的难易程度。李（Li，2008）使用迷雾指数测度了美国上市公司年报的可读性，迷雾指数越小时，年报的可读性越强。另外，尤和张（You and Zhang，2009）利用了年报中的字数来衡量，而洛克伦和麦克唐纳（2014）则使用年报电子文档的大小来衡量。

但迷雾指数仍具有一些问题，如果将文本中每个句子的词语随机排序，那么文章将完全无法理解，但是原来的文本与随机排序后的文本所计算的迷雾指数完全相同。因此，洛克伦和麦克唐纳（2016）提出，在衡量企业信息披露文本可读性时，很难将公司复杂性和年报可读性明显区分。如果公司开展多项业务时，内部业务结构复杂的公司很可能会因为业务复杂性使得年报披露的信息更为庞杂，从而影响可读性。因此，在衡量公司年报文本可读性时，应当考虑将企业的业务复杂性因素剔除。在央行沟通文本可读性的研究方面，雷舍（Resche，2004）用可读性指标研究了美联储前主席格林斯潘的发言，詹森（Jansen，2011）用可读性指标衡量美联储沟通的清晰度并发现沟通清晰度的上升可减少股票市场和债券市场的波动性。

从文本的相似性出发也可以有助于我们理解不同的公司所发布的文本中包含的信息增量。例如，处于新兴行业内成立年限较短的公司在不同时段发布的信息所体现的情绪色彩较为明显且差异较大，以吸引投资者的注意。随着公司成立年份的增加和行业成熟度的提高，公司披露的文本信息所含情绪倾向降低且相似度逐渐较高。目前使用较广泛衡量文本相似度的指标是余弦相似度（Cosine Similarity），詹森和德哈恩（Jansen and de Haan，2007）研究了欧洲央行沟通内容的文本相似度，发现欧洲央行的信息公开文本总体存在一致性，但也会通过灵活的遣词造句来应对变化；阿科斯塔和米德（Acosta and Meade，2015）研究了美联储公开市场委员会例会后公告的文本相似度，发现公告的文本相似度越来越高，表明美联储在公告措辞的变化上开始变得谨小慎微；埃尔曼和塔耳米（Ehrmann and Talmi，2020）发现加拿大央行沟通文本相似度的增加能显著降低股票市场收益率的波动性。

文本叙述方法，或者说文本词组的排列方式，对于准确理解文本所包含的情绪信息和倾向性有着至关重要的作用。例如，英文中作者总是习惯将希望引起读者注意的重要信息放在句子的开头，而将其他信息用连接词或指示代词放在句子的其他部分。中文叙述中先抑后扬的叙述手法透露出作者对于描述对象总体的肯定态度，而先扬后抑的手法则表示否定。运用语法分析法（Syntactic Analysis）等计算机技术可以处理大量的文本，从语法结构角度理解句子的含义。阿利和迪安吉利斯（Allee and DeAngelis，2015）研究了上市公司发布信息的叙述结构，他们用语气分散度（Tone Dispersion）衡量了 2004～2014 年间上市公司经理人自愿披露的文本信息中所包含的情绪在叙述中是较为集中还是比较分散的。实证结果显示，语气分散度能够反映公司经理人在发布信息时的潜在动机，同时较为集中的语气分散度将放大市场对于信息的反馈程度。

研究者认为可以通过文本主题结构（Thematic Structure）获取文本中的有用信息。与网络搜索引擎类似，将文本的主题结构分类可以降低数据的复杂程度。达等（Da et al.，2011）利用 Google 搜索主题词构建网络搜索情绪指标，并研究了这些情绪指标和股市指数价格行为的关系。黄等（2018）比较了上市公司盈利新闻披露和随后发表的分析师分析报告中文本主题结构的不同。他们发现分析师会讨论与上市公司盈利披露新闻主题结构不同的内容，当上市公司管理层有很强的动机去隐瞒与盈利相关的新闻时，投资者则更加关注分析报告中这些不同的主题内容。

# 第四节　政策沟通词典

为了更好地对央行沟通的效果进行分析，我们构建了一款与金融稳定相关的央行沟通词典。在构建词典时，我们应用了两类语料：一类是定期

金融稳定沟通文本，包括 2005～2019 年的《中国金融稳定报告》，共计
15 篇；另一类是不定期金融稳定沟通文本。除了定期出版金融稳定报告
外，中国人民银行也会在其网站的沟通交流栏目不定期地发布与金融稳定
相关的信息，例如金融稳定发展委员会会议记录、央行重要领导的演讲或
采访等。相比金融稳定报告，这类沟通文本具有篇幅短、频率高的特点。
我们利用爬虫技术，从央行网站沟通交流栏目获取了 2000～2019 年间所
有与金融稳定相关的文本，共计 1182 篇。我们统计了定期沟通文本和不
定期沟通文本的词语分布情况发现，两者的高频词出现了高度重合，事实
上这两类文本的余弦相似度高达 80.42%，这说明两者仅在篇幅长短上存
在差异，但其体现的金融稳定语境是基本一致的。

　　为了构建一款全面而准确的金融稳定词典，我们首先从现有情感词典
中筛选合适词语，并利用 Word2Vec 算法从语料中挖掘遗漏的相关词语，
然后通过人工复核再添加或调整在金融稳定语境下情感倾向可能变化的特
殊词语。上述三部分词语的合集即为金融稳定词典。我们词语筛选的来源
主要为三类词典：一为科雷亚等（Correa et al.，2021）提出的英文金融
稳定词典，这一词典包含与金融稳定语境最相关的专有词汇；二为姜富伟
等（2021b）提出的中文金融情感词典，这一词典含有大量与金融市场相
关的词汇，并在金融语境的文本分析中有良好的表现；三为中文通用情感
词典，包括清华李军词典、知网情感词典和台湾大学 NTUSD 词典，这些
词典也会含有一些在金融稳定语境下适用的词语。

　　我们构建金融稳定词典的第一步是从现有词典中筛选词语。首先，将
上文提及的英文金融稳定词典、中文金融情感词典与中文通用情感词典合
并去重，以此作为词语筛选的素材。接下来，我们利用 Python 语言中的
jieba 模块对语料进行分词，并统计了上述词语在分词后语料中的词频数。
对于那些词频数为 0 的词语，我们认为它们是与金融稳定语境无关的词
语，并予以删除。对于词频数大于 0 的词语，我们继续进行人工复核与筛
选。在筛选时，我们主要遵循以下两种方法：第一，删除不具有情感倾向
的词语，例如"公司"、"企业"等词语；第二，删除具有情感倾向但与
金融稳定语境无关的词语，例如"厌世"、"卑鄙"等词语。

上述步骤得到的词语均来自现有词典这一有限集合中，因此极有可能出现遗漏相关词语的问题。而且央行沟通是一类高度专业化的文本，含有很多与常规语境以及一般金融语境不同的词语。为此，基于语料对相关词语进行挖掘就显得尤为重要。为了实现这一目的，我们首先借助Word2Vec算法将文本词语转化为高维词向量。与传统的独热表示法相比，Word2Vec算法可以得到一个低维的稠密向量，能够很好地解决维度灾难的问题。而且，Word2Vec算法基于词语间的上下文关系来对词向量进行训练，因此词向量中的每个维度都体现了词语的某些特定特征。基于这一特性，我们可以通过计算词向量间的余弦相似度来表示词语之间的相似程度。余弦相似度计算方法如下：

$$Similarity = \cos(\theta) = \frac{A \cdot B}{|A||B|} = \frac{\sum_{i=1}^{n} A_i \times B_i}{\sqrt{\sum_{i=1}^{n}(A_i)^2} \times \sqrt{\sum_{i=1}^{n}(B_i)^2}}$$

$$(6-2)$$

基于上述方法，我们对每一个从现有词典中筛选得到的词语都提取了十个最相似的词语，并对这些词语进行人工复核与筛选，筛选原则同上。

最后，为了保证金融稳定词典的准确性，我们还调整了在金融稳定语境特定情形下情感倾向发生转变的词语。举例来说，"增加"、"上升"在大多数情况下表达的是积极情感，但当它们与某些词语组合成词组时会表达消极情感，例如"不良贷款增加"、"风险上升"表达的就是消极情感。为此，我们通过人工阅读语料与逐一复核的方式，对这些词组进行相应调整，并添加进词典。经过以上步骤，我们得到了最终的金融稳定词典，包括1547个积极词语和1475个消极词语。

表6-2展示了金融稳定词典的构成。可以看出，不同来源的金融稳定词语有着明显不同的特点，共同构成了一个完备的金融稳定情感词典，缺一不可。来自英文金融稳定词典的词语多数为与金融稳定相关的专业词汇，而且这些词汇在中英文语境下都较为常见。来自中文金融情感词典和通用情感词典的词语则多为金融语境与常规语境下的情感词汇，在讨论金

融稳定问题时也常常出现。Word2Vec 扩充得到的词语不仅与金融稳定语境直接相关，而且更多为中国官方常用的特色用词。表格还展示了不同来源词语的比例，可以看到 Word2Vec 扩充的词语占比在所有来源中高居第一位，这表明我们词典不是现有词典的排列组合，进而证明了我们词典的创新与贡献。

表 6 – 2 金融稳定词典展示

| 词语来源 | | 积极词语 | | 消极词语 | |
|---|---|---|---|---|---|
| | | 代表性词语 | 占比（%） | 代表性词语 | 占比（%） |
| 现有词典筛选 | 英文金融稳定词典 | 稳定，平稳，强健，止跌回升，经济繁荣 | 5.2 | 薄弱环节，贸易保护主义，违约，处理不当，错误定价 | 11.7 |
| | 中文金融情感词典 | 高回报，协同效应，保值，活跃的，奖金，商机 | 40.7 | 暗箱，濒临破产，非法经营，腐败，炒作 | 38.4 |
| | 中文通用情感词典 | 适当的，自由的，认可，正常的，合理的 | 4.2 | 无能为力，突发，教训，严惩，造假 | 4.4 |
| Word2Vec 扩充 | | 业务创新，新生力量，稳中有进，突出表现，异军突起 | 49.0 | 重灾区，政企不分，证券犯罪，银行挤兑，股价暴跌 | 44.5 |
| 人工复核与调整 | | 成本较低，风险下降，负债水平较低，不良贷款率下降，降低存款准备金率 | 0.9 | 难度加大，风险增加，贸易摩擦升级，失业率大幅攀升，提高存款准备金率 | 1.0 |

# 第五节 政策沟通文本情绪

我们使用文本词典法刻画我国央行沟通中的情绪信息。参考姜富伟等（2021b）的做法，我们使用情感单元法计算每篇金融稳定报告的文本情绪。首先，我们对文本进行分词处理。其次，使用上述构建好的金融稳定词典识别出每篇文本中的情感词，并将一个情感词到上一个情感词之间的文本作为一个情感单元。最后，假设情感词表达的情绪只受到所在情感单元中否定词的影响，我们综合一个情感单元的否定词和情感词对该情感单元进行赋值打分。计算公式如下：

$$TONE = \frac{1}{N}\sum_{i=1}^{N}(-1)^{n_i} \times W_i \quad W_i = \begin{cases} 1, & positive \\ -1, & negative \end{cases} \quad (6-3)$$

其中，$n_i$ 为第 $i$ 个情感单元中否定词的数量，我们将 $(-1)^{n_i}$ 作为否定词的分值。$W_i$ 为第 $i$ 个情感单元中情感词的分值，对于积极情感词和消极情感词，我们分别将 1 和 -1 作为它们的分值。$N$ 为一篇文本中所有情感单元的数量。否定词分值与情感词分值的乘积即为一个情感单元的分值，再对该文本中所有情感单元的分值取算术平均就可以得到其文本情绪值 $TONE$。

表 6-3 展示了金融稳定报告中一句话的分词示例。分词后的句子中一共包含 9 个金融稳定情感词，因此可以划分出 9 个情感单元，并且每个情感单元内都不含否定词。其中，"走弱"、"萎缩"、"严峻" 等词为消极情感词，分别赋予 -1 分；"及时"、"增强"、"强化"、"夯实"、"稳定"、"健康发展" 等词为积极情感词，分别赋予 1 分。将以上得分全部加总后除以 9 得到的 0.333 即为该句话的文本情绪值。

表 6-3 使用情感单元法计算文本情绪示例

| 原句 | 分词结果 |
| --- | --- |
| 中国股票市场持续走弱，市场成交量萎缩，资本市场经历了严峻考验。有关部门及时出台一系列政策措施，增强了市场信心，强化了市场主体抗风险能力，进一步夯实了市场稳定健康发展的内在基础 | 中国/股票市场/持续/走弱，市场成交量/萎缩，资本市场/经历/了/严峻/考验。有关部门/及时/出台/一系列/政策措施，增强/了/市场信心，强化/了/市场主体/抗风险能力，进一步/夯实/了/市场/稳定/健康发展/的/内在基础 |

人民银行定期发布的金融稳定报告是与央行沟通最重要的形式之一，因此我们选取金融稳定报告作为样本，通过研究其文本情绪对股票回报和波动的影响来考察金融稳定沟通的效果。我们计算了每篇金融稳定报告的金融稳定情绪指数 $TONE^{FSR}$。对于从央行网站上收集的不定期沟通文本，我们首先在每个月度内将所有文本加总为一篇文本，然后再使用情感单元

法计算其文本情绪，从而构建月度金融稳定情绪指数$TONE^{Mon}$。我们对所有情绪指数都进行了标准化处理，即减去均值并除以标准差。图6-1展示了金融稳定情绪指数的变化情况，虚线代表$TONE^{FSR}$，实线为$TONE^{Mon}$的六个月移动平均线。

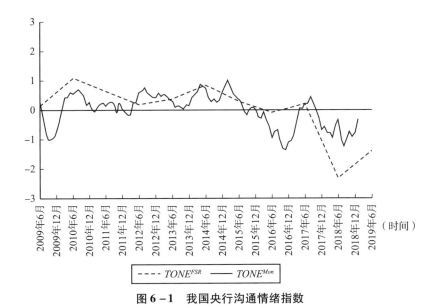

图6-1 我国央行沟通情绪指数

从图中可以看到，$TONE^{FSR}$和$TONE^{Mon}$的走势保持了高度一致，在$TONE^{FSR}$上涨或回落的区间，$TONE^{Mon}$也具有相似的趋势。例如，2008年金融危机之后，伴随着一系列经济刺激计划的实施，央行沟通情绪变得更加积极，所以2009~2010年间$TONE^{FSR}$和$TONE^{Mon}$都有较大涨幅。2017年后，民粹主义、逆全球化、贸易及投资保护主义抬头，地缘政治不确定性上升，2018年中美贸易摩擦升级便是一起标志性事件。因此，在这段时期我国央行关于金融稳定的观点偏向悲观，$TONE^{FSR}$和$TONE^{Mon}$都处于较低水平。基于两类样本构建的金融稳定情绪指数走势表现出了高度一致性，这既证明了我们所构建词典与情绪计算方法的科学性，也表明了两类样本在用语习惯与沟通内涵上的相似性。

# 第七章 政策沟通与金融市场

由于金融市场与实体经济之间具有很强的关联性，央行沟通在金融市场上的效果会传导至实体经济上进而产生影响。金融安全也是经济安全乃至国家安全的重要组成部分，我国股市历次大幅波动的经验教训就表明股市稳定对于实现宏观经济稳定增长至关重要（肖争艳等，2019）。因此，在双支柱政策调控框架背景下，本章采用文本分析技术研究了金融危机以后，央行沟通在金融市场上的效果，以考察央行沟通是否有助于实现金融稳定的目标。具体来说，这一沟通效果包含引导市场预期和降低市场风险两方面，引导市场预期即引导资产价格水平朝央行预期的方向变动，降低市场风险即降低资产价格的波动（Blinder et al.，2008）。央行定期发布的金融稳定报告是央行沟通最重要的形式之一，因此，我们选取金融稳定报告作为样本，通过研究其文本情绪对股票回报和波动的影响来考察央行沟通的效果。

我们首先采用事件研究法考察了央行沟通情绪能否显著影响股票回报和波动，然后从央行沟通如何引导投资者形成预期（信号渠道），以及如何减少投资者信念异质性（协同渠道）两个角度解释了央行沟通的作用机制。

## 第一节 研究设计

### 一、事件研究法

2008 年国际金融危机后，社会各界对金融稳定的关注上升到一个新高度，世界各国的央行也都积极采取一系列措施来维护国内金融体系的稳定。在这样一个新的环境下，我国央行的央行沟通能否合理引导市场预期和降低市场风险是我们重点研究的问题。因此，我们在实证检验过程中将样本区间统一设定为 2009～2019 年。

我们采用事件研究法考察央行沟通文本情绪能否显著影响股票回报和波动，以回答央行沟通是否有助于实现金融稳定的目标。因为报告发布的时间和股票交易的时间可能不一致，所以我们在确定事件日时需要做一些调整。事实上，中国人民银行网站发布报告的时间均处于非交易时间段，所以我们定义报告发布后的第一个交易日为事件日。

由于我们研究的是金融稳定报告对整个股票市场的影响，因此在样本选取上合理的做法是选用股票指数作为样本。参考邹文理等（2020）的做法，我们选取 Wind 行业指数（能源指数、材料指数、工业指数、可选消费指数、日常消费指数、医疗保健指数、金融指数、信息技术指数、电信服务指数、公用事业指数）作为股指样本，数据来自 Wind 资讯。以往文献在事件研究法中使用的个股正常收益率预测模型并不适用于股票指数，因此在借鉴博恩等（Born et al.，2014）和肖争艳等（2019）的模型设定方法后，我们预测股指正常收益率的模型如下：

$$R_{it} = \alpha_{0i} + \alpha_{1i}R_{it-1} + \alpha_{2i}R_{mt-1} + \alpha_{3i}R_{mt} + \alpha_{4i}D_t$$
$$+ \alpha_{5i}T_{it-1} + \alpha_{6i}S_{it-1} + \varepsilon_{it} \quad\quad\quad (7-1)$$

其中，$R_{it}$ 为行业指数 $i$ 在第 $t$ 日的收益率。$R_{mt}$ 为国际市场指数收益率，此处我们使用纳斯达克指数，并且我们假设 $R_{mt}$ 是外生的，也即国内金融稳定报告的发布并不影响国际市场。$D_t$ 是一组表示周一至周四的虚拟变量。$T_{it-1}$ 为前 20 个交易日指数收益率的均值，用来衡量收益率趋势。$S_{it-1}$ 为前 20 个交易日指数收益率的标准差，用来衡量收益率波动。这里涉及的收益率均为日频，并且均为对数收益率。我们用事件日前 120 个交易日的收益率数据来估计出模型中的参数，估计窗口与事件日之间保留了一段时间作为间隔。利用模型参数，我们可以估计出事件日的正常收益率，进而计算出异常收益率 $\hat{\varepsilon}_{it}$，计算公式如下：

$$\hat{\varepsilon}_{it} = R_{it} - (\hat{\alpha}_{0i} + \hat{\alpha}_{1i}R_{it-1} + \hat{\alpha}_{2i}R_{mt-1} + \hat{\alpha}_{3i}R_{mt} + \hat{\alpha}_{4i}D_t + \hat{\alpha}_{5i}T_{it-1} + \hat{\alpha}_{6i}S_{it-1})$$

$$(7-2)$$

报告发布后，行业指数收益率会受到影响，因此若要计算事件日之后的异常收益率，上式中有关行业指数收益率的滞后项需要用相应的预测值替代。定义事件日为第 0 天，则计算事件后第 $k(k>0)$ 天异常收益 $\hat{\varepsilon}_{it+k}$ 的公式如下：

$$\hat{\varepsilon}_{it+k} = R_{it+k}$$
$$- (\hat{\alpha}_{0i} + \hat{\alpha}_{1i}\hat{R}_{it+k-1} + \hat{\alpha}_{2i}R_{mt+k-1} + \hat{\alpha}_{3i}R_{mt+k} + \hat{\alpha}_{4i}D_{t+k} + \hat{\alpha}_{5i}\hat{T}_{it+k-1} + \hat{\alpha}_{6i}\hat{S}_{it+k-1})$$

$$(7-3)$$

其中，$\hat{R}_{it+k-1}$ 表示第 $k-1$ 天正常收益率的预测值，在计算 $\hat{T}_{it+k-1}$ 和 $\hat{S}_{it+k-1}$ 时，20 个交易日中事件日后的收益率也使用预测值替代。此外，由于我们假设纳斯达克指数外生，所以此处仍然沿用其实际值。将事件后 $k$ 天时间窗口内的异常收益率累加可以得到累计异常收益率：

$$CAR_{it+k} = \sum_{h=0}^{k} \hat{\varepsilon}_{it+h}$$

$$(7-4)$$

我们用异常收益率的标准差衡量 $k$ 天内市场波动，并定义市场波动的变化等于事件后 $k$ 天内的标准差与事件前 $k$ 天内标准差的差值：

$$\Delta SD_{it+k} = SD_{i,t\sim t+k} - SD_{i,t-1-k\sim t-1}$$

$$(7-5)$$

## 二、分组检验

我们采用分组的方式来检验金融稳定报告是否能够引导异常收益率向预期方向变动，也就是报告对外释放悲观的情绪信号时，异常收益率是否会为负，而当释放积极的情绪信号时，异常收益率是否会为正。此外，我们还同步考察报告能否降低市场风险，也就是异常收益率的波动是否会降低。

参考博恩等（2014）的做法，我们利用文本情绪 $TONE^{FSR}$ 的中位数对报告样本进行分组，若某篇报告的 $TONE^{FSR}$ 小于中位数，我们认为情绪是悲观的，否则我们认为情绪是乐观的。然后，我们引入一个二值变量 $I_t$ 标记每篇报告，若某篇报告情绪悲观，则 $I_t = -1$，若情绪乐观，则 $I_t = 1$。由此可以得到 5 篇情绪悲观的报告和 6 篇情绪乐观的报告。

最后，我们同时采用参数检验和非参数检验两种方式（MacKinlay，1997）。参数检验方面，我们检验 $CAR_{it+k}$ 和 $\Delta SD_{it+k}$ 各自的均值是否显著异于 0；非参数检验方面，我们检验满足 $I_t = -1$ 时 $CAR_{it+k} < 0$ 或 $I_t = 1$ 时 $CAR_{it+k} > 0$ 的样本占总样本的比是否显著大于 50%，以及 $\Delta SD_{it+k} < 0$ 的样本占总样本的比是否显著大于 50%。

### 三、回归模型

我们进一步构建回归模型探究金融稳定情绪对累计异常收益率水平和波动变化的预测效果。模型设定如下：

$$Y_{it+k} = \beta_0 + \beta_1 TONE_t + \beta_2 REPO_t + \beta_3 CPI_t + \beta_4 SD_{it} + IndexFE + \varepsilon_{it+k}$$

$$(7-6)$$

其中，$Y_{it+k}$ 表示 $CAR_{it+k}$ 或 $\Delta SD_{it+k}$，我们主要关注 $k=1$ 和 $k=3$ 的情形。$TONE_t$ 表示金融稳定报告的情绪指数。$REPO_t$ 表示国债七天回购利率的变动，以控制货币政策影响，这里我们使用事件日与前一个交易日加权平均利率的差值。$CPI_t$ 表示截止到事件日最新发布的 $CPI$ 同比涨跌幅，用来控制宏观经济信息的冲击。利率和 $CPI$ 数据均来自锐思数据库。$SD_{it}$ 表示事件日前 20 个交易日指数回报的标准差，用来控制其他因素的冲击。最后我们控制了指数固定效应，并使用指数层面聚类稳健标准误。

## 第二节　实　证　结　果

表 7-1 是总体样本累计异常收益率 $CAR$ 和波动变化 $\Delta SD$ 的检验结果，展示了从事件发生后第 1 天一直到第 10 天 $CAR$ 和 $\Delta SD$ 的变化。

从第 1 天到第 10 天 $CAR$ 均值都为正，其中在第 7 天达到最大值 1.325%，并在 1% 的水平下显著，之后呈递减趋势。这表明金融稳定报告总体上能够创造正的累计异常收益率，但效果会随时间逐渐消退。CAR 的非参数检验结果保持一致，第 1 至 6 天 CAR 变动方向符合预期的样本占比均在 1% 的水平下显著大于 50%，之后便不再显著。$\Delta SD$ 均值在第 1 天取得最小值 –1.024%，表明报告发布两天内波动率平均而言下降了 1.024%。此后一直到第 10 天 $\Delta SD$ 均值也都在 1% 的水平下显著小于 0，并且 $\Delta SD$ 小于 0 的样本占比也全都显著超过 50%。这表明报告降低市场波动的效果更为强烈和持久。

表 7 –1　　　　　　　　　　　总体样本检验结果

| 第 $k$ 天 | CAR | | $\Delta SD$ | |
|---|---|---|---|---|
| | 参数检验 | 非参数检验 | 参数检验 | 非参数检验 |
| 1 | 0.767 *** (2.76) | 0.664 *** (3.43) | – 1.024 *** ( –6.74) | 0.773 *** (5.72) |
| 2 | 0.297 (1.04) | 0.727 *** (4.77) | – 0.514 *** ( –5.11) | 0.673 *** (3.62) |
| 3 | 0.428 (1.39) | 0.700 *** (4.20) | – 0.307 *** ( –3.60) | 0.600 ** (2.10) |
| 4 | 0.426 (1.22) | 0.736 *** (4.96) | – 0.360 *** ( –4.66) | 0.673 *** (3.62) |
| 5 | 0.593 (1.62) | 0.636 *** (2.86) | – 0.285 *** ( –4.54) | 0.673 *** (3.62) |
| 6 | 1.228 *** (3.02) | 0.627 *** (2.67) | – 0.277 *** ( –4.78) | 0.709 *** (4.39) |
| 7 | 1.325 *** (3.08) | 0.527 (0.57) | – 0.288 *** ( –5.72) | 0.736 *** (4.96) |
| 8 | 1.212 ** (2.53) | 0.509 (0.19) | – 0.301 *** ( –6.25) | 0.755 *** (5.34) |
| 9 | 0.518 (0.91) | 0.491 ( –0.19) | – 0.296 *** ( –5.69) | 0.782 *** (5.91) |

续表

| 第 $k$ 天 | CAR | | $\Delta SD$ | |
|---|---|---|---|---|
| | 参数检验 | 非参数检验 | 参数检验 | 非参数检验 |
| 10 | 0.293<br>(0.50) | 0.409<br>(-1.91) | -0.281 ***<br>(-5.16) | 0.736 ***<br>(4.96) |
| N | 110 | 110 | 110 | 110 |

注：参数检验中均值的单位为%，括号内数字为 t 值。非参数检验中括号内数字为统计量 $J = \left( \dfrac{n}{N} - 0.5 \right) \dfrac{\sqrt{N}}{0.5}$，$n$ 为符合条件的样本数，$N$ 为样本总数，且 $J \sim N(0, 1)$。***、**、* 分别表示在 1%、5%、10% 的水平下显著。

为了进一步检验金融稳定报告的悲观情绪和乐观情绪对股市的影响是否不同，我们分别对两组样本做了参数检验，图 7 - 1 展示了事件窗口内 CAR 和 $\Delta SD$ 均值的变化情况。从图中可以很直观地看到，在情绪悲观的一组中，CAR 均值在第 1 至 4 天显著为负，并在第 4 天时达到最小值，此后开始逐渐上升，说明报告悲观情绪引导预期的效果开始减弱。但在乐观组中，沟通效果持续时间则比较久，CAR 均值在第 6 天达到最大值，随后

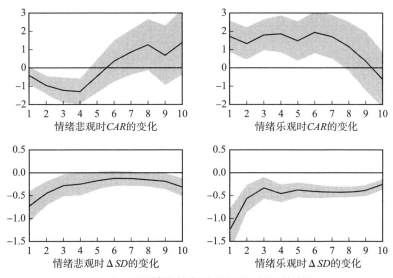

情绪悲观时CAR的变化　　　　情绪乐观时CAR的变化

情绪悲观时 $\Delta SD$ 的变化　　　　情绪乐观时 $\Delta SD$ 的变化

**图 7 - 1　不同情绪状态下 CAR 和 $\Delta SD$ 的变化**

才逐渐回落。在降低波动的表现方面，从第 1 至 10 天两组中的 $\Delta SD$ 均值都为负值，尤其是乐观组中 $\Delta SD$ 均值一直显著小于 0。此外，第 1 至 9 天乐观组的波动下降幅度都要大于悲观组，显著性也更高。以上结果说明央行沟通确实可以引导市场向预期方向变动并且降低市场风险。沟通的情绪越积极，异常收益率正向变动，累计异常收益率越大，降低波动的效果越强，效果持续时间也越长。

考虑到事件日前后货币政策信息的发布也会对股市造成影响，因此我们按照事件前 11 天到事件后 10 天共 22 天的时间窗口内有无货币政策信息发布将总样本分为两组，以控制其影响，从而检验央行沟通对市场的效应是否受货币政策驱动或影响。货币政策信息发布包括存贷款基准利率、存款准备金和再贷款的调整，以及《中国货币政策执行报告》的发布，公开市场操作由于较频繁则不纳入考虑范围。在每一组中，根据每篇报告 $I_t$ 的值又可以将子样本分为悲观和乐观两组，进而继续进行参数检验。

图 7 - 2 和图 7 - 3 分别展示了有无货币政策信息发布时 $CAR$ 和 $\Delta SD$ 的变化情况。首先可以发现，无论是否存在货币政策信息，在金融稳定报告发布后的一段时间内，悲观的报告都能创造负的异常收益，而乐观的报告都能创造正的异常收益，并且也都能使得市场波动降低。我们也仍然可以看到，报告的情绪越积极，累计异常收益率越大，波动降低幅度也越大。

接下来对比图 7 - 2 和图 7 - 3 可以发现，相比无货币政策一组，有货币政策一组中央行沟通引导预期和降低风险的效果更弱。例如情绪乐观状态下 $CAR$ 水平较低，而且效果持续时间也较短。这说明，货币政策的发布会使得市场对监管层政策导向形成预期，从而金融稳定报告对市场的影响减弱。以上结果说明，货币政策的发布也会给市场带来影响，但由于央行沟通相对于货币政策而言具有增量信息，市场仍然会对央行沟通的情绪做出反应，所以央行沟通可以引导预期和降低风险的基本结论并没有发生变化，同时这一影响也不由货币政策所驱动。

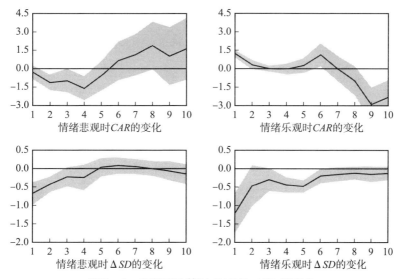

**图7-2 有货币政策时 *CAR* 和 Δ*SD* 的变化**

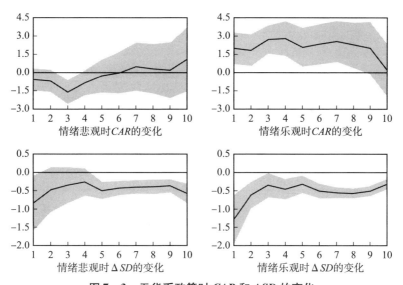

**图7-3 无货币政策时 *CAR* 和 Δ*SD* 的变化**

以上将 $TONE^{FSR}$ 离散化后进行检验的结果表明，金融稳定情绪越积极，累计异常收益率越大，波动降低幅度也越大，接下来我们在回归分析中给出相应证据。记第1、3天的累计异常收益率为 *CAR*1、*CAR*3，对应的

波动率变化为 $\Delta SD1$、$\Delta SD3$。表 7 - 2 报告了模型（7 - 6）的估计结果。从表格前三列结果来看，在控制了货币政策的影响后，$TONE^{FSR}$ 对 $CAR1$、$CAR3$ 和 $\Delta SD1$ 都有显著影响。$TONE^{FSR}$ 每提高一个标准差，会使得 $CAR1$ 平均提高 0.7%，$CAR3$ 平均提高 1.2%，而 $\Delta SD1$ 平均减少 0.5%，表明金融稳定情绪对累计异常收益率具有正向影响，而对波动率具有负向影响，这和前文的结论一致。

表 7 - 2 金融稳定报告情绪对 $CAR$ 和 $\Delta SD$ 的影响

| 变量 | $CAR1$ | $CAR3$ | $\Delta SD1$ | $\Delta SD3$ |
|---|---|---|---|---|
| $TONE_t^{FSR}$ | 0.007 *** <br> (3.38) | 0.012 *** <br> (3.35) | − 0.005 *** <br> (− 5.38) | − 0.000 <br> (− 0.17) |
| $REPO_t$ | − 0.072 *** <br> (− 4.48) | − 0.067 *** <br> (− 3.16) | − 0.060 *** <br> (− 3.47) | − 0.032 *** <br> (− 2.85) |
| $CPI_t$ | − 0.002 <br> (− 1.29) | − 0.003 ** <br> (− 1.99) | − 0.004 *** <br> (− 4.28) | − 0.002 *** <br> (− 3.28) |
| $SD_{it}$ | 2.608 *** <br> (7.54) | 2.632 *** <br> (5.67) | − 1.785 *** <br> (− 9.66) | − 0.775 *** <br> (− 7.18) |
| Constant | Yes | Yes | Yes | Yes |
| Index FE | Yes | Yes | Yes | Yes |
| N | 110 | 110 | 110 | 110 |
| R-squared | 0.328 | 0.344 | 0.484 | 0.317 |

注：括号内数字为 $t$ 值，*** 、** 、* 分别表示在 1%、5%、10% 的水平下显著，下表同。

## 第三节 传导机制

对于央行沟通如何传导到金融市场与宏观经济，现有研究主要提出了两条渠道：信号渠道（Signalling Channel）和协同渠道（Coordination Channel）。

　　类似于货币政策的信号效应（Melosi，2017），央行沟通传递的宏观经济状况和货币政策立场相关信号会引导市场参与者改变预期，调整决策，引起资产价格的变化。在基于泰勒规则的传统研究中，已有大量证据表明央行沟通对目标利率决定具有显著的预测作用（Hayo and Neuenkirch，2011），从而能够帮助市场参与者对政策利率做出预测。市场参与者对未来短期利率走势的预期又能够进一步推动长期利率、股票等重要资产价格发生变化，起到联系长、短期资产价格的作用（吴国培和潘再见，2014）。

　　最近有研究表明，央行沟通能够直接影响投资者预期，为信号渠道效应提供了新的证据。纽希尔和韦伯（Neuhierl and Weber，2016）发现央行沟通能够显著预测投资者对未来货币政策的预期，而预期的变化又能够显著解释股票回报的变化。加德纳等（Gardner et al.，2022）发现 FOMC 政策声明的情绪既可以预测政策利率，又可以预测投资者对未来宏观经济状况的预期。此外，股票市场的投资者情绪反映了投资者对公司未来现金流过度悲观或乐观的预期（唐国豪等，2016），因此有研究表明央行沟通的情绪也能够解释投资者情绪的变化（Bennani，2020）。

　　协同渠道则是指央行沟通传递的信息有助于缓解投资者之间的信息不对称，同时加速投资者对于信息的学习和理解过程，最终能够减少投资者预期的异质性，促使资产价格更真实地反映经济基本面（Fratzscher，2008；吴国培和潘再见，2014）。弗雷兹策尔（Fratzscher，2008）发现在市场不确定性更高时，央行的口头干预政策能够更有效地影响汇率，证明在汇率市场上存在协同渠道。还有证据直接表明央行沟通可以降低市场不确定性（Born et al.，2014），前瞻指引也可以减少预测分歧（Andrade et al.，2019；Ehrmann et al.，2019），均说明投资者预期的异质性因央行沟通的协同效应而减少。

　　我们的研究发现央行沟通具有调预期和防风险的效果，接下来需要进一步解决的问题是央行沟通具体通过什么渠道达到这种效果。已有研究表明，央行沟通可以通过信号渠道（或称预期渠道）影响投资者预期（Beutel et al.，2021），也可以通过协同渠道降低市场波动（Born et al.，2014）。因此在接下来的部分，我们基于月度金融稳定情绪指数分别从信号渠道和协同渠道研究央行沟通机制。由于基金和股票的财报数据均为季频，因此我们借鉴布伦纳迈尔等（Brunnermeier et al.，2020）的做法，对缺少观测值的月份进行三次样条插值处理，并对所有基金和股票层面的变量在上下1%的水平进行缩尾处理。基金和股票数据均来自锐思数据库。

## 一、信号渠道检验

信号渠道效应最早由穆萨（Mussa，1981）提出，刘易斯（Lewis，1995）依据该理论建立的资产定价模型表明，中央银行通过沟通行为向市场传递的信息可以帮助投资者形成预期，从而影响其投资决策，导致资产价格发生变化。当央行试图通过央行沟通向市场传递积极的情绪信号时，如果投资者确实因此对未来金融体系稳定状况或者央行金融稳定政策形成了乐观的预期，那么其风险承担行为会发生改变，他们会更愿意投资于风险资产（Beutel et al.，2021），因此他们在股市投资的积极性也就会上升。投资者的积极性上升可以体现在两个方面：一是投资者的市场参与度上升；二是投资者的交易活跃度上升。因此，为了探究央行沟通的信号渠道效应是否存在，我们分别考察金融稳定情绪对投资者的市场参与度和交易活跃度的影响。

我们用基金净流量衡量投资者的市场参与度水平，参考斯瑞和图法诺（Sirri and Tufano，1998），基金净流量定义为除去因投资产生的增长后基金资产的净增长率：

$$FLOW_{it+1} = \frac{TNA_{it+1} - TNA_{it} \times (1 + R_{it+1})}{TNA_{it}} \qquad (7-7)$$

其中，$TNA_{it}$ 和 $R_{it+1}$ 分别表示基金 $i$ 在第 $t$ 月的资产净值和第 $t+1$ 月的收益率。接下来我们设定如下面板回归模型考察金融稳定情绪对基金净流量的影响：

$$FLOW_{it+1} = \beta_0 + \beta_1 TONE_t^{Mon} + \beta_2 Controls$$
$$+ Fund\ FE + Year\ FE + \varepsilon_{it+1} \qquad (7-8)$$

因变量 $FLOW_{it+1}$ 为下个月的基金净流量，核心自变量 $TONE_t^{Mon}$ 表示当月的金融稳定情绪指数。$Controls$ 是当月的一组控制变量。我们控制了基金层面的特征：基金规模 $SIZE_{it}$，定义为基金净值的对数；基金月收益率 $RETURN_{it}$；基金月内日收益波动率 $SD_{it}$；基金净流量 $FLOW_{it}$。我们还控制了宏观因素对基金净流量的影响，包括每月银行间国债七天回购利率的平均值 $REPO_t$、CPI 同比涨跌幅 $CPI_t$ 以及工业增加值同比增长率 $IVA_t$。最后我们控制了基金个体固定效应和年份固定效应。考虑到插值可能带来时间序列上的自相关，我们采用个体层面聚类稳健标准误。我们所使用的样本只包括股票型基金。

表 7 – 3 报告了模型估计结果。在表格第一列，$TONE^{Mon}$ 的系数为 0.740，并且在 1% 的水平下显著，而第二列结果显示，在加入了控制变量之后，$TONE^{Mon}$ 的系数为 0.547，并且依然在 1% 的水平下显著。这意味着 $TONE^{Mon}$ 每提高一个标准差，基金净流量平均增加 0.547%，表明金融稳定情绪与投资者的市场参与度具有显著的正向关系。

表 7 –3    金融稳定情绪对基金净流量的影响

| 变量 | $FLOW_{it+1}$ | $FLOW_{it+1}$ |
| --- | --- | --- |
| $TONE_t^{Mon}$ | 0.740 *** (5.81) | 0.547 *** (6.13) |
| $SIZE_{it}$ | | – 3.525 *** ( – 8.57) |
| $RETURN_{it}$ | | 0.551 *** (24.00) |
| $SD_{it}$ | | 0.405 ** (2.44) |
| $FLOW_{it}$ | | 0.548 *** (43.35) |
| $REPO_t$ | | – 1.570 *** ( – 8.47) |

| 变量 | $FLOW_{it+1}$ | $FLOW_{it+1}$ |
|---|---|---|
| $CPI_t$ | | $-0.222^*$<br>$(-1.73)$ |
| $IVA_t$ | | $0.238^{***}$<br>$(6.33)$ |
| Constant | Yes | Yes |
| Fund FE | Yes | Yes |
| Year FE | Yes | Yes |
| N | 14122 | 13859 |
| R-squared | 0.003 | 0.312 |

接下来，我们从投资者交易活跃度的角度考察央行沟通是否会影响投资者预期。我们用月换手率衡量投资者交易活跃度，并建立如下回归模型：

$$TURNOVER_{it+1} = \beta_0 + \beta_1 TONE_t^{Mon} + \beta_2 Controls$$
$$+ Fund\ FE + Year\ FE + \varepsilon_{it+1} \qquad (7-9)$$

因变量为下个月的换手率的 $TURNOVER_{it+1}$。参考焦等（Jiao et al.，2020），公司层面控制变量包括公司市值的对数 $SIZE_{it}$、杠杆率 $LEVERAGE_{it}$、机构投资者持股比例 $INSTITUTION_{it}$、股票月收益率 $RETURN_{it}$ 和波动率 $SD_{it}$、分析师意见分歧 $DISPERSION_{it}$ 以及当月的换手率 $TURNOVER_{it}$，此外我们还控制了公司的盈利和增长特征，包括每股收益 $EPS_{it}$ 和账面市值比 $BM_{it}$。最后我们同样控制了一系列宏观因素以及公司和年份固定效应。我们所使用的样本包括所有 2008 年以前上市且正常交易的 A 股股票。表 7-4 报告了模型的估计结果。从表格两列展示的结果来看，金融稳定情绪对股票换手率同样具有显著正向的影响。

更加积极的金融稳定情绪，预示着更加稳定的经济金融环境和更加宽松的金融监管政策，是央行向金融市场释放的乐观信号，这实际上有利于投资者的投资活动。投资者在接收到央行的乐观信号后，也会形成相应的乐观预期，特别是对未来政策的乐观预期（Kaminsky and Lewis，1996），我们的实证结果也表明受到激励的投资者的确会因为乐观的预期而改变投资决策，具体表现为市场参与度和交易活跃度的上升。而市场流入资金的增多和交易量的上升最终会导致更高的市场回报（Gervais et al.，2001）。这证明央行沟通的信号渠道效应是存在的，金融稳定情绪能够通过该渠道发挥引导市场预期的效果。

表 7 - 4　　　　　　　　金融稳定情绪对股票换手率的影响

| 变量 | $TURNOVER_{it+1}$ | $TURNOVER_{it+1}$ |
|---|---|---|
| $TONE_t^{Mon}$ | 0. 009 *** <br> (9. 59) | 0. 006 *** <br> (7. 60) |
| $SIZE_{it}$ | | - 0. 036 *** <br> ( - 8. 75) |
| $LEVERAGE_{it}$ | | - 0. 005 *** <br> ( - 3. 42) |
| $INSTITUTION_{it}$ | | - 0. 134 *** <br> ( - 15. 36) |
| $RETURN_{it}$ | | 0. 002 *** <br> (26. 20) |
| $SD_{it}$ | | 0. 002 <br> (1. 40) |
| $DISPERSION_{it}$ | | - 0. 000 *** <br> ( - 2. 97) |
| $TURNOVER_{it}$ | | 0. 517 *** <br> (76. 27) |
| $EPS_{it}$ | | 0. 007 *** <br> (3. 86) |
| $BM_{it}$ | | - 0. 018 ** <br> ( - 2. 17) |
| $REPO_t$ | | 0. 017 *** <br> (14. 99) |

| 变量 | $TURNOVER_{it+1}$ | $TURNOVER_{it+1}$ |
|---|---|---|
| $CPI_t$ | | 0.019 ***<br>(15.77) |
| $IVA_t$ | | $-0.005$ ***<br>($-12.40$) |
| Constant | Yes | Yes |
| Firm FE | Yes | Yes |
| Year FE | Yes | Yes |
| N | 96245 | 74709 |
| R-squared | 0.001 | 0.331 |

## 二、协同渠道检验

协同渠道是指央行沟通传递的信息有助于缓解投资者之间的信息不对称，同时加速投资者对于信息的学习和理解过程，最终能够减少投资者信念的异质性，促使资产价格更真实地反映经济基本面（Fratzscher，2008；吴国培和潘再见，2014）。

由于信息不对称或者信息解读过程不同，投资者的信念具有异质性，不同投资者对于同一只股票或是整个市场的观点往往产生分歧（Duchin and Levy，2010）。而投资者意见分歧的扩大会造成更低的市场回报（Johnson，2004）和更大的市场波动（Shalen，1993）。如果央行沟通能够通过协同渠道发挥作用，那么便意味着央行沟通能够缩小投资者的意见分歧，从而达到引导资产价格和降低市场波动的效果。

为此，我们实证检验金融稳定情绪对投资者意见分歧的影响，从而考察央行沟通的协同渠道效应。参考迪斯尔等（Diether et al.，2002），我们用分析师的预测分歧作为投资者意见分歧的代理变量，计算方式如下：

$$DISPERSION_{it} = \frac{\sigma\ (\widehat{EPS}_{it})}{|\overline{EPS}_{it}|} \tag{7-10}$$

其中，$\widehat{EPS}_{it}$ 表示分析师在第 $t$ 月对公司 $i$ 当年每股收益的预测值，$\sigma(\widehat{EPS}_{it})$ 表示所有分析师预测值的标准差，$|\overline{EPS}_{it}|$ 则表示预测值均值的绝对值。然后，我们建立如下回归模型：

$$DISPERSION_{it+1} = \beta_0 + \beta_1 TONE_t^{Mon} + \beta_2 Controls$$
$$+ Fund\ FE + Year\ FE + \varepsilon_{it+1} \qquad (7-11)$$

因变量为下个月的分析师预测分歧 $DISPERSION_{it+1}$，控制变量的选取与模型（7-8）保持一致。表 7-5 报告的估计结果表明，金融稳定情绪的提高能够显著减少投资者意见分歧，从而使得资产价格更贴近基本面，表现出更高回报和更低波动的特征。这和我们所得到的央行沟通情绪越积极，市场收益越高而风险越低的结论是一致的，因此央行沟通的协同渠道也是存在的。

表 7-5　金融稳定情绪对分析师预测分歧的影响

| 变量 | $DISPERSION_{it+1}$ | $DISPERSION_{it+1}$ |
|---|---|---|
| $TONE_t^{Mon}$ | -0.343 *** <br> (-3.60) | -0.394 *** <br> (-4.41) |
| $SIZE_{it}$ | | -0.682 <br> (-1.62) |
| $LEVERAGE_{it}$ | | 0.811 *** <br> (4.71) |
| $INSTITUTION_{it}$ | | -0.077 <br> (-0.11) |
| $RETURN_{it}$ | | 0.004 <br> (0.54) |
| $SD_{it}$ | | 0.144 <br> (1.36) |
| $DISPERSION_{it}$ | | 0.425 *** <br> (30.59) |
| $TURNOVER_{it}$ | | 0.287 <br> (0.67) |

| 变量 | $DISPERSION_{it+1}$ | $DISPERSION_{it+1}$ |
|---|---|---|
| $EPS_{it}$ | | $-5.652^{***}$<br>$(-13.74)$ |
| $BM_{it}$ | | $5.643^{***}$<br>$(5.65)$ |
| $REPO_t$ | | $-0.340^{***}$<br>$(-2.78)$ |
| $CPI_t$ | | $-0.415^{***}$<br>$(-3.46)$ |
| $IVA_t$ | | $0.013$<br>$(0.37)$ |
| Constant | Yes | Yes |
| Firm FE | Yes | Yes |
| Year FE | Yes | Yes |
| N | 77911 | 65933 |
| R-squared | 0.000 | 0.225 |

## 第四节　异质性分析

按照沟通的时效性，金融稳定报告的信息可以分为后顾信息和前瞻信息两部分。对于过去或当前经济形势和政策的描述属于后顾信息，而对于未来经济形势和政策的展望则属于前瞻信息（林建浩等，2019）。前面回归结果证明，金融稳定情绪在一定程度上可以预测异常收益率水平和波动状况，那么其对股市的影响是否主要通过前瞻信息发挥作用？理论上，根据市场有效性假设，当前股票价格已经充分反映了历史信息，因此报告发布后，其中的后顾信息对于预测股票收益应当没有作用，而可以发挥作用的则是前瞻信息。

接下来我们在实证上给出证据，为此首先需要从报告文本中分离出前瞻信息和后顾信息。参考汉森和麦克马洪（Hansen and McMahon，2016）的做法，我们通过人工阅读的方式从文本中提取出前瞻信息。通读报告全文后，我们发现标题与正文联系非常密切。例如"展望"、"下一步工作重点"、"政策建议"等标题后的正文均鲜明地表达了前瞻含义，因此我们将这类标题下的段落全部提取出来。为了避免遗漏，我们在阅读的过程中将其他标题下包含了前瞻信息的段落也一并提取出来。将上述所有段落内容按原本的行文顺序合并后作为前瞻信息部分，文本剩余内容便作为后顾信息部分。然后我们分别计算这两部分的金融稳定情绪指数，得到前瞻情绪指数 $TONE^{For}$ 和后顾情绪指数 $TONE^{Bac}$。最后，我们分别将以上两个指数作为模型（7-6）的自变量进行回归，以对比它们的预测表现。相关估计结果展示在表7-6和表7-7。

表 7-6　　　　　　　　前瞻情绪和后顾情绪对 $CAR$ 的影响

| 变量 | CAR1 | CAR1 | CAR3 | CAR3 |
|---|---|---|---|---|
| $TONE_t^{For}$ | 0.016 *** <br> (13.62) | | 0.017 *** <br> (8.29) | |
| $TONE_t^{Bac}$ | | 0.006 *** <br> (3.23) | | 0.011 *** <br> (3.48) |
| $REPO_t$ | -0.097 *** <br> (-6.58) | -0.077 *** <br> (-4.87) | -0.113 *** <br> (-7.14) | -0.071 *** <br> (-3.57) |
| $CPI_t$ | -0.000 <br> (-0.22) | -0.002 * <br> (-1.72) | -0.003 * <br> (-1.86) | -0.004 ** <br> (-2.57) |
| $SD_{it}$ | 2.452 *** <br> (8.15) | 2.531 *** <br> (7.18) | 2.292 *** <br> (5.12) | 2.527 *** <br> (5.43) |
| Constant | Yes | Yes | Yes | Yes |
| Index FE | Yes | Yes | Yes | Yes |
| N | 110 | 110 | 110 | 110 |
| R-squared | 0.557 | 0.323 | 0.483 | 0.348 |

表 7 – 7 前瞻情绪和后顾情绪对 $\Delta SD$ 的影响

| 变量 | $\Delta SD1$ | $\Delta SD1$ | $\Delta SD3$ | $\Delta SD3$ |
|---|---|---|---|---|
| $TONE_t^{For}$ | -0.007 *** <br>( -5.63 ) | | -0.003 *** <br>( -4.16 ) | |
| $TONE_t^{Bac}$ | | -0.004 *** <br>( -5.14 ) | | 0.000 <br>(0.18) |
| $REPO_t$ | -0.040 ** <br>( -2.40 ) | -0.056 *** <br>( -3.28 ) | -0.033 *** <br>( -3.40 ) | -0.031 *** <br>( -2.80 ) |
| $CPI_t$ | -0.005 *** <br>( -4.96 ) | -0.004 *** <br>( -3.92 ) | -0.002 *** <br>( -4.66 ) | -0.002 *** <br>( -3.35 ) |
| $SD_{it}$ | -1.638 *** <br>( -9.08 ) | -1.728 *** <br>( -9.76 ) | -0.793 *** <br>( -6.74 ) | -0.768 *** <br>( -7.21 ) |
| Constant | Yes | Yes | Yes | Yes |
| Index FE | Yes | Yes | Yes | Yes |
| N | 110 | 110 | 110 | 110 |
| R-squared | 0.568 | 0.473 | 0.394 | 0.317 |

从 $CAR1$ 和 $CAR3$ 中的估计结果来看，虽然 $TONE^{Bac}$ 的系数仍然显著，但其大小明显弱于 $TONE^{For}$。例如，在 $CAR1$ 中，$TONE^{For}$ 的系数为 1.6%，是 $TONE^{Bac}$ 系数大小的两倍有余。波动率方面结果也是一致的，尤其在 $\Delta SD3$ 中，没有证据表明 $TONE^{Bac}$ 对波动率有显著影响，而 $TONE^{For}$ 每提高一个标准差则能使波动率显著下降 0.3%。因此总体来看，尽管两个情绪指数都对累计异常收益率具有正向影响，对波动率具有负向影响，但无论是在经济意义还是统计意义上，前瞻情绪 $TONE^{For}$ 的影响都要更为强烈。

上述结论和汉森和麦克马洪（2016）的发现一致。他们发现 FOMC 声明中有关前瞻指引的内容可以引导资产价格向预期方向变动，然而有关当前经济形势的内容却不会对资产价格产生显著影响。这说明央行沟通的后顾内容对市场而言几乎没有增量信息，在央行沟通前市场便已经对后顾信息反应完毕了，而前瞻内容隐含央行对未来形势的观点，因而可以创造新信息。但我们构建的 $TONE^{Bac}$ 仍然具有一定的预测能力，这是因为市场实际上并不是完全有效的，历史信息并没有完全反映在当前股价中，从而使得 $TONE^{Bac}$ 可以在一定程度上预测股市。此外，$TONE^{FSR}$ 与 $TONE^{Bac}$ 的预测表现非常接近，这是因为后顾部分占据了报告较大篇幅，在总体上会稀释前瞻部分的预测能力，导致 $TONE^{FSR}$ 的预测表现不如 $TONE^{For}$。

　　虽然每年金融稳定报告的内容有较大不同，但其章节安排却非常相似。例如每年的金融稳定报告都会编写银行业、证券期货业、保险业和金融市场等四个章节，并且从 2018 年开始这四个章节合并为金融业稳健性评估部分。这几个章节主要描述了国内金融业运行状况，其内容与金融市场的联系最为紧密。因此我们计算了这些章节文本合集的情绪指数 $TONE^{Fin}$。同时，我们注意到从 2010 年开始，金融稳定报告特别开辟了宏观审慎管理这一章节，主要介绍宏观审慎管理政策的工作思路和进展情况。特别是从 2018 年开始，宏观审慎管理成为报告第三大部分，所占篇幅显著增加。宏观审慎管理在维护金融稳定上是非常有效的政策工具，而且有关宏观审慎管理的央行沟通在提高宏观审慎政策有效性以及央行声誉方面又发挥着特别重要的作用（Born et al.，2012）。因此我们也计算了宏观审慎管理章节的情绪指数 $TONE^{Mac}$（见表 7 – 8、表 7 – 9）。

表 7 – 8　　　　　　　　　不同章节的情绪对 $CAR$ 的影响

| 变量 | CAR1 | CAR1 | CAR3 | CAR3 |
|---|---|---|---|---|
| $TONE_t^{Mac}$ | 0.015 *** (10.18) | | 0.013 *** (4.28) | |
| $TONE_t^{Fin}$ | | 0.005 * (1.86) | | 0.010 ** (2.40) |
| $REPO_t$ | – 0.106 *** ( – 5.44) | – 0.186 *** ( – 5.76) | – 0.168 *** ( – 5.32) | – 0.199 *** ( – 4.87) |
| $CPI_t$ | – 0.009 *** ( – 4.02) | – 0.017 *** ( – 4.85) | – 0.018 *** ( – 5.11) | – 0.021 *** ( – 5.05) |

续表

| 变量 | CAR1 | CAR1 | CAR3 | CAR3 |
|---|---|---|---|---|
| $SD_{it}$ | 1.741 *** (4.68) | 1.702 *** (3.74) | 1.324 ** (2.47) | 1.557 *** (2.68) |
| Constant | Yes | Yes | Yes | Yes |
| Index FE | Yes | Yes | Yes | Yes |
| N | 100 | 100 | 100 | 100 |
| R-squared | 0.598 | 0.425 | 0.527 | 0.490 |

表 7 - 9　　　　　　　　不同章节的情绪对 $\Delta SD$ 的影响

| 变量 | $\Delta SD1$ | $\Delta SD1$ | $\Delta SD3$ | $\Delta SD3$ |
|---|---|---|---|---|
| $TONE_t^{Mac}$ | -0.006 *** (-5.23) | | -0.002 ** (-2.47) | |
| $TONE_t^{Fin}$ | | -0.004 *** (-4.38) | | 0.001 (1.62) |
| $REPO_t$ | -0.058 *** (-3.18) | -0.042 * (-1.77) | -0.023 * (-1.97) | -0.002 (-0.11) |
| $CPI_t$ | -0.004 *** (-2.75) | -0.002 (-1.21) | 0.000 (0.07) | 0.002 * (1.68) |
| $SD_{it}$ | -1.525 *** (-8.73) | -1.620 *** (-9.69) | -0.659 *** (-5.21) | -0.574 *** (-5.58) |
| Constant | Yes | Yes | Yes | Yes |
| Index FE | Yes | Yes | Yes | Yes |
| N | 100 | 100 | 100 | 100 |
| R-squared | 0.472 | 0.426 | 0.355 | 0.329 |

表 7 - 8 和表 7 - 9 报告了基于上述两个情绪指数的回归结果。无论是对 CAR 还是 $\Delta SD$ 的影响，$TONE^{Mac}$ 都要强于 $TONE^{Fin}$，甚至强于报告总体情绪 $TONE^{FSR}$，这表明关于宏观审慎政策的央行沟通具有更强的调预期和防风险效果。姜富伟等（2021a）也有类似的发现，股票市场对央行沟通

的政策指引反应更明显。因此，相比于对经济金融环境的描述，市场更关心央行沟通的政策意图。

# 第五节　小　结

为了考察央行沟通这一政策工具是否有助于实现金融稳定的目标，我们实证检验了我国央行沟通引导市场预期和降低市场风险的效果。

我们采用事件研究法计算得到金融稳定报告发布后一段时间窗口内的累计异常收益率以及波动率，然后按照金融稳定报告情绪的高低将样本分组后进行参数检验。我们发现央行沟通可以引导市场预期。具体而言，当沟通传递出积极情绪时，市场收益趋于上涨；而当沟通传递出消极情绪时，市场收益趋于下跌。而且情绪越积极，市场波动降低幅度越大，这意味着金融稳定情绪还能够有效降低市场风险。随后的回归分析和一系列稳健性检验也均支持上述结论。

此外，我们还深入分析了央行沟通影响市场的机制。首先，我们发现金融稳定情绪越积极，投资者的市场参与度和交易活跃度会上升，说明积极的金融稳定情绪引导投资者形成了乐观预期，因此央行沟通可以通过信号渠道引导市场预期。其次，我们发现金融稳定情绪越积极，投资者的意见分歧越小，说明央行沟通能够通过协同渠道减少投资者信念异质性，促使资产价格更真实地反映经济基本面，从而达到引导资产价格和降低市场波动的效果。

# 第八章　政策沟通与银行系统性风险

2008 年金融危机后，监管工具和框架发生了重大变革。自党的十九大以来，防风险与稳增长之间的关系协调问题日益突出，金融监管要求守住不发生系统性风险的底线，确保金融业平稳运行，一系列防范化解金融风险的举措也取得积极进展。在此背景下，对系统性风险的研究自然成为银行业、金融危机、宏观经济学、金融监管等领域的热点。

其中，银行系统性风险是监管部门和学术界关注的重点，也是本章主要的研究对象。在中国金融体系中，由于银行部门在间接融资方面发挥主导作用，因此大部分风险都集中在银行系统内部（杨子晖和李东承，2018）。由于银行间的高度关联，风险极易在银行间传染，致使个别银行危机最终可能演变为整个银行业危机。对中国这种银行主导型国家而言，银行危机实际上就是狭义的金融危机（范小云等，2022）。而且银行系统的稳定也攸关宏观经济稳定，银行系统是央行沟通实体经济与金融的重要枢纽，是各类宏观干预手段的重要传导渠道（顾海峰和于家珺，2019）。银行系统性风险的加剧会阻碍金融服务实体经济功能的发挥，拖累经济高质量发展。因此，防范银行系统性风险关乎国家金融和经济安全，无疑是金融稳定工作的重中之重。

本章内容中，我们从中国人民银行网站获取了 2010～2020 年间所有央行沟通文本，然后使用词典法构建央行沟通指数，该指数反映了央行沟通所表达情绪的乐观程度。我们选取中国 A 股上市商业银行 2010 年第一季度至 2020 年第四季度的面板数据为样本，使用 $\Delta CoVaR$ 指标测度银行系统性风险，然后通过构建回归模型检验央行沟通对银行系统性风险的影响。

# 第一节　系统性风险要素

系统性风险本身不言而喻，但定义又尚未统一。与系统风险不同，其关键要素涵盖初始冲击、传染性、溢出效应等各个方面。国际货币基金组织在 2009 年的报告中认为系统性风险是金融系统部分或整体受到损害而对金融服务造成干扰并可能对实体经济带来严重后果的风险。欧洲中央银行将系统性风险定义为金融不稳定的风险，这种金融不稳定包括金融体系对实体经济的融资功能造成巨大破坏或使社会福利遭受巨大损失。进一步地，国际货币基金组织对系统性风险的时间维度和空间维度的两个方面进行区分。时间维度指金融体系系统性风险因时而变，反映了金融体系内部及其与实体经济之间的累积和放大机制。空间维度指的是金融体系系统性风险在某个时间点的空间分布，也称为"关联风险"。

国内学者综合国内外相关研究，形成了关于系统性风险的不同观点。例如，张晓朴（2010）将系统性风险定义为：整个金融体系崩溃或丧失功能的或然性，它具有复杂性、突发性、传染快、波及广、危害大等五个基本特征。龚明华和宋彤（2010）则从系统性风险的后果定义，认为系统性风险具有巨大破坏性、相互关联而具有快速传染的特征。朱元倩和苗雨峰（2012）通过比较国外学者关于系统性风险表述的共同之处，认为系统性风险是由某个触发因素引起，导致不稳定性在整个金融体系内蔓延，甚至对实体经济造成严重危害的不确定。方意等（2019）提出了更加全面的定义，认为系统性风险是金融体系的内部和外部冲击，被金融体系的杠杆以及金融体系内部金融机构之间、金融市场之间的过度关联等机制放大，导致金融体系整体崩溃的风险，该风险会被金融体系与实体经济之间存在的顺周期特征进一步放大，并对实体经济产生负外部性。系统性风险的三个关键要素是冲击、放大机制和负外部性（方意等，2019）。

## 一、冲击

系统性风险冲击包括内部冲击和外部冲击两个方面。内部冲击是指银行内部的挤兑风险，金融机构股价下跌导致的资本家受损以及金融机构的破产，例如股价崩盘风险（彭俞超等，2018），房地产市场风险（方意等，2021）等，也可以称为异质性风险冲击。

外部冲击主要包括实体经济的冲击以及经济体系外的突发事件，例如实体经济或者政策不确定性风险（Baker et al.，2016）、新冠疫情风险（杨子晖和王姝黛，2021）、地缘政治风险（Caldar and Iacoviello，2022）。

正如上面所描述的，当负向冲击发生时，金融体系中的资产价格下跌，金融机构出售资产，投资出现损失，损失使得机构资本金减少，信贷规模降低，从而影响实体经济。同时，资产价格的下跌使得企业抵押品价格下跌，这降低了金融机构向企业提供信贷的意愿，使得企业融资规模降低，融资成本提高，也会影响实体经济的增长。

## 二、放大机制

放大机制是系统性金融风险的另一个重要特征，即金融体系中存在的能够将冲击不断放大的内在机理，这是系统性风险的本质，没有放大机制也就不足以形成系统性风险。金融体系中存在两类放大机制，分别为杠杆机制和关联机制。杠杆机制指的是金融体系中由于负债而将初始冲击自我放大的机制。对金融机构而言，其冲击主要来源于持有的资产，给定资产冲击幅度，金融机构杠杆不同，其资本金面临的冲击不同（Adrian and Brunnermeier，2016）。关联机制是指金融体系中由于业务、管理模式、客户、投资者心理预期等各种原因形成的关联性，进而使得单家金融机构的风险传导至其他金融机构。关联机制是系统性风险度量研究领域最为关注的内容，与杠杆机制是将自身面临的风险放大不同的是，关联机制是将自身风险传染给其他机构，并遭受其他机构风险的再传染。

金融系统的关联机制分成三类，包括金融机构之间的关联、金融市场的关联、金融机构与金融市场的关联。

金融机构之间的关联性是指存在直接通过交易对手资产形成的直接关联和通过资产价格与流动性螺旋形成的间接关联（Adrian and Brunnermeier，2016），这种关联程度主要通过以下三类模型进行刻画。第一，外生网络模型。在外生网络模型中，金融机构之间的关联性是外生给定的模型参数（Glaserman and Young，2016）。第二，内生网络模型，金融机构内部在资金借贷关系驱动下生成了内在的关联性。第三，基于金融机构业务模式和资产负债表构建的网络模型。巴拉诺瓦等（Baranova et al.，2017）基于各类金融机构异质性的业务模式和资产负债表进行建模，显示了冲击是如何通过现金提供者、交易商、投资者以及相关的融资渠道进行传播。

金融市场间的关联是指不同的金融市场之间存在的系统性影响。一方面是全球金融市场之间的风险传染，传染过程可以通过经济基本面关联、国际资本流动（张靖佳等，2016）、跨国信息流通导致的投资者同质行为（李苏骁和杨海珍，2019）、投资者预期（徐飞等，2019）、国际借贷（Corbet et al.，2018）等渠道产生。另一方面，一国内不同金融市场之间也存在金融风险的溢出，从而导致系统性金融风险的传染效应，这是因为同一基本面下存在共同的信息、有着共同的市场预期及共同风险敞口（方意等，2019），为了对冲市场风险，跨市场的操作引起了信息溢出。

金融市场与金融机构之间的关联机制。金融市场到金融机构的关联是指金融市场向金融机构的风险传染过程，即金融机构如何承受来自金融市场甚至经济系统的风险冲击，该风险对金融机构造成多大程度的影响。阿德里安和布伦纳迈尔（Adrian and Brunnermeier，2016）利用 $\Delta CoVaR$ 模型衡量单个机构处于某一危机状态时对整个金融体系金融风险的贡献程度，阿查亚等（Acharya et al.，2017）使用边际期望损失模型描述当整个市场收益下跌时单个金融机构收益率期望损失。金融机构到金融市场的关联是指在经济金融风险的跨市场传染过程中，某些金融机构发挥着向金融市场甚至整个经济系统传播风险的作用，具有很高的系统重要性。有些情况下是风险传染的中心，有些情况下充当了风险传染的重要节点。杨子晖和李东承（2018）认为银行金融机构具有最高的系统重要性，主要充当着风险源的作用，向其他金融市场扩散和传播金融风险。邓向荣和曹红（2016）研究发现，非银行金融机构在风险累积与跨群落传染过程中发挥着关键作用，规模与风险传染能力并非完全线性相关，机构关联性及负面信息传播速度等成为引发系统性风险的重要因素。值得注意的是，风险传染过程中，金融机构的地位并不是一成不变的，在不同的风险冲击的传染扩散过程中，金融机构的相对重要性是变化的，并发挥着不同的作用。

### 三、负外部性

当金融体系中的金融机构受到冲击影响时，金融机构的关联机制会将冲击扩散到整个金融体系，同时金融机构的杠杆机制也会放大冲击的影响，从而影响整个金融体系的稳定，导致整体的系统性风险。系统性风险发生会影响金融部门资源配置的效率，从而对实体经济产生明显的负向影响。

负外部性表示的系统性风险发生后对实体经济的不利影响，阿德里安和布伦纳迈尔（2016）则将这种负外部性称为传染性。一些研究则致力于利用系统性风险发生对经济的不利影响定义系统性风险，例如阿查亚等（2017）提出的系统性期望损失。也有研究从系统性风险对实体经济的不利影响检验系统性风险指标的有效性。例如，吉格利奥等（Giglio et al.，2015）分析了19种不同的系统性风险测度指标变化对美国和欧洲宏观经济指标的冲击，提出了对横截面数据进行降维的方法构造系统性风险指标，发现这种方法能够很好地预测未来宏观经济基本面。

# 第二节　系统性风险测度

## 一、市场指标法

系统性风险测度方面，利用市场数据如金融股票收益率直接构建指标的研究较多，也有学者利用资产负债表数据度量机构的系统性风险贡献。不同数据各有优劣，前者时效性较强但依赖成熟的金融市场，后者适用性广但数据可得性受限。

市场指标法是指若市场是有效的，则可以从金融机构发行的证券或金融衍生品的价格中，获取极端情况下金融机构的最大可能损失，以度量系统性金融风险。条件在险价值（Conditional Value at Risk，CoVaR）受到广泛关注，CoVaR 以其他机构遭遇困境为条件，衡量金融机构的在险价值（Value at Risk，VaR），可以有效捕捉到单个金融机构与整个金融系统之间的系统性风险。阿德里安和布伦纳迈尔（2016）进一步提出 ΔCoVaR 以衡量特定金融机构处于危机时与处于正常状态下金融系统的 VaR 之间的差值，反映的是机构对金融系统的溢出效应。

进一步地，阿德里安和布伦纳迈尔（2016）提出了三种衍生指标：Forward - ΔCoVaR 指标将机构特征和共同风险因子进行时间序列来回归，具有逆周期性，可用于预测系统性风险；Exposure - ΔCoVaR 表明在系统出现风险时，机构在险价值上的增加，测量了系统金融事件对一个单独的机构影响的程度；Network - ΔCoVaR 可以用于研究金融机构网络间的尾部依赖情况。当金融系统整体资本金出现短缺时，金融机构的信贷供给受到影响、资金配置等金融功能被破坏，从而影响实体经济增长，阿查亚等（2017）提出了系统性期望损失（Systemic Expected Shortfall，SES）和边际期望损失（Marginal Expected Shortfall，MES）。李政等（2019）认为二者的区别包括三个方面。第一，SES 是整个金融系统资本短缺时单个机构的资本短缺水平，单个机构的系统性风险可通过 SES 来度量，MES 则是整个金融部门的收益率处于尾部时单个机构收益率的期望损失；第二，SES 基于危机发生的事后数据进行测度，MES 则基于危机发生前的数据进行测度；第三，SES 与机构的杠杆率和 MES 存在线性关系，可以通过机构在危机前的杠杆率和 MES 来预测危机中 SES 的实现值（Realized SES）。布朗莱斯和恩格尔（Brownlees and Engle，2017）则基于流动性不足理论提出了 SRISK 指标用以测度市场在未来一段时间收益率低于 -10% 的情况下某一金融机构的预期资本短缺。该指标的重要特点是以市场收益率低于某一阈值为条件，且利用历史数据模拟未来的收益率。

## 二、网络指标法

国内有关银行资产负债表的联动关系以及银行间支付清算市场数据的研究思路大体相近。首先简化银行资产负债表结构并提取相关指标进行分析，然后进行数值模拟（李守伟和何建敏，2012；隋聪等，2014），利用最大熵方法对数据库中银行资产负债与同业拆借数据或手工收集的细分银行资产负债表数据进行预处理并构建网络模型（葛鹏飞和黄秀路，2019），在估计出机构间相互借贷情况与相互风险暴露后，进行后续反事实研究与压力测试（唐振鹏等，2016）。近年来也有学者引入机器学习算法如最小生成树等提取市场信息（欧阳红兵和刘晓东，2015），该方向后续研究依赖于更为翔实的数据和更加精密的算法。

由于银行交易或细分资产负债数据容易扭曲且可获得性较差，部分学者从股价中寻找机构间的联系。通过计量经济学或者统计学等领域较为成熟的方法，研究不同类型金融机构、不同板块上市公司的特征以区分其系统性风险的贡献程度。高波和任若恩（2013）对29家金融企业股价建模，发现无论市场表现如何，国有股份制银行的系统重要性均最高。李政等（2016）发现用格兰杰因果关系构建的网络存在小世界和无标度的特点，其实证结果表明后危机时代我国系统性风险主要来源于金融机构影子业务规模的快速膨胀。朱波和马永谈（2018）用残差的相关系数矩阵作为各节点之间的联系构建经济风险关联网络，其研究表明房地产业与采矿业等实体经济部门的风险溢出影响不容忽视。

## 三、文本大数据法

大数据正帮助一些国家的央行更准确地预测经济金融走势。自2013年起，日本央行已开始使用大数据来分析多达500个经济统计指标，帮助货币政策寻找干扰经济的因子。在日本，GDP增长率通常依据工业生产指数和第三产业活动指数来预测得到，大数据技术已经可以即时处理这些统计数据并比官方提前一个月预测出季度 GDP。自 2015 年开始，英国央行成立了一个特别小组，负责实时捕捉互联网及社交网络中的非结构性数据并加以分析，洞察英国经济起伏的早期迹象。2021 年 12 月 31 日，中国人民银行发布《宏观审慎政策指引（试行）》，其中明确提出积极探索运用大数据技术，建立健全系统性金融风险监测和评估框架。

基于新闻媒体信息运用文本挖掘法，获取银行间各种直接和间接业务关系情绪数据测度系统性风险。波罗夫科娃等（Borovkova et al.，2017）使用全球系统性重要机构的新闻情绪，使用情绪方法度量银行相关的新闻情绪，构建了基于情绪的系统性风险指标。范小云等（2022）利用文本情绪分析法测度关联银行间的情绪变化，并将两两银行共现新闻的情绪值作为衡量系统性风险水平的指标。

# 第三节 研 究 设 计

## 一、模型设定

参考国内大多数文献（陈国进等，2021；赵静和郭晔，2021）的做法，我们选取 2010 年及以前在 A 股上市的 16 家商业银行作为研究样本，并使用 2010 年第一季度至 2020 年第四季度的面板数据，我们样本为季度数据，由于所有自变量均滞后一期，完整样本区间实际为 2010 年第一季度至 2021 年第一季度。我们估计了如下基准回归模型：

$$RISK_{i,t+1} = \beta_0 + \beta_1 FSC_t + \beta_2 M_t + \beta_3 X_{i,t} + \delta_i + Year_t + Quarter_t + \varepsilon_{i,t+1}$$

$$(8-1)$$

其中，$RISK_{i,t}$ 表示 $t$ 时刻银行 $i$ 系统性风险，$FSC$ 表示央行沟通指数。$FSC$ 是我们的核心自变量，由文本分析方法构建得到，用来衡量央行沟通所表达情绪的乐观程度。我们将每月的文本加总为一篇，再基于央行沟通词典，使用情感单元法计算月度文本情绪指标。我们对月度央行沟通指数进行 $Z$ 值标准化，然后在每季度取平均从而得到季度央行沟通指数。$M$ 和 $X$ 分别表示宏观层面和银行层面的控制变量。模型中自变量均相对因变量滞后一期，以缓解内生性问题。$\delta$ 表示银行固定效应，$Year$ 和 $Quarter$ 表示一系列年份虚拟变量和季度虚拟变量，以控制年份效应和季节效应。

## 二、银行系统性风险

我们使用阿德里安和布伦纳迈尔（2016）提出的 $\Delta\mathrm{CoVaR}$ 测度单家银行的系统性风险水平，该指标表示单家银行处于危机时与其正常状态下银行系统在险价值的差值。参考阿德里安和布伦纳迈尔（2016）的做法，我们使用分位数回归方法估计 $\Delta\mathrm{CoVaR}$。首先，对于每家银行 $i$，使用周度样本估计如下分位数回归方程：

$$R_t^i = \alpha_q^i + \gamma_q^i Z_{t-1} + \varepsilon_{q,t}^i \qquad (8-2)$$

$$R_t^{system|i} = \alpha_q^{system|i} + \gamma_q^{system|i} Z_{t-1} + \beta_q^{system|i} R_t^i + \varepsilon_{q,t}^{system|i} \qquad (8-3)$$

其中，下标 $q$ 表示选择的分位数水平。$R_t^i$ 表示银行 $i$ 在第 $t$ 周的收益率，$R_t^{system|i}$ 表示银行系统在第 $t$ 周的收益率，我们使用沪深 300 金融指数的周收益率作为代理变量。$Z_{t-1}$ 为一组滞后一期的状态变量，包括 3 月期国债利率的变化，中国 10 年期与 3 月期国债利率之差，美国 10 年期与 3 月期国库券收益率之差，3 月期 Shibor 利率与 3 月期国债利率之差，市场周回报，过去 22 个交易日市场日回报标准差。股票回报和利率数据均来自锐思数据库。然后，使用方程（8-2）和（8-3）拟合的参数值计算得到银行 $i$ 的在险价值和银行系统的条件在险价值：

$$VaR_{q,t}^i = \hat{\alpha}_q^i + \hat{\gamma}_q^i Z_{t-1} \qquad (8-4)$$

$$CoVaR_{q,t}^i = \hat{\alpha}_q^{system|i} + \hat{\gamma}_q^{system|i} Z_{t-1} + \hat{\beta}_q^{system|i} VaR_{q,t}^i \qquad (8-5)$$

其中，分别选定 $q$ 为 1% 和 50%，可以得到当银行 $i$ 处于危机时银行系统的条件在险价值 $CoVaR_{1\%,t}^i$，以及当银行 $i$ 处于正常状态时银行系统的条件在险价值 $CoVaR_{50\%,t}^i$：

$$CoVaR_{1\%,t}^{i} = \hat{\alpha}_{1\%}^{system|i} + \hat{\gamma}_{1\%}^{system|i} Z_{t-1} + \hat{\beta}_{1\%}^{system|i} VaR_{1\%,t}^{i} \qquad (8-6)$$

$$CoVaR_{50\%,t}^{i} = \hat{\alpha}_{1\%}^{system|i} + \hat{\gamma}_{1\%}^{system|i} Z_{t-1} + \hat{\beta}_{1\%}^{system|i} VaR_{50\%,t}^{i} \qquad (8-7)$$

最后，将两者相减就可以得到银行 $i$ 的系统性风险贡献度：

$$\Delta CoVaR_{1\%,t}^{i} = CoVaR_{1\%,t}^{i} - CoVaR_{50\%,t}^{i} \qquad (8-8)$$

由于 $\Delta CoVaR_{1\%}^{i}$ 的频率为周度，我们在每季度内取平均值，再取相反数作为模型（8-1）的因变量 $RISK_{i,t}$，$RISK_{i,t}$ 越大代表银行的系统性风险越大。

## 三、控制变量

在宏观层面，我们控制了货币政策、宏观审慎政策以及宏观经济形势。货币政策的代理变量为一年定期存款基准利率 $TDR$。宏观审慎政策的代理变量为国际货币基金组织发布的中国宏观审慎政策指数 $MPI$。宏观经济形势变量则包括 $GDP$ 同比增速和 $CPI$ 同比增速。

在银行层面，我们控制了银行规模、资本状况、收支结构、流动性和贷款质量等因素对系统性风险的影响，具体包括：总资产自然对数 $SIZE$，资本充足率 $CAR$，净资产回报率 $ROE$，非利息收入 $NII$，利息支出 $COST$，总贷款 $LOAN$，现金资产 $CASH$ 和不良贷款增长率 $\Delta NPL$。其中，$NII$、$COST$、$LOAN$ 和 $CASH$ 均除以总资产以标准化。现金资产包括库存现金、存放中央银行款项以及存放同业款项。$\Delta NPL$ 定义为不良贷款余额的一阶差分占总贷款比例。宏观经济和银行财务数据均来自 Wind 资讯。我们对所有连续变量在上下 1% 的分位数水平进行了缩尾处理。表 8-1 报告了主要变量的描述性统计结果。

表 8-1　　　　　　　　　　　描述性统计

| 变量 | 样本数 | 平均值 | 标准差 | 最小值 | 中位数 | 最大值 |
|------|--------|--------|--------|--------|--------|--------|
| FSC | 43 | -0.0658 | 0.8208 | -2.5838 | 0.2352 | 0.9708 |
| TDR | 43 | 2.2209 | 0.7622 | 1.5000 | 2.0000 | 3.5000 |

续表

| 变量 | 样本数 | 平均值 | 标准差 | 最小值 | 中位数 | 最大值 |
|------|--------|--------|--------|--------|--------|--------|
| *MPI* | 43 | 0.4884 | 1.3518 | −2.0000 | 0.0000 | 5.0000 |
| *GDP* | 43 | 7.1860 | 2.7103 | −6.9000 | 7.1000 | 12.2000 |
| *CPI* | 43 | 2.5641 | 1.3093 | 0.2000 | 2.3000 | 6.3550 |
| *RISK* | 599 | 4.7240 | 1.6445 | 1.9541 | 4.5395 | 10.4845 |
| *SIZE* | 599 | 29.1639 | 1.1420 | 26.2071 | 29.2653 | 31.0073 |
| *CAR* | 599 | 12.8771 | 1.5063 | 10.1294 | 12.6300 | 16.8800 |
| *ROE* | 599 | 3.9740 | 1.2480 | 1.5878 | 3.9358 | 6.6986 |
| *NII* | 599 | 0.1869 | 0.0792 | 0.0255 | 0.1805 | 0.3883 |
| *COST* | 599 | 0.5195 | 0.1294 | 0.2979 | 0.5188 | 0.7816 |
| *LOAN* | 599 | 50.1278 | 7.4157 | 31.1107 | 51.5591 | 61.6455 |
| *CASH* | 599 | 14.5752 | 4.5390 | 6.3789 | 14.6167 | 24.6242 |
| *ΔNPL* | 599 | 0.0471 | 0.0700 | −0.1477 | 0.0401 | 0.2658 |

注：所有比率形式变量的单位均为百分比。

# 第四节　实证结果

## 一、基本结果

表 8 - 2 的第（1）~（3）列分别报告了无控制变量、仅控制宏观层面变量和仅控制银行层面变量时基准回归的结果，*FSC* 的系数分别为 − 0.2092、− 0.2120 和 − 0.2076，并且均在 1% 的水平下显著。第（4）列则报告了完整模型的回归结果，在控制了当前政策状态和宏观经济形势后，*FSC* 的系数为 − 0.2284 且仍然在 1% 的水平下显著。这意味着央行对于未来金融稳定的乐观预期被市场解读，并使得银行系统性风险下降。因此正面的央行沟通可以防范银行系统性风险，有助于维护金融系统稳定。

　　控制变量的符号也基本与已有研究的结果保持一致。例如，在宏观层面，*TDR* 的系数在 1% 的水平下显著为负，表明紧缩的货币政策可以有效降低银行系统性风险，这为货币政策的系统性风险承担渠道提供了证据，与陈国进等（2020）的发现一致。在银行层面，银行的规模和非利息收入会显著提高系统性风险，这也都与现有文献结论相同（Laeven et al.，2016；Brunnermeier et al.，2020）。这些结果说明我们对控制变量的选取是合理的。

表 8－2　　　　　　　　　央行沟通对银行系统性风险的影响

| 变量 | （1） | （2） | （3） | （4） |
|---|---|---|---|---|
| | Risk | Risk | Risk | Risk |
| FSC | － 0. 2092 *** <br> （0. 0530） | － 0. 2120 *** <br> （0. 0575） | － 0. 2076 *** <br> （0. 0472） | － 0. 2284 *** <br> （0. 0577） |
| TDR | | － 0. 8153 *** <br> （0. 2262） | | － 1. 1143 *** <br> （0. 2996） |
| MPI | | － 0. 0660 *** <br> （0. 0239） | | － 0. 0410 <br> （0. 0294） |
| GDP | | 0. 0148 <br> （0. 0201） | | 0. 0512 * <br> （0. 0262） |
| CPI | | 0. 0257 <br> （0. 0438） | | 0. 0564 <br> （0. 0430） |
| SIZE | | | 2. 2633 *** <br> （0. 4418） | 2. 2793 *** <br> （0. 4320） |
| CAR | | | 0. 1012 <br> （0. 1248） | 0. 1084 <br> （0. 1250） |
| ROE | | | 0. 1001 <br> （0. 1028） | 0. 1204 <br> （0. 1054） |
| NII | | | 2. 3786 * <br> （1. 3614） | 2. 6335 * <br> （1. 4731） |

| 变量 | (1) | (2) | (3) | (4) |
|---|---|---|---|---|
| | *Risk* | *Risk* | *Risk* | *Risk* |
| COST | | | -1.5459<br>(1.0245) | -0.3361<br>(1.3427) |
| LOAN | | | 0.0663 ***<br>(0.0225) | 0.0663 ***<br>(0.0218) |
| CASH | | | 0.0624 *<br>(0.0354) | 0.0816 **<br>(0.0381) |
| ΔNPL | | | 0.4157<br>(0.7600) | 0.5877<br>(0.8118) |
| Constant | 5.7674 ***<br>(0.2946) | 7.6091 ***<br>(0.8925) | -64.3616 ***<br>(12.1400) | -63.6876 ***<br>(11.9896) |
| Bank FE | Yes | Yes | Yes | Yes |
| Year Dummies | Yes | Yes | Yes | Yes |
| Quarter Dummies | Yes | Yes | Yes | Yes |
| N | 599 | 599 | 599 | 599 |
| R-Squared | 0.6408 | 0.6465 | 0.6900 | 0.6985 |

注：括号内数字为银行聚类标准误，\*\*\* 、\*\* 、\* 分别表示在 1% 、5% 、10% 的水平下显著，下表同。

## 二、异质性分析

### 1. 资产不透明度

银行资产通常被认为具有较高的不透明度（Morgan，2002），资产不透明度指银行外部人从银行财务报表中获得银行资产风险等重要信息的容易程度（陈国进等，2021）。在银行基本面状况既定的情况下，资产不透明度会对银行挤兑产生直接而重要的影响，存款人了解的信息越多，约束自己不取款的意愿越高（Schotter and Yorulmazer，2009）。因此，资产不透明度越高的银行越有可能遭受挤兑，面临的流动性风险越高。由于正面的央行沟通有利于稳定存款人预期，降低银行流动性风险，我们预期央行沟通的系统性风险防范效果将在资产不透明度较高的银行中更强。参考陈国进等（2021）的做法，我们构建以下计量模型衡量资产不透明度：

$$WO_{i,t} = \alpha_0 + \sum_{k=1}^{2} (\beta_k LLP_{i,t-k} + \gamma_k NLP_{i,t-k})$$
$$+ \alpha_1 EBLLP_{i,t-1} + \alpha_2 CAP_{i,t-1} + \varepsilon_{i,t} \qquad (8-9)$$

其中，$WO$ 表示银行的资产减值损失，$LLP$ 表示贷款损失准备占总贷款比重，$NLP$ 表示不良贷款率，$EBLLP$ 表示扣除贷款损失准备前收入占总贷款比重，$CAP$ 表示总资本占总资产比重。对于每家银行，我们使用前 12 个季度作为时间窗口滚动估计模型（8-9），得到调整的 $R^2$ 统计量，然后用 1 减该统计量得到模型的无效解释力，作为该银行的资产不透明度指标 $OPACITY$。我们按照 $OPACITY$ 的中位数将样本分为两组，分别在每一组样本中估计基准模型，估计结果展示在表 8-3 前两列。在不透明度较低的一组中，$FSC$ 的系数不显著，但在不透明度较高的一组中，$FSC$ 的系数保持在 1% 的水平下显著为负，大小也超过前者两倍。由此说明，银行的资产不透明度越高，央行沟通对系统性风险的影响越强。

**2. 贷款损失准备**

作为一项重要的前瞻性信贷管理措施，计提贷款损失准备可以在一定程度上吸收未来贷款坏账损失，从而帮助银行应对未来可能出现的贷款违约增多问题。银行预期未来贷款质量恶化，便会更多地计提贷款损失准备（Ng et al.，2020；申宇等，2020），因此较多的贷款损失准备通常意味着银行当前面临较高的信用风险。由于正面的央行沟通可以提高借款企业偿债能力，降低银行信用风险，我们预期央行沟通的系统性风险防范效果将在贷款损失准备较多的银行中更强。类似地，我们按照 $LLP$ 的中位数将样本分为两组然后分别回归，估计结果展示在表 8-3 的后两列。表 8-3 结果显示，在贷款损失准备水平较低的一组中，$FSC$ 系数仅在 10% 的水平下显著。但是在贷款损失准备水平较高的一组中，$FSC$ 系数在 1% 的水平下显著为负，并且大小约为前者的两倍，与我们的预期一致。

表 8 – 3 分组检验结果

| 变量 | 资产不透明度 | | 贷款损失准备 | |
|---|---|---|---|---|
| | （1） | （2） | （3） | （4） |
| | 低 | 高 | 低 | 高 |
| | Risk | Risk | Risk | Risk |
| FSC | – 0. 1394 | – 0. 3683 *** | – 0. 1608 * | – 0. 3351 *** |
| | （0. 1198） | （0. 0938） | （0. 0886） | （0. 1062） |
| TDR | – 1. 7884 *** | – 0. 7284 | – 0. 6911 | – 1. 5492 ** |
| | （0. 3856） | （0. 5438） | （0. 4515） | （0. 6416） |
| MPI | – 0. 0658 | – 0. 0426 | – 0. 0310 | – 0. 0527 |
| | （0. 0619） | （0. 0486） | （0. 0454） | （0. 0324） |
| GDP | 0. 0414 | 0. 0744 | 0. 1224 * | 0. 0338 |
| | （0. 0296） | （0. 0630） | （0. 0681） | （0. 0306） |
| CPI | 0. 1126 | – 0. 0333 | 0. 0805 | – 0. 0400 |
| | （0. 0861） | （0. 1489） | （0. 0709） | （0. 1121） |
| SIZE | 2. 4982 ** | 2. 4913 *** | 1. 1590 | 2. 1800 *** |
| | （0. 9886） | （0. 5975） | （1. 1791） | （0. 5600） |
| CAR | 0. 0179 | 0. 0901 | – 0. 0079 | 0. 0540 |
| | （0. 1701） | （0. 1263） | （0. 1120） | （0. 1243） |
| ROE | 0. 2103 | 0. 0902 | 0. 0764 | 0. 0996 |
| | （0. 2202） | （0. 1568） | （0. 1206） | （0. 1422） |
| NII | 0. 4679 | 3. 4557 * | 0. 4165 | 2. 6179 *** |
| | （1. 4719） | （1. 8393） | （1. 8854） | （0. 9704） |
| COST | 0. 1654 | – 1. 0455 | – 1. 7065 | 0. 7988 |
| | （1. 1186） | （2. 0747） | （2. 0030） | （1. 5177） |
| LOAN | 0. 1197 *** | 0. 0611 ** | 0. 0298 | 0. 0673 * |
| | （0. 0355） | （0. 0264） | （0. 0183） | （0. 0403） |
| CASH | 0. 0459 | 0. 1021 ** | 0. 0511 | 0. 0262 |
| | （0. 0553） | （0. 0449） | （0. 0415） | （0. 0655） |
| $\Delta NPL$ | 0. 3917 | 1. 8300 | 3. 0854 ** | 0. 3225 |
| | （0. 8882） | （1. 4872） | （1. 4498） | （0. 9142） |

续表

| 变量 | 资产不透明度 | | 贷款损失准备 | |
|---|---|---|---|---|
| | （1） | （2） | （3） | （4） |
| | 低 | 高 | 低 | 高 |
| | *Risk* | *Risk* | *Risk* | *Risk* |
| Constant | −69.1721 ** (27.9997) | −70.2577 *** (16.6223) | −29.2323 (32.9448) | −56.7869 *** (15.7023) |
| Bank FE | Yes | Yes | Yes | Yes |
| Year Dummies | Yes | Yes | Yes | Yes |
| Quarter Dummies | Yes | Yes | Yes | Yes |
| N | 255 | 254 | 302 | 297 |
| R-Squared | 0.7353 | 0.7441 | 0.7188 | 0.7703 |

# 第五节　传　导　机　制

通过回归结果，我们发现正面的央行沟通可以通过减少银行流动性风险和信用风险降低系统性风险，并在基准回归和异质性分析中得到了符合预期的结果。然而，央行沟通仍然可能通过银行风险激励渠道影响系统性风险，因此接下来我们分别从流动性风险、信用风险和风险激励三方面深入分析央行沟通的传导机制，以提供更为直接的证据。此外，考虑到系统性风险的传染特点，我们还进一步考察了央行沟通对银行间风险传染的影响。

## 一、流动性风险

我们使用贷存比 *LDR* 衡量银行的流动性风险，*LDR* 越大则银行的流动性期限错配越严重，流动性风险越大（刘志洋和宋玉颖，2015）。表 8 − 4 第（1）列报告了未来一期 *LDR* 作为因变量的回归结果，自变量与基准模型保持一致。*FSC* 系数在 5% 的水平下显著为负，表面正面的沟通可以显著降低银行流动性风险。流动性风险降低意味着银行的债务支付压力更小，违约概率也就更低。因此我们进一步从违约概率的角度考察正面的沟通是否能够降低流动性风险。

表 8 - 4　　　　　　　央行沟通对银行流动性风险和违约概率的影响

| 变量 | (1) | (2) | (3) |
|---|---|---|---|
| | *LDR* | *DEFAULT* | *GUARANTEE* |
| *FSC* | - 0. 4072 ** <br> (0. 1876) | - 0. 3714 *** <br> (0. 0586) | - 0. 7102 *** <br> (0. 1344) |
| *TDR* | 0. 8002 <br> (1. 9052) | - 1. 5277 *** <br> (0. 2534) | 1. 2202 <br> (0. 8686) |
| *MPI* | 0. 2634 * <br> (0. 1344) | - 0. 1326 ** <br> (0. 0530) | - 0. 0510 <br> (0. 1120) |
| *GDP* | 0. 0226 <br> (0. 1077) | 0. 0256 <br> (0. 0446) | - 0. 2589 *** <br> (0. 0849) |
| *CPI* | - 0. 7935 *** <br> (0. 2579) | 0. 0424 <br> (0. 0743) | - 1. 2631 *** <br> (0. 2003) |
| *SIZE* | 0. 1712 <br> (5. 7806) | 0. 1354 <br> (0. 4269) | - 0. 6163 <br> (1. 0984) |
| *CAR* | - 0. 3837 <br> (0. 3343) | 0. 1011 <br> (0. 0912) | 0. 1162 <br> (0. 1722) |
| *ROE* | - 2. 4361 *** <br> (0. 5306) | 0. 2095 ** <br> (0. 1041) | 0. 3238 <br> (0. 3171) |
| *NII* | 15. 6828 * <br> (8. 5977) | - 0. 6299 <br> (1. 4048) | - 3. 7311 <br> (2. 3816) |
| *COST* | 10. 7884 <br> (9. 1642) | - 0. 2404 <br> (1. 3382) | - 7. 3553 *** <br> (2. 4719) |
| *LOAN* | 1. 0526 *** <br> (0. 1338) | 0. 0828 *** <br> (0. 0224) | 0. 0629 <br> (0. 0565) |

续表

| 变量 | （1） | （2） | （3） |
|---|---|---|---|
| | *LDR* | *DEFAULT* | *GUARANTEE* |
| *CASH* | − 0. 7420 ** <br> （0. 2946） | 0. 0660 <br> （0. 0426） | 0. 1333 * <br> （0. 0712） |
| Δ*NPL* | 0. 3202 <br> （3. 4396） | − 3. 0226 ** <br> （1. 4523） | − 0. 5732 <br> （2. 1507） |
| Constant | 32. 7996 <br> （168. 9039） | − 10. 9359 <br> （12. 6461） | 23. 8815 <br> （32. 3698） |
| Bank FE | Yes | Yes | Yes |
| Year Dummies | Yes | Yes | Yes |
| Quarter Dummies | Yes | Yes | Yes |
| N | 594 | 591 | 591 |
| R − Squared | 0. 8896 | 0. 5666 | 0. 4696 |

我们基于期权定价模型（Merton，1974）计算银行的违约距离。在默顿模型中，公司股权价值 $E$ 可以视为一个以隐含资产价值 $A$ 为标的、债务账面价值 $D$ 为执行价格、债务到期时间 $T$ 为期限的欧式看涨期权。因此，根据 Black – Scholes – Merton 公式可以得到如下等式：

$$E = AN(d_1) - e^{-rT}DN(d_2) \qquad (8-10)$$

$$d_1 = \frac{\ln(A/D) + (r + \sigma_A^2/2)T}{\sigma_A \sqrt{T}} \qquad (8-11)$$

$$d_2 = d_1 - \sigma_A \sqrt{T} \qquad (8-12)$$

其中，$r$ 表示无风险利率，$\sigma_A$ 表示资产波动率，$N$ 表示标准正态分布的累积分布函数。

此外，$\sigma_A$ 与股权波动率 $\sigma_E$ 还满足如下假定：

$$E\sigma_E = AN(d_1)\sigma_A \qquad (8-13)$$

在参数设定上，我们参考吴恒煜等（2013）的做法。在每季度末，$E$ 等于股票总市值，$D$ 等于总负债，$T$ 等于一年，$r$ 等于一年定期存款基准利率。我们用过去一年的股票对数回报日度数据估计 GARCH（1，1）模型，得到季度末的股票波动率，将其年化后作为 $\sigma_E$ 的估计值。将上述所有参数代入等式（8-10）至等式（8-13）后，使用迭代法得到 $A$ 和 $\sigma_A$ 的估计值。最后，违约距离 $DD$ 通过如下等式（Vassalou and Xing，2004）计算得到：

$$DD = \frac{\ln(A/D) + (\mu_A - \sigma_A^2/2)T}{\sigma_A \sqrt{T}} \qquad (8-14)$$

其中，$\mu_A$ 表示公司资产回报，我们用过去一年的股票对数回报作为估计。$DD$ 越大代表银行的违约概率越低，我们取其相反数并表示为 $DEFAULT$，从而 $DEFAULT$ 越大代表银行违约概率越高。

由于政府隐性担保的存在，现实中很少有银行发生违约。因此我们进一步从政府隐性担保成本角度刻画银行违约概率。当政府对每个银行的债务提供担保时，相当于给银行权益所有者发行了一个以银行资产为标的、债务账面价值为执行价格、债务到期时间为期限的看跌期权（吴恒煜等，2013），政府隐性担保成本由此可以通过看跌期权定价公式计算得到：

$$G = e^{-rT}DN(-d_2) - AN(-d_1) \qquad (8-15)$$

其中，$G$ 表示政府隐性担保成本，我们将其占总负债的比重表示为变量 $GUARANTEE$。银行的违约概率越高，政府隐性担保成本也越高。表8-4第（2）、（3）列分别报告了未来一期 $DEFAULT$ 和 $GUARANTEE$ 作为因变量的回归结果，其中 $FSC$ 系数均在1%的水平下显著为负，表明正面沟通可以降低银行违约概率，进一步支持了央行沟通对银行流动性风险的抑制作用。

## 二、信用风险

我们使用不良贷款增长率 $\Delta NPL$ 衡量银行信用风险，$\Delta NPL$ 越大意味着发放贷款的违约概率越高，银行信用风险越大。表8-5第（1）列报告了未来一期 $\Delta NPL$ 作为因变量的回归结果，$FSC$ 系数在5%的水平下显著为负，表明正面的沟通可以降低银行信用风险。此外，如前所述，贷款损失准备反映了银行对未来贷款质量的预期，贷款损失准备越多，银行预期发生信用风险的可能性越大。因此，我们也将未来一期 *LLP* 作为因变量进行回归，结果报告在表 8 – 5 第（2）列。*FSC* 系数在 1% 的水平下显著为负，表明正面的沟通改善了贷款质量，银行预期信用风险下降，从而减少贷款损失准备的计提。

在央行沟通的作用下，金融市场趋于稳定，借款企业偿债能力上升，银行贷款质量的改善在降低信用风险的同时也意味着银行能够获得更加稳定的收益。此外，银行本身也持有大量金融资产，与金融市场关联紧密，金融市场的稳定也会进一步降低其盈利波动。如果正面的沟通能够稳定金融市场、改善贷款质量，则应该还可以观察到银行的盈利波动降低。我们使用过去三季度 *ROE* 的标准差 *ROESD* 衡量银行盈利波动性，表 8 – 5 第（3）列报告了未来一期 *ROESD* 作为因变量的回归结果。*FSC* 系数同样在 1% 的水平下显著为负，表明正面的沟通确实能够降低银行的盈利波动，为上述渠道提供了更多证据支持。

表 8 – 5　　　　　　央行沟通对银行信用风险和盈利波动的影响

| 变量 | （1）<br>ΔNPL | （2）<br>LLP | （3）<br>ROESD |
|---|---|---|---|
| *FSC* | – 0. 0117 **<br>（0. 0052） | – 0. 0358 ***<br>（0. 0120） | – 0. 0581 ***<br>（0. 0167） |
| *TDR* | – 0. 0068<br>（0. 0140） | 0. 0398<br>（0. 0969） | 0. 0801<br>（0. 0820） |
| *MPI* | – 0. 0006<br>（0. 0023） | 0. 0054<br>（0. 0112） | – 0. 0000<br>（0. 0096） |
| *GDP* | – 0. 0055 ***<br>（0. 0014） | – 0. 0150<br>（0. 0109） | – 0. 0179 **<br>（0. 0073） |
| *CPI* | – 0. 0047<br>（0. 0050） | – 0. 0135<br>（0. 0142） | – 0. 0325<br>（0. 0197） |
| *SIZE* | – 0. 0228<br>（0. 0193） | 1. 4268 ***<br>（0. 3309） | – 0. 0498<br>（0. 2406） |

| 变量 | （1） | （2） | （3） |
|---|---|---|---|
| | $\Delta NPL$ | LLP | ROESD |
| CAR | −0.0018<br>（0.0041） | 0.0911<br>（0.0869） | 0.0005<br>（0.0284） |
| ROE | −0.0023<br>（0.0049） | 0.0801<br>（0.0580） | −0.0603<br>（0.0387） |
| NII | −0.0324<br>（0.0436） | 1.0193 *<br>（0.5318） | −0.1477<br>（0.3416） |
| COST | 0.0759 **<br>（0.0329） | −0.9992 **<br>（0.4920） | −1.1452 ***<br>（0.3811） |
| LOAN | −0.0010<br>（0.0008） | −0.0206<br>（0.0152） | 0.0078<br>（0.0066） |
| CASH | 0.0006<br>（0.0008） | 0.0033<br>（0.0175） | −0.0169 *<br>（0.0096） |
| $\Delta NPL$ | 0.1537 *<br>（0.0856） | 0.1581<br>（0.5158） | 0.1716<br>（0.1764） |
| Constant | 0.7822<br>（0.6014） | −38.5871 ***<br>（9.8472） | 3.2083<br>（7.1512） |
| Bank FE | Yes | Yes | Yes |
| Year Dummies | Yes | Yes | Yes |
| Quarter Dummies | Yes | Yes | Yes |
| N | 584 | 597 | 599 |
| R – Squared | 0.3836 | 0.8231 | 0.5148 |

## 三、风险激励

在前文分析中，已有足够的证据支持央行沟通可以降低银行流动性风险和信用风险。然而，这并不排除央行沟通也可能激励银行承担过多风险，进而从整体上削弱正面沟通对系统性风险的抑制作用。接下来我们通过考察银行在贷款业务上的风险承担行为验证这一渠道是否存在。银行在低估风险时倾向于过度扩张信贷，过高的贷款增长率最终导致系统性风险上升（Soedarmono et al.，2017）。我们使用银行贷款增长率与同期样本中位数的差衡量贷款过度增长率（Foos et al.，2010），记为变量 $\Delta LOAN$，以检验央行沟通是否会导致银行低估风险而过度放贷。表 8 – 6 第（1）列报告了未来一期 $\Delta LOAN$ 作为因变量的回归结果，没有证据表明央行沟通会对贷款过度增长率产生显著影响。

除了贷款总量上的变化，我们还考察了贷款结构上的变化。从业务结构上看，银行贷款可以划分为公司贷款和个人贷款，在我国公司贷款的风险总体高于个人贷款（邓伟等，2022）。从信用结构上看，银行贷款可以划分为信用贷款和担保贷款，信用贷款由于缺少抵押品通常被认为具有更高风险。定义 COMPANY 等于公司贷款与个人贷款总和中公司贷款占比，CREDIT 等于信用贷款和担保贷款总和中信用贷款占比，未来一期 COMPANY 和 CREDIT 作为因变量的回归结果分别报告在表 8 – 6 第（2）、（3）列。可以看到，同样没有证据表明正面的央行沟通会激励银行增加高风险资产配置。

表 8 – 6　　　　　　　　　央行沟通对银行贷款业务的影响

| 变量 | （1） | （2） | （3） |
| --- | --- | --- | --- |
| | $\Delta LOAN$ | COMPANY | CREDIT |
| FSC | − 0. 0477 <br> (0. 1126) | − 0. 1779 <br> (0. 1214) | − 0. 1941 <br> (0. 1218) |
| TDR | − 0. 9029 ** <br> (0. 4435) | 1. 0750 <br> (1. 0921) | 1. 9632 * <br> (1. 1242) |
| MPI | − 0. 0267 <br> (0. 0539) | − 0. 1568 *** <br> (0. 0577) | − 0. 0337 <br> (0. 0751) |
| GDP | 0. 0761 <br> (0. 0484) | − 0. 0201 <br> (0. 0676) | 0. 0002 <br> (0. 0741) |
| CPI | 0. 1268 <br> (0. 1413) | 0. 0943 <br> (0. 1658) | − 0. 2143 * <br> (0. 1205) |

续表

| 变量 | （1）<br>ΔLOAN | （2）<br>COMPANY | （3）<br>CREDIT |
|---|---|---|---|
| SIZE | - 3. 3182 ***<br>(0. 7818) | 0. 3272<br>(3. 4542) | 4. 0810<br>(5. 1043) |
| CAR | 0. 0830<br>(0. 1575) | 0. 2312<br>(0. 3791) | 0. 3469<br>(0. 3574) |
| ROE | 0. 4535 ***<br>(0. 1511) | 0. 4062<br>(0. 4885) | - 0. 5838<br>(0. 4928) |
| NII | 3. 9373 ***<br>(1. 0536) | - 14. 1163 ***<br>(4. 7028) | 12. 3178 **<br>(5. 9937) |
| COST | - 1. 1749<br>(1. 4813) | - 13. 0012 **<br>(5. 4198) | - 11. 6657 **<br>(5. 8283) |
| LOAN | - 0. 1051 ***<br>(0. 0314) | - 0. 2861 **<br>(0. 1231) | 0. 0150<br>(0. 1397) |
| CASH | 0. 0342<br>(0. 0396) | 0. 1638<br>(0. 1290) | - 0. 1080<br>(0. 2231) |
| ΔNPL | - 2. 3411 *<br>(1. 3380) | 7. 4921 **<br>(3. 1664) | - 7. 0813 **<br>(2. 8610) |
| Constant | 95. 5400 ***<br>(23. 6637) | 79. 8902<br>(105. 5677) | - 89. 9721<br>(151. 6509) |
| Bank FE | Yes | Yes | Yes |
| Year Dummies | Yes | Yes | Yes |
| Quarter Dummies | Yes | Yes | Yes |
| N | 580 | 599 | 591 |
| R - Squared | 0. 3248 | 0. 9208 | 0. 7883 |

　　银行风险承担行为很大程度上受到高管风险偏好的影响，高管越偏好风险则自然越倾向于采取高风险的投资策略。如果正面的央行沟通会激励银行承担过多风险，那么高管风险偏好程度越高的银行受到风险激励作用将越大，从而越有可能削弱央行沟通对系统性风险的抑制作用。因而随着高管风险偏好程度上升，应该可以观察到央行沟通对系统性风险的影响

减弱。已有研究表明，男性高管或是任期越长的高管越偏好风险（Faccio et al.，2016；Milidonis and Stathopoulos，2014）。我们使用高管团队中男性高管比例 *MALE* 和高管平均任期（以月份表示）的自然对数 *TENURE* 作为高管风险偏好的代理变量，然后通过高管风险偏好的调节效应进行检验。由于模型中引入了高管风险偏好特征，我们还需要进一步控制高管层面的其他特征以缓解遗漏变量问题。这些特征包括高管薪酬 *SALARY*，定义为薪酬总额加 1 的自然对数，高管总人数 *TEAM* 和高管平均年龄 *AGE*。最后，由于主要关注交互项，我们剔除了所有宏观变量并采用双向固定效应估计，结果在表 8-7 中给出。我们发现交互项系数不显著，依然没有证据支持央行沟通的风险激励作用。

综合以上结果，可以认为央行沟通通过降低银行流动性风险和信用风险发挥了显著的系统性风险防范效果，但并不会对银行产生显著的风险激励作用而使该效果减弱。

表 8-7　　　　　　　　　　　　　高管风险偏好的调节效应

| 变量 | （1）<br>男性高管比例<br>*Risk* | （2）<br>高管平均任期<br>*Risk* |
|---|---|---|
| *FSC × MALE* | -0.5118<br>(0.3215) | |
| *FSC × TENURE* | | 0.1037<br>(0.1386) |
| *MALE* | 0.8112<br>(0.9078) | 0.9234<br>(0.9016) |
| *TENURE* | 0.5629 ***<br>(0.1595) | 0.5802 ***<br>(0.1564) |
| *SIZE* | 1.7031 ***<br>(0.4925) | 1.7825 ***<br>(0.4822) |
| *CAR* | 0.0710<br>(0.1196) | 0.0816<br>(0.1176) |

| 变量 | (1) | (2) |
|---|---|---|
| | 男性高管比例 | 高管平均任期 |
| | *Risk* | *Risk* |
| ROE | 0.0845<br>(0.0925) | 0.0970<br>(0.0945) |
| NII | 1.2230<br>(1.3483) | 1.2888<br>(1.3953) |
| COST | -0.1024<br>(1.4063) | -0.1516<br>(1.3868) |
| LOAN | 0.0525 *<br>(0.0269) | 0.0525 *<br>(0.0272) |
| CASH | 0.0912 ***<br>(0.0283) | 0.0894 ***<br>(0.0301) |
| ΔNPL | 0.3747<br>(0.9084) | 0.3665<br>(0.9043) |
| SALARY | 0.0341<br>(0.2589) | 0.0116<br>(0.2521) |
| TEAM | 0.1151<br>(0.4721) | 0.1109<br>(0.4625) |
| AGE | -10.4899 ***<br>(2.5112) | -10.4517 ***<br>(2.6779) |
| Constant | -9.9984<br>(17.1460) | -12.8365<br>(18.3587) |
| Bank FE | Yes | Yes |
| Year – Quarter FE | Yes | Yes |
| N | 599 | 599 |
| R – Squared | 0.7673 | 0.7671 |

## 四、风险传染

由于金融部门中存在业务、管理模式、客户、投资者心理预期等各种关联性，单家银行的风险极易通过这些关联性染至其他银行（方意等，2019），经由银行间的相互反馈而严重放大。因此，风险传染机制是系统性风险生成过程中又一重要传导渠道（Benoit et al.，2017）。我们参考赵静和郭晔（2021）的做法，通过构建银行间尾部风险网络刻画银行间风险传染关系。对于任意一家银行 $i$，我们使用周度样本和 LASSO 方法估计如下分位数回归方程：

$$R_t^i = \alpha_q^i + \gamma_q^i Z_{t-1} + \omega_q^i B_{t-1}^i + \beta_q^{i|-i} R_t^{-i} + \varepsilon_{q,t}^i \qquad (8-16)$$

相比于式（8-3），上述方程右端增加了除银行 $i$ 以外所有其他银行的股票回报 $R_t^i$，以及银行 $i$ 的特征变量 $B_{t-1}^i$，包括杠杆率（总资产与净资产比值）、贷存比、市账比和总市值对数。$\beta_q^{i|-i}$ 即为银行间的关联系数。为估计出时变系数，我们选定 $q$ 为 1%，且以未来一年为时间窗口滚动估计式（8-16）。

基于上述系数估计值，可以构建起银行间的尾部风险网络。该网络为加权有向网络，权重为系数的绝对值。对于包含 $k$ 家银行的系统，在每个季度 $s$，该网络均可以用一个 $k \times k$ 的邻接矩阵 $A_s$ 表示：

$$A_s = \begin{bmatrix} 0 & |\hat{\beta}_{1\%,s}^{1|2}| & \cdots & |\hat{\beta}_{1\%,s}^{1|k}| \\ |\hat{\beta}_{1\%,s}^{2|1}| & 0 & \cdots & |\hat{\beta}_{1\%,s}^{2|k}| \\ \vdots & \vdots & \ddots & \vdots \\ |\hat{\beta}_{1\%,s}^{k|1}| & |\hat{\beta}_{1\%,s}^{k|2}| & \cdots & 0 \end{bmatrix} \qquad (8-17)$$

其中，第 $i$ 列表示银行 $i$ 释放的风险溢出，为该银行的传染边；第 $i$ 行则表示银行 $i$ 接收的风险溢出，为该银行的被传染边。我们不考虑银行对自身的溢出效应，因此对角线元素均为 0。

银行 $i$ 的出度中心性 $ODC$ 等于矩阵第 $i$ 列元素之和，可以衡量其传染风险：

$$ODC_s^i = \sum_{j=1}^{k} |\hat{\beta}_{1\%,s}^{j|i}| \qquad (8-18)$$

银行 $i$ 的入度中心性 $IDC$ 等于矩阵第 $i$ 行元素之和，可以衡量其被传染风险：

$$IDC_s^i = \sum_{j=1}^{k} \left| \hat{\beta}_{1\%,s}^{i|j} \right| \qquad (8-19)$$

银行的总度中心性 $DC$ 等于 $ODC$ 与 $IDC$ 之和，可以衡量该银行与其他银行的总关联风险。表 8-8 第 (1) 至 (3) 列分别报告了未来一期 $DC$、$ODC$ 和 $IDC$ 作为因变量的回归结果。结果显示，$FSC$ 对 $DC$ 具有显著的负向影响，表明央行沟通越正面，银行间的关联风险越低。进一步区分传染风险和被传染风险后，可以发现 $FSC$ 对 $ODC$ 具有显著的负向影响，对 $IDC$ 的负向影响则不显著。这表明，正面的央行沟通降低了单家银行的流动性风险和信用风险，从而使其向外传染的风险进一步降低，最终遏制系统性风险上升。

表 8-8　　　　　　　　央行沟通对银行间风险传染的影响

| 变量 | (1) | (2) | (3) |
|---|---|---|---|
| | $DC$ | $ODC$ | $IDC$ |
| $FSC$ | -0.3493 *** (0.1280) | -0.2356 *** (0.0879) | -0.0900 (0.1075) |
| $TDR$ | 0.3790 (0.4990) | -0.0794 (0.4768) | 0.5116 (0.5193) |
| $MPI$ | -0.0214 (0.0694) | 0.0122 (0.0551) | -0.0234 (0.0561) |
| $GDP$ | 0.0725 (0.0684) | 0.0074 (0.0409) | 0.0512 (0.0618) |
| $CPI$ | 0.0221 (0.1313) | 0.0622 (0.0949) | -0.0726 (0.1142) |
| $SIZE$ | 1.0552 (0.8107) | -2.7018 *** (0.6415) | 3.3754 *** (0.6204) |
| $CAR$ | 0.2743 *** (0.0931) | 0.1146 (0.1543) | 0.1464 (0.1324) |
| $ROE$ | -0.0931 (0.1120) | -0.2257 *** (0.0645) | 0.0943 (0.1027) |

| 变量 | (1) | (2) | (3) |
| --- | --- | --- | --- |
| | DC | ODC | IDC |
| NII | −0.3944<br>(1.5205) | −1.1536<br>(2.1271) | 0.3872<br>(2.3580) |
| COST | −0.2862<br>(1.7274) | 1.1698<br>(1.6884) | −1.4514<br>(1.8069) |
| LOAN | −0.0002<br>(0.0530) | −0.1385 ***<br>(0.0436) | 0.1284 ***<br>(0.0337) |
| CASH | 0.0379<br>(0.0557) | 0.0251<br>(0.0758) | 0.0161<br>(0.0655) |
| $\Delta NPL$ | 0.5657<br>(1.6965) | 1.6029<br>(1.8252) | −1.1328<br>(1.2929) |
| Constant | −23.1601<br>(24.7326) | 89.0982 ***<br>(20.0502) | −100.4570 ***<br>(17.2185) |
| Bank FE | Yes | Yes | Yes |
| Year Dummies | Yes | Yes | Yes |
| Quarter Dummies | Yes | Yes | Yes |
| N | 560 | 560 | 560 |
| R-Squared | 0.3432 | 0.4814 | 0.4614 |

# 第六节　小　　结

央行沟通作为一项非常规的金融稳定政策工具，在全球范围内特别是金融危机以后得到了广泛使用。然而国内央行沟通防范系统性风险的政策效果却尚未得到有效检验。为此，我们收集了 2010 ~ 2020 年间我国央行沟通文本，采用金融稳定词典构建了央行沟通指数，然后选取中国 A 股上市商业银行作为样本，研究了央行沟通对银行系统性风险的影响。

研究发现，正面的央行沟通可以显著降低银行系统性风险。我们还分析了央行沟通防范风险效果的异质性，发现资产不透明度越高或贷款损失准备越多的银行受到央行沟通的影响越强。在经过大量稳健性检验后我们的主要结论依然成立。我们从流动性风险、信用风险、风险激励和风险传染等方面深入分析了央行沟通防范系统性风险的机制。正面的央行沟通不仅可以降低银行的流动性风险，还可以降低银行的信用风险，但并不会对银行产生显著的风险激励作用。此外，通过构建银行间尾部风险网络，我们发现正面沟通可以降低银行间风险传染，进一步说明正面沟通降低了单家银行的风险，从而使其向外传染的风险降低，最终遏制系统性风险上升。

面对当前公众信心和预期转弱的现实背景，在货币政策和宏观审慎政策等传统工具以外，开发新型金融稳定政策工具、拓展政策空间，对于深化现代中央银行和金融稳定制度的改革创新具有重要意义。我们的发现实际上为以央行沟通为代表的预期管理政策工具之效果提供了证据，同时也揭示了其作用机理。央行借助沟通向外界传达对于未来金融稳定的乐观预期，具有引导和协调公众预期的作用，而预期的改善能够从源头上遏制风险的积聚和扩散。因此，在货币政策和宏观审慎政策双支柱政策调控框架下纳入预期管理，做好央行沟通制度设计不失为探索构建中国金融稳定保障体系的一条新思路。

# 第九章　政策沟通与宏观经济*

　　成功的货币政策并不只是控制隔夜利率，还应当包括通过沟通来管理预期（Woodford，2001）。实施预期管理的一个潜在好处是锚定预期，从而对宏观经济活动产生稳定作用。如果不能锚定预期，则可能会导致不必要的经济波动和不稳定。在中国人民银行沟通工具中，《中国货币政策执行报告》历史最为悠久，形式最为成熟，受到市场广泛关注。自2001年第一季度起，中国人民银行开始每季度在其官方网站公布报告，回顾过往的经济形势，解释货币政策效果，展望未来的国内外局势，并阐明下一个阶段的货币政策思路。

　　本章利用文本分析的技术手段，量化分析我国央行沟通的文本信息，探究其对宏观经济的影响。首先，我们计算出货币政策报告的文本情绪、文本相似度、文本可读性等指标，对报告的文本特征进行细致的统计描述。其次，我们围绕文本情绪这一最核心的文本指标，对报告文本情绪和宏观经济金融指标的相关性进行全面分析。最后，我们利用EGARCH模型实证分析报告文本情绪对报告发布后股票市场的影响，并进一步将报告文本情绪分解为反映客观经济状况的部分和反映央行货币政策指引的部分，探究两者是否都能对股票市场走势有显著影响。

---

　　* 本章内容是基于姜富伟、胡逸驰和黄楠的合作文章《央行货币政策报告文本信息、宏观经济与股票市场》，在此特别感谢胡逸驰和黄楠。

# 第一节 文本指标与数据

## 一、文本情绪与中文情感词典

文本分析的基础是对文本进行分词，分词的基础是分词工具自带的词库。中文文本中较为常用的分词工具为 Python 语言的 jieba 模块，然而 jieba 自带的通用词库无法很好地识别经济金融文本中的专有名词。不过，jieba 模块的词库为开源词库，用户可以自行添加词库中不包含的词语，我们将经济金融相关的一些专业术语添加到词库中，以提高分词的准确性。目前国内中文专业词汇的词库较少，其中搜狗词库作为涵盖面相对较广、知名度相对较高的专业词库，在语义学和文本分析研究中得到广泛应用。搜狗词库容纳了许多经济金融专业词库，我们挑选了三个下载量较大的经济、金融、财会词库。在 jieba 开源词库中加入搜狗词库后，绝大多数经济金融专业名词都被正确分词，分词效果提升显著。

洛克伦和麦克唐纳（2011）指出，经济金融文本用词的情感倾向与通用文本有较大区别，为此两位学者开发出了目前在英文经济金融文本分析中占有重要地位的 LM 词典。实证研究表明 LM 词典应用于经济金融文本分析的结果要明显优于通用情感词典。姜富伟等（2021b）开发出了一个用于经济金融文本分析的中文情感词典，实证结果表明该词典在经济金融文本上的适用性要显著高于通用的知网情感词典。我们主要采用姜富伟等（2021b）的中文情感词典计算货币政策报告的文本情绪。但是，由于姜富伟等（2021b）的情感词典是基于财经媒体报道开发的，其对央行沟通文本情感词判断的准确性还需要改进。针对央行沟通文本的特点，我们仔细阅读了央行货币政策报告的文本，并参照冀志斌和宋清华（2012）、林建浩和赵文庆（2015）等以往文献关于选词的设定，在词典中添加了适用于央行沟通文本的一些常用情感词。

与第七章计算央行沟通文本情绪的方法一致，我们也采用情感单元法计算货币政策报告的文本情绪。国内外关于央行沟通测度的研究中央行沟通指数在各期的值有正有负（冀志斌和宋清华，2012；Baker et al.，2016），能够更为直接地体现央行对经济的总体看法和货币政策倾向。由于人民银行沟通中积极情感词明显多于消极情感词，我们货币政策报告文本情绪都为正值。为了与主流文献相符，也便于讨论实证分析的结果，我们对计算出的原始文本情绪指标进行 Z 值标准化处理，并将标准化后的文本情绪指标用于后文的实证分析。

## 二、文本相似度与可读性

我们采用基于 TF – IDF 加权的余弦相似度法计算报告的文本相似度，计算过程分为如下步骤：首先，去除报告文本中只有语气停顿、转折等作用的词语，即停用词。其次，将每个文本看成一个词汇向量，向量的某个维度表示对应词语在这个文本中出现的次数，得到所有文本的向量表示。再次，计算所有词语的 $idf$ 系数，对于文本样本中出现过的词语 $j$，计算 $idf$ 系数如式（9 – 1）所示：

$$idf_j = \ln\left(\frac{N}{n_j}\right) \qquad (9-1)$$

其中，$N$ 为文本集合中文本的数量，$n_j$ 为文本集合中出现词语 $j$ 的文本数量。最后，在每个文本向量中表示词语 $j$ 频率的维度上乘以词语 $j$ 的 $idf$ 系数，再用经 $idf$ 系数调整后的文本向量计算余弦相似度，可得到结果，即 TF – IDF 加权的文本相似度。

关于文本可读性，我们将平均句子长度作为可读性的衡量指标。具体而言，我们将句号、感叹号和问号看作一个句子的结尾对文本句子总数进行统计，进而以文本总字数除以文本句子总数，得到平均句子长度。在英文文献中，洛克伦和麦克唐纳（2014）指出"迷雾指数"等可读性指标在预测股票价格波动性方面效果比不上平均句子长度（平均每个句子包含的英文单词数量）。在中文文本分析的研究中，陈银娥等（2017）在实证

研究中也采用平均句子长度（平均每个句子包含的字符数量）来表征中文
文本的可读性。

## 三、文本数据

我们计算文本情绪的对象是人民银行每季度公布一次的《中国货币政
策执行报告》（以下简称报告）。报告是人民银行用于向社会各界介绍货
币信贷情况、分析货币政策效果、回顾金融市场情况、阐述宏观经济走
势、点明货币政策方向的重要书面沟通手段。第一期报告（2001 年第一
季度报告）于 2001 年 5 月公布于人民银行官方网站上，此后每隔 3 个月
发布新的报告。一般而言，每个季度的报告会在该季度过后的第二个月发
布。我们使用的报告从 2001 年第一季度起，至 2018 年第三季度止，共 71
篇文本。在对报告进行文本分析前，我们对报告进行了预处理，删除了所
有标点符号，去掉了所有标题和非正文的文本内容。

## 四、宏观经济金融与股票市场数据

表 9 - 1 展示了我们实证分析所用的宏观经济金融数据的起止时间、
频率和来源。我们所选取的数据涵盖宏观经济景气状况、价格水平、就业
情况、利率走势、汇率走势和资产价格等国民经济和宏观金融运行的诸多
方面。由于文本情绪数据频率为季度，我们需要把所有宏观经济金融数据
调整为季度频率，变频方式如表 9 - 1 所示。

表 9 - 1　　　　　　　　　　宏观经济金融数据简介

| 宏观经济金融数据 | 起止时间 | 频率 | 数据来源 | 变频方式 |
| --- | --- | --- | --- | --- |
| 制造业采购经理指数 | 2005 ~ 2018 年 | 月度 | 国家统计局 | 季度均值 |
| 消费者价格指数 | 2001 ~ 2018 年 | 月度 | 国家统计局 | 季度同比增长率 |
| 城镇登记失业率 | 2002 ~ 2018 年 | 季度 | 国家统计局 | — |

| 宏观经济金融数据 | 起止时间 | 频率 | 数据来源 | 变频方式 |
|---|---|---|---|---|
| 1 年期国债到期收益率 | 2002 ~ 2018 年 | 日度 | 中债估值中心 | 季度均值 |
| 美元兑人民币中间价 | 2001 ~ 2018 年 | 日度 | 中国人民银行 | 季度均值 |
| Wind 全 A 指数静态市盈率 | 2002 ~ 2018 年 | 日度 | Wind 资讯 | 季度均值 |

股票市场数据方面，我们选取的股票指数包括上证综指、深证成指、沪深 300 和中证 500，涵盖大市、大盘股和中小盘股等不同股票类型的收益状况，涵盖的时间范围为 2005 年 10 月 1 日至 2018 年 12 月 31 日。所有指数的日度涨跌幅数据均来源于 Wind 资讯。一般而言，金融资产收益率呈现出有偏和尖峰肥尾的特点，从下文对所用股票市场收益率数据的描述性统计中也可以看出这些特点。ARCH 类模型的应用能够有效地刻画金融资产收益率的这些特点造成的异方差性，因此我们使用 EGARCH 模型来对股票市场收益率进行计量分析。

# 第二节　实证结果

## 一、描述性统计

在这一部分我们对基于报告计算出的文本情绪、相似度、可读性等文本指标进行介绍。文本长度是较为基础的文本指标，图 9 - 1 展示了报告文本长度的三季度移动平均线。可以看出，报告的总字数从最初几个季度的一万余字稳定增长到 2018 年的三万字左右。报告文本长度的增长，也伴随着报告内容的日渐丰富，涵盖货币金融、货币政策、宏观经济、金融市场等方方面面的状况。

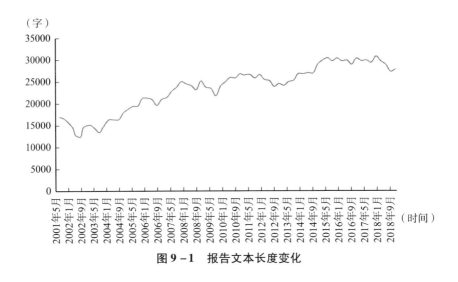

（字）

**图 9 - 1　报告文本长度变化**

　　观察报告的长度后，我们还想探究报告关注的重点。在将文本进行分词后，我们统计了不同词语在整个文本中出现的频率发现，"发展""商业银行""中国人民银行""房地产开发""基础货币""国债收益率""银行体系""流动性""宏观审慎"等词语出现频率较高，表明央行对宏观金融运行、金融市场与机构、经济发展和金融监管相关的内容最为关注。

　　然而，一些词汇在不同期的报告中频繁出现，这就促使我们计算报告的文本相似度，以进一步探究不同期报告用词的相似性。图 9 - 2 展示了2001 年第一季度至 2018 年第三季度报告文本相似度的三季度移动平均线。从趋势上看，报告的文本相似度在逐渐上升，报告用词趋于相近。虽然报告存在许多重复用词，但在撰写每一期报告时央行都会根据当时的宏观经济金融状况进行一定程度的修改。

　　之后，我们以每句所包含字数为衡量指标，计算了报告的文本可读性。图 9 - 3 展示了 2001 年第一季度至 2018 年第三季度报告可读性的变化。可以看出，从 2001 年至 2008 年，报告句子明显变短，可读性上升。2009 年之后，报告的可读性维持在较为稳定的水平。

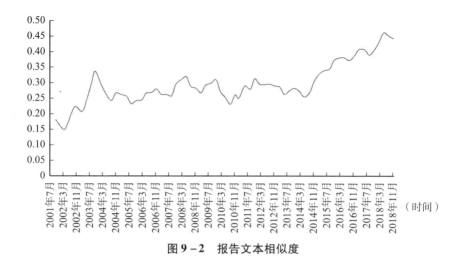

图 9 - 2　报告文本相似度

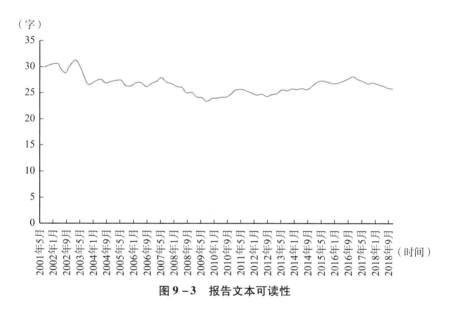

图 9 - 3　报告文本可读性

最后，我们计算出报告的文本情绪。图 9 - 4 展示了从 2001 年第一季度至 2018 年第三季度报告文本情绪的三季度移动平均线。可以看出报告的文本情绪在不同时期表现出不同的趋势，趋势的转变通常伴随着重大的宏观经济金融事件，如中国加入世贸组织到 2007 年美国爆发次贷危机前，报告文本情绪呈现出上升状态；2007 年次贷危机爆发至 2009 年"四万亿元"计划出台前,报告文本情绪呈下滑趋势;而"四万亿元"计划出台后,报告文本情绪迅速上升。2015 年夏季"股灾"期间,报告文本情绪也出现了显著下滑,但下滑幅度相对较小。

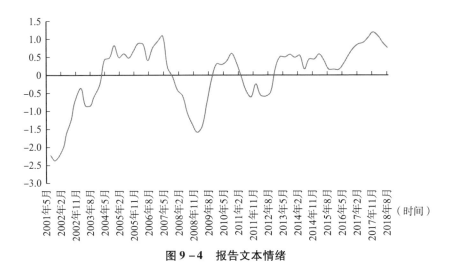

图 9 - 4　报告文本情绪

接下来,我们对估计下面计量模型所使用的股票市场数据、文本情绪和宏观经济金融数据进行描述性统计。表 9 - 2 展示了描述性统计的结果。从描述性统计指标中可以看出,我们所使用的四个股票指数收益率数据均存在有偏、尖峰厚尾的特点,这也说明 EGARCH 模型适用于股票指数的计量分析。

表 9 - 2　文本指标、宏观经济金融数据与股票市场数据描述性统计

| 变量 | 最小值 | 最大值 | 平均值 | 标准差 | 偏度 | 峰度 | 样本数 |
|---|---|---|---|---|---|---|---|
| shcomposite (%) | - 8.84 | 9.46 | 0.0376 | 1.65 | - 0.48 | 7.23 | 3220 |
| szcomposite (%) | - 9.29 | 9.59 | 0.0510 | 1.89 | - 0.40 | 5.75 | 3220 |
| hs300 (%) | - 9.24 | 9.34 | 0.0526 | 1.76 | - 0.42 | 6.52 | 3220 |
| zz500 (%) | - 8.95 | 9.87 | 0.0692 | 2.01 | - 0.74 | 6.02 | 3220 |
| tone | - 2.42 | 2.41 | 0.00 | 1.00 | - 0.35 | 2.90 | 71 |

续表

| 变量 | 最小值 | 最大值 | 平均值 | 标准差 | 偏度 | 峰度 | 样本数 |
|---|---|---|---|---|---|---|---|
| GDP（%） | 6.40 | 15.00 | 9.20 | 2.52 | 0.70 | 2.21 | 56 |
| NX（%） | −0.14 | 8.88 | 4.12 | 1.99 | 0.28 | 3.01 | 56 |
| CPI growth（%） | −1.70 | 8.37 | 2.46 | 2.19 | 0.61 | −0.02 | 72 |
| unemployment（%） | 3.80 | 4.30 | 4.10 | 0.12 | −0.24 | 0.14 | 65 |
| bond yield（%） | 0.98 | 3.94 | 2.58 | 0.70 | −0.16 | −0.71 | 67 |
| forex | 6.12 | 8.28 | 7.15 | 0.83 | 0.32 | −1.57 | 72 |
| PMI | 41.53 | 56.27 | 51.92 | 2.46 | −1.02 | 4.31 | 56 |
| P/E ratio | 12.05 | 67.45 | 29.68 | 15.92 | 0.99 | −0.25 | 72 |

注：shcomposite 代表上证综指的日度对数收益率，szcomposite 代表深证成指的日度对数收益率，hs300 代表沪深 300 的日度对数收益率，zz500 代表中证 500 的日度对数收益率，tone 代表情感单元法计算出的报告文本情绪，GDP 代表中国实际 GDP 季度同比增长率，NX 代表净出口占同期 GDP 的比例，CPI growth 代表消费者价格指数的季度同比增长率，unemployment 代表城镇登记失业率数据，bond yield 代表 1 年期国债到期收益率的季度均值，forex 代表人民币兑美元汇率的季度均值，PMI 代表制造业采购经理指数的季度均值，P/E ratio 代表 Wind 全 A 指数静态市盈率的季度均值。

## 二、文本情绪与宏观经济金融指标相关性分析

在实证研究中，我们对报告文本情绪与宏观经济金融指标是否存在较强的相关性进行分析。首先我们就相关性分析所涉及的变量展开 ADF 检验。除 GDP 增长率、净出口指标、城镇登记失业率和美元兑人民币中间价一阶差分后平稳外，其他指标均通过检验。

接下来我们就报告文本情绪和宏观金融经济指标的相关性进行 Pearson 相关系数检验，我们关注报告文本情绪的预测效果，故此处检验滞后一期的报告文本情绪序列与经济金融指标的相关性。表 9 - 3 展示了 Pearson 相关系数检验的结果，可以看出报告文本情绪和 GDP 增长、CPI 指数增长、PMI 和失业率之间都存在显著的相关性，与净出口、利率水平、股票市场估值和汇率变动之间无显著的相关性。从相关系数的符号上看，较高的文本情绪指数预示着经济增长较快、通货膨胀水平较高、产业景气度较高、失业率较低，即文本情绪与宏观经济的相关性是正向的。

表 9 - 3　　文本情绪与宏观经济与金融指标相关性分析结果

| 变量 | tone（-1） | D_GDP | D_NX | CPI growth | bond yield | PMI | P/E ratio | D_unemployment | D_forex |
|---|---|---|---|---|---|---|---|---|---|
| tone（-1） | 1 | | | | | | | | |
| D_GDP | 0.42 ***<br>(3.276) | 1 | | | | | | | |
| D_NX | -0.05<br>(-0.373) | -0.14<br>(-1.043) | 1 | | | | | | |
| CPI growth | 0.30 **<br>(2.125) | -0.29 **<br>(-2.179) | 0.07<br>(0.524) | 1 | | | | | |
| bond yield | 0.02<br>(0.150) | -0.30 **<br>(-2.263) | 0.10<br>(0.736) | 0.38 ***<br>(3.035) | 1 | | | | |
| PMI | 0.29 **<br>(2.119) | 0.46 ***<br>(3.719) | -0.08<br>(-0.620) | 0.39 ***<br>(3.116) | -0.17<br>(-1.251) | 1 | | | |
| P/E ratio | -0.07<br>(-0.520) | 0.08<br>(0.571) | -0.17<br>(-1.231) | 0.53 ***<br>(4.583) | -0.10<br>(-0.761) | 0.60 ***<br>(5.525) | 1 | | |
| D_unemployment | -0.30 **<br>(-2.225) | -0.14<br>(-0.995) | 0.02<br>(0.139) | -0.19<br>(-1.399) | -0.12<br>(-0.889) | -0.50 ***<br>(-4.233) | -0.23 *<br>(-1.692) | 1 | |
| D_forex | 0.14<br>(1.004) | 0.14<br>(1.050) | 0.07<br>(0.544) | -0.46 ***<br>(-3.754) | -0.22<br>(-1.638) | -0.31 ***<br>(-2.404) | -0.36 ***<br>(-2.798) | 0.02<br>(0.144) | 1 |

注：tone（-1）代表情绪单元法计算出的报告文本情绪的一阶滞后序列，D_GDP 代表 GDP 同比增长率的一阶差分序列，D_NX 代表净出口占同期 GDP 比重的一阶差分序列，CPI growth 代表消费者价格指数的季度同比增长率，bond yield 代表 1 年期国债到期收益率的季度均值，PMI 代表制造业采购经理指数的季度均值，P/E ratio 代表 Wind 全 A 指数静态市盈率的季度均值，D_unemployment 代表城镇登记失业率数据的一阶差分序列，D_forex 代表人民币兑美元汇率季度均值的一阶差分序列。括号内为 Pearson 相关性检验的 t 值，*、**、*** 分别代表系数在 10%、5%、1% 的水平下显著。

## 三、文本情绪与股票市场

### 1. 模型设定与变量选择

为了探究报告的文本情绪等文本指标是否会对股票市场有明显影响，我们参考埃尔曼和弗雷兹策尔（Ehrmann and Fratzscher，2009）、张强和胡荣尚（2014）等对央行沟通效力的研究的设定，采用 EGARCH 模型进行计量分析，并将上文计算出的文本指标加入均值方程和方差方程作为解释变量。我们设定均值方程如式（9–2）所示。其中 $r_t$ 代表股票指数的涨跌幅，$S\_gdp_t$ 代表未预期到的 GDP 增长，$S\_policy_t$ 代表未预期到的货币政策操作，$tone_t$ 代表报告的文本情绪。我们设定方差方程如式（9–3）所示，其中 $D\_gdp_t$、$D\_policy_t$ 和 $D\_report_t$ 都为虚拟变量，分别表示是否公布 GDP 增长率数据、是否有货币政策操作和是否有报告发布。若在某一期有发布，则变量取1；反之，变量取0。参考坎尔曼和塔耳米（2017）的模型设定，我们将文本相似度指标 $Sim_t$ 加入 EGARCH 模型的方差方程，检验货币政策报告的文本相似度是否能够影响股票市场的波动性；参考洛克伦和麦克唐纳（2014），我们将文本可读性指标 $Read_t$ 加入 EGARCH 模型的方差方程，检验货币政策报告的可读性是否能够影响股票市场的波动性。具体模型设定如下：

$$r_t = \alpha + \beta r_{t-1} + \gamma S\_gdp_t + \delta S\_policy_t + \theta tone_t + \varepsilon_t \qquad (9-2)$$

$$\ln(\sigma_t^2) = a + b\left(\left|\frac{\varepsilon_{t-1}}{\sigma_{t-1}}\right| - \sqrt{\frac{2}{\pi}}\right) + c\left(\frac{\varepsilon_{t-1}}{\sigma_{t-1}}\right) + d\ln(\sigma_{t-1}^2)$$
$$+ eD\_gdp_t + fD\_policy_t + gD\_report_t + hRead_t + iSim_t$$
$$(9-3)$$

在估计模型时，我们采用的股票收益数据即为上文提及的几个指数的日度收益率数据。我们衡量未预期到的 GDP 增长的方法，是以 GDP 同比增长率的实际数减去之前的预测数。预测数来源于北京大学中国经济研究中心公布的朗润经济预测数据。由于朗润经济预测数据的公开发布于2015年截止，我们使用第一财经首席经济学家调研的 GDP 同比增长率数据作为 2016～2018 年的预测数据。我们参考雷德（Reid，2009）与熊海芳和王志强（2012）的设定，采用货币政策公布前后银行间市场 7 天同业拆借加权利率的差值作为未预期到的货币政策操作的代理变量，如式（9-4）所示。其中，$interbank\_rate_{t+1}$ 是报告发布后一个交易日同业拆借加权利率，$interbank\_rate_{t-1}$ 是报告发布前一个交易日同业拆借加权利率。需要说明的是，我们计入变量的货币政策操作包括法定存款准备金率变动公告、再贴现利率变动公告、1 年期存贷款基准利率变动和常备借贷便利每月操作金额和利率的公告。由于公开市场操作属于日常性货币政策操作，不计入该变量的计量范围。

$$S\_policy_t = interbank\_rate_{t+1} - interbank\_rate_{t-1} \qquad (9-4)$$

**2. 估计结果**

表 9-4 给出了上述模型估计的结果。对均值方程而言，在控制 GDP 增速和货币政策操作两个变量后，报告的文本情绪对四个股票市场指数的走势都存在显著的正向影响。对方差方程而言，报告的发布会增加股票市场的波动性，但只在两个股票指数的模型估计中表现出统计显著性，影响比较微弱。报告的可读性对四个股票指数的影响都不具有较高的统计显著性，表明报告信息的理解难度大小并不会显著影响股票市场的波动性，说明央行报告的阅读和理解难度在市场可接受的范围内。报告文本相似度的增加会降低股票市场的波动性，且在三个股票指数的模型估计中表现出统计显著性，表明当央行报告包含较多新信息时，市场容易受到冲击，波动性增大；反之则波动性减小。总体来看，虽然报告可读性的增加并不会显著降低股票市场的波动性，但报告发布本身会对市场波动性造成微弱影响，报告文本情绪的提高会对股票市场收益率造成非常显著的正向影响。报告文本相似度的提高会较为显著地降低股票市场的波动性，表明央行货币政策报告的发布在整体上对股票市场有明显作用，侧面说明我国央行沟通具备较强的有效性。

表 9 - 4                                     EGARCH 模型估计结果

| | 变量 | 上证综指 | 深证成指 | 沪深 300 | 中证 500 |
|---|---|---|---|---|---|
| 均值方程 | $r_{t-1}$ | 0.00906<br>(0.501) | 0.0277<br>(1.501) | 0.0223<br>(1.199) | 0.0527 ***<br>(2.960) |
| | $S\_gdp_t$ | 0.347 **<br>(2.540) | 0.497 **<br>(2.576) | 0.426 ***<br>(2.837) | 0.258<br>(1.394) |
| | $S\_policy_t$ | - 0.413 *<br>( - 1.832) | - 0.625 **<br>( - 2.133) | - 0.534 **<br>( - 2.072) | - 0.652 **<br>( - 2.268) |
| | $tone_t$ | 0.541 ***<br>(3.648) | 0.726 ***<br>(3.126) | 0.744 ***<br>(4.186) | 0.683 ***<br>(2.932) |
| 方差方程 | $D\_gdp_t$ | 0.0217<br>(0.304) | 0.0980<br>(1.403) | 0.0377<br>(0.515) | 0.0674<br>(0.918) |
| | $D\_policy_t$ | 0.0335<br>(1.013) | 0.0770 **<br>(2.114) | 0.0160<br>(0.472) | 0.149 ***<br>(3.862) |
| | $D\_report_t$ | 0.282<br>(1.140) | 0.450<br>(1.584) | 0.567 *<br>(1.918) | 0.277<br>(1.047) |
| | $Read_t$ | 0.00163<br>(0.092) | 0.00648<br>(0.332) | 0.0128<br>(0.678) | 0.0294<br>(0.786) |
| | $Sim_t$ | - 1.76 *<br>( - 1.849) | - 1.90 **<br>( - 2.148) | - 1.72 *<br>( - 1.764) | - 1.34<br>( - 1.401) |
| | R-squared | 0.008 | 0.011 | 0.011 | 0.013 |
| | N | 3220 | 3220 | 3220 | 3220 |

注：括号内为估计系数的 t 值，*** 、** 、* 分别表示在 1% 、5% 、10% 的水平下显著，下表同。

### 3. 机制分析

表 9 - 4 的实证结果已经表明央行货币政策报告的文本情绪会显著影响股票市场走势。然而有另一个问题尚待解决：通常认为，央行货币政策报告既反映客观经济金融基本面，也反映央行的政策主张和对宏观经济金融的观点。文本情绪作为针对报告总体计算出的指标，自然也应包括这两部分，那么股票市场反应的对象是客观经济金融形势，还是央行的指引和政策主张？接下来，我们重新设定 EGARCH 模型来探究这个问题。

首先需要分离出报告中反映基本面和反映央行指引的部分。通过仔细阅读和比较各期报告，我们将报告分为八个部分：货币信贷概况、金融市场分析、国际经济回顾、国内经济回顾、国际经济展望、国内经济展望、货币政策操作和货币政策思路。前四个部分为已有的经济金融信息，可以归类为反映基本面的部分；后四个部分为央行对未来国内外局势的预估和货币政策相关分析，可以归类为反映央行指引的部分。我们分别基于金融情感词典、情感单元法计算两部分的文本情绪，并将两个原始的文本情绪序列作 Z 值标准化，作为反映经济金融基本面的指标$real_t$和反映央行指引的指标$guide_t$。表 9-5 给出了新模型的估计结果。列（1）和列（4）仅加入基本面指标作为解释变量，且两个方程中基本面指标的系数为正但统计上不显著，表明基本面指标对股票市场不具有显著影响。列（2）和列（5）仅加入央行指引指标作为解释变量，两个方程中央行指引指标的系数为正且在统计上显著，表明央行指引指标对股票市场具有显著的正向影响。列（3）和列（6）同时加入了基本面和央行指引指标作为均值方程中的解释变量，两个方程中央行指引指标系数均为正且显著，而基本面指标系数为正但并不显著，证明报告中主要影响市场的是反映央行指引的部分，而反映基本面的部分对市场影响并不显著。综合以上分析，可以看出投资者更关注央行在报告中的政策指引，对报告中回顾的宏观经济金融基本面信息反应不明显。考虑到报告中的宏观经济金融数据在报告发布前都已发布，市场已经对基本面信息做出反应，以上实证分析的结果符合现实经济信息发布和市场运行的规律。

表 9-5　　　　　将文本情绪分离估计 EGARCH 模型的结果

| 变量 | | 上证综指 | | | 深证成指 | | |
|---|---|---|---|---|---|---|---|
| | | （1） | （2） | （3） | （4） | （5） | （6） |
| 均值方程 | $r_{t-1}$ | 0.00836 (0.461) | 0.00819 (0.451) | 0.00859 (0.473) | 0.0265 (1.431) | 0.0272 (1.475) | 0.0271 (1.465) |
| | $S\_gdp_t$ | 0.346 ** (2.514) | 0.346 ** (2.525) | 0.347 ** (2.539) | 0.494 ** (2.548) | 0.496 *** (2.572) | 0.497 *** (2.574) |

| 变量 | | 上证综指 | | | 深证成指 | | |
|---|---|---|---|---|---|---|---|
| | | (1) | (2) | (3) | (4) | (5) | (6) |
| 均值方程 | $S\_policy_t$ | −0.417*<br>(−1.841) | −0.416*<br>(−1.840) | −0.416*<br>(−1.844) | −0.624**<br>(−2.114) | −0.625**<br>(−2.115) | −0.625**<br>(−2.118) |
| | $real_t$ | 0.143<br>(0.744) | | 0.250<br>(1.367) | 0.192<br>(0.954) | | 0.102<br>(0.510) |
| | $guide_t$ | | 0.291**<br>(1.988) | 0.324**<br>(2.131) | | 0.421**<br>(2.063) | 0.423**<br>(2.039) |
| 方差方程 | $D\_gdp_t$ | 0.0153<br>(0.214) | 0.0169<br>(0.237) | 0.0172<br>(0.241) | 0.106<br>(1.512) | 0.103<br>(1.475) | 0.103<br>(1.475) |
| | $D\_policy_t$ | 0.0343<br>(1.033) | 0.0333<br>(1.006) | 0.0345<br>(1.039) | 0.0756**<br>(2.077) | 0.0762**<br>(2.086) | 0.0761**<br>(2.084) |
| | $D\_report_t$ | 0.312<br>(1.255) | 0.321<br>(1.300) | 0.291<br>(1.169) | 0.460<br>(1.596) | 0.478*<br>(1.661) | 0.469<br>(1.631) |
| | $Read_t$ | 0.000415<br>(0.023) | 0.00217<br>(0.122) | 0.00168<br>(0.094) | −0.00628<br>(−0.316) | −0.00939<br>(−0.475) | −0.00815<br>(−0.412) |
| | $Sim_t$ | −1.81**<br>(−1.973) | −1.71**<br>(−2.001) | −1.75**<br>(−2.017) | −2.04**<br>(−2.314) | −2.05**<br>(−2.437) | −2.03**<br>(−2.311) |
| | R-squared | 0.005 | 0.006 | 0.007 | 0.007 | 0.009 | 0.009 |
| | N | 3220 | 3220 | 3220 | 3220 | 3220 | 3220 |

# 第三节 小 结

本章利用文本大数据分析技术和中文金融情感字典方法,分析中国人民银行货币政策执行报告的文本情绪、文本相似度和文本可读性等语义文本指标信息,探究了货币政策报告文本情绪和宏观经济状况的相关性,用EGARCH模型发现政策报告的文本指标对股票市场的影响。发现,货币政策报告的文本情绪与诸多宏观经济指标有着显著的相关性。在控制经济增长和货币政策后，报告文本情绪对报告发布后股票市场的收益率有显著的正向影响。报告文本相似度越高，股票市场波动性越小；反之，报告文本相似度越低，股票市场波动性越大。报告文本可读性高低对股票市场波动性的影响并不显著。进一步的研究发现，报告文本情绪中对股票市场有显著影响的是其反映央行政策指引的部分，而反映宏观经济基本面状况的部分对股票市场影响并不显著。这表明，报告的文本情绪影响股票市场，本质上是央行的政策指引在起作用，而不是经济金融基本面起作用。

本章的研究结论对于加强货币政策有效性、促进宏观审慎监管有着重要意义。一方面，实证结果表明央行沟通可以显著影响股票市场的收益率和波动性，从而证明我国央行沟通具备有效性，金融监管当局可以通过沟通的方式引导资产价格走势，并降低资产价格波动带来的金融风险。另一方面，央行报告的文本情绪中真正影响市场的部分是反映央行对未来经济形势的判断和政策前瞻的部分，从数据层面证实了央行指引对股票市场的显著影响，这督促央行提高自身权威性和沟通的透明度，通过及时公布对经济金融形势的预判和未来货币政策思路，更加有效地管理市场预期。

# 第十章　美联储货币政策
# 与中国金融市场

党的二十大报告提出，坚持高水平对外开放，加快构建以国内大循环为主体、国内国际双循环相互促进的新发展格局。双循环发展格局核心内涵是以国内大循环为主体和基础，国际循环发挥带动和优化的作用。在国际经济全球化和金融一体化的背景下，中国在世界经济中地位更加凸显，作为世界第一大工业制造国，中国和世界其他国家的经济贸易联系日益紧密。为了更好构建新的发展格局，我国不断推进对外开放发展的战略，利用贸易、资本、技术等领域的优势，深入参与国际产业分工和合作，取得了显著的效果，有效保证了我国经济的稳定发展。

然而，我国在受益于对外开放战略的同时，也会面临更多外部风险的冲击，使得我国经济发展面临的环境更加复杂、严峻和不确定。杨子晖和周颖刚（2018）也认为，中国金融市场不仅受到国内经济和政策冲击的影响，外部环境的影响也愈加重要。2021 年 12 月召开的中央经济工作会议指出，世纪疫情冲击下，百年变局加速演进，外部环境更趋复杂严峻和不确定。新冠疫情以来，全球经济复苏缓慢，全球供应链失衡，全球面临较大的通胀压力，美国货币政策大幅转向等都有可能对我国金融市场造成冲击。

在金融经济全球化的趋势下，各国货币政策调控呈现出越来越强的外溢效果，无形之中增加了我国金融市场所面临的风险。在全球金融周期中，美联储货币政策扮演着重要角色，是全球股票市场风险偏好波动的重要原因之一（Jorda et al.，2019；Miranda – Agrippino and Rey，2020）。科因布拉和雷伊（Coimbra and Rey，2018）进一步指出，全球金融周期是由美联储货币政策引起的，美国长期低利率导致全球金融机构为了寻求收益不得不提高所承担的风险。美国作为世界上经济发达程度和市场完善程度最高的国家，其对当前世界整体经济形势和其他国家有不可忽视的影响，货币政策调整对其他国家有显著的溢出效应。

同时期，受限于国内经济下行压力加大，我国货币政策以我为主，多次通过政策宽松促进经济，从而会导致中美利差不断走高。中美利差的扩大对我国金融市场和资产价格会产生不利影响。这种冲击主要从两个方面进行。一是利差扩大限制我国货币政策的操作空间。当金融市场发生较大波动需要货币政策调控时，中美利差的扩大使得我国货币政策调整不能太过宽松，否则会进一步扩大两国利差，造成国际资本进一步流失，这一定程度上限制了我国货币政策的操作空间，使得资本市场的波动不可避免。二是利差扩大会加剧资本外流。由于资本逐利性的存在，中美利差的扩大会导致国际资本大量流出以获取更高的收益，不论是实体经济还是资本市场都会面临资金不足的问题。对资本市场而言，资金不足直接影响金融资产的需求，需求不足的结果就是资产价格下跌，对我国金融市场乃至金融稳定产生较大影响。

2022 年，美国经济稳步复苏，但叠加新冠疫情反复，全球供应链受阻，地缘政治突出等问题，美国国内通胀高企。作为应对，2022 年，美联储七次提高联邦基金目标利率，累计加息幅度达 4.25%。图 10 - 1 展示了中美 10 年期国债收益率与联邦基金目标利率，从图中可以看出，为应对通胀问题，美国联邦基金目标利率在 2022 年大幅提高。当前，美联储货币政策大幅转向已成为当前全球金融市场的焦点事件。极限宽松后的迅猛转向所引发的外溢效应，成为影响我国金融市场稳定的重要因素。为应对通胀长期高位运行带动市场形成对未来通胀的预期持续问题，美联储亦通过持续的政策沟通配合货币政策调整，为市场传递政策基调导向，旨在稳定市场通胀预期。例如，2022 年 9 月，美联储公布最新的点阵图显示：18 位委员中有 16 位认为 2022 年底前联邦基金目标利率应至少上调到 4%，美联储 2022 年还将加息 100 ~ 125 个基点。当月货币政策决议中，美联储

表示"坚定地致力于让通胀回归其2%的目标"①。美联储主席鲍威尔在会
后的新闻发布会上表示，通胀的非预期上升导致本次会议决定加息75个
基点，而且是必须继续加息到"限制性"水平，经济进入低于趋势增长的
可能性非常高，不可避免带来高失业，但持续的高通胀水平对经济的影响
更加不利。为通胀降温是美联储当前最为关心的问题，美联储的激进操作
和鹰派政策沟通都力图降低通胀预期，引导经济回到正常水平。

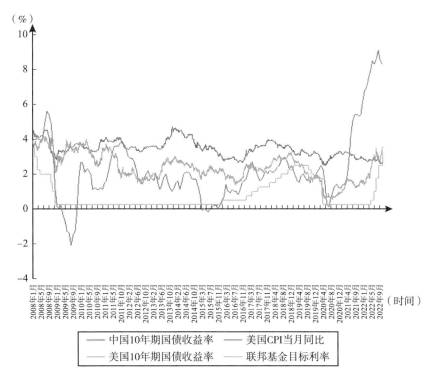

图 10-1　中美 10 年期国债收益率与联邦基金目标利率

资料来源：Wind 数据库。

美联储货币政策信息不仅反映在联邦基金利率的变化，还能反映在美
联储货币政策报告中。美联储货币政策报告中同样含有丰富的货币政策信

①　资料来源：Summary of Economic Projections［EB/OL］.（2022 - 9 - 21）. Http：//www.
federal - reserve. gov/monetarypolicy/formprojtabl20220921. htm.

息，有些信息是以数字形式表达，例如利率、资产购买计划额度等结构化数据；而有些信息是以文字的形式存在，例如，货币政策报告中关于坚持2%的通胀目标的表述等。利用美联储文本数据能够提取央行沟通的信息，更好理解美联储的"言"和"行"，即政策沟通和政策调整，有利于厘清美联储货币政策对我国金融市场的输入风险。

# 第一节　美联储货币政策研究进展

## 一、美联储货币政策测度

### 1. 联邦基金利率变化

对于美联储货币政策调整，较多文献多以利率角度去测度，原因在于自 20 世纪 80 年代以来，利率成为美联储货币政策操作指标。伯南克和库特纳（Bernanke and Kuttner，2005）选择联邦基金目标利率研究美联储货币政策对股票市场的影响，阿默等（Ammer et al.，2010）在研究美联储货币政策溢出，拉格斯和张（Lagos and Zhang，2018）在研究利率操作如何通过流动性机制作用到资产价格，何国华和彭意（2014）在探讨美联储政策冲击对我国经济产出的影响中也用到了美联储联邦基金目标利率水平。由于我们以美联储议息会议为事件，检验对我国资产价格的影响，在议息会议中最重要的部分就是美联储关于利率水平的确定，这会通过联邦储备体系作用到市场利率，并作用到最终目标。因此，我们以联邦基金目标利率的变化来测度美联储货币政策调整。

库特纳（2001）的研究也发现市场利率水平对美联储联邦基金目标利率调整的反应并不明显，这是因为目标利率的变化在很大程度上已经被市场预期到。相对来说，市场利率应该对未预期到的目标利率的调整作出反应，尤其是长期利率的变化更为显著，这说明预期在货币政策调整的重要作用。已有研究关于预期与未预期到的货币政策的计算分为以下四种。第一，基于时间序列模型的预测。在以货币供应量为主要操作指标的阶段，利用以自回归移动平均（ARMA）等时间序列模型预测货币供应量的增长率并作为预期到的货币政策，而实际值与预测值的差被看作未预期到的货币政策。例如，康奈尔（Cornell，1983）选择自回归和移动平均阶数为1的自回归移动平均模型预测货币供应的增长率。第二，基于联邦基金利率的预测调查。例如，瓦伦特（Valente，2009）、巴切塔等（Bacchetta et al.，2006）使用的从蓝筹金融预测公司获得的联邦基金利率预测数据并以此作为货币政策的预测。蓝筹金融预测公司是在政策层面广泛使用的预测服务，每月25日左右，该服务对美国主要金融机构的一大批经济学家和交易商提供的预测进行调查，调查参与者被要求预测当前季度到未来4个季度的联邦基金平均利率，调查结果将于下个月1日公布。第三，基于媒体信息数据的预测。朱小能和周磊（2018）利用中国人民银行调整存款准备金率和存贷款基准利率之前媒体中公布的投资机构和经济学家对于货币政策变化的预测，并以此定量测度我国预期到的货币政策。第四，基于市场期货数据预测。克鲁格和库特纳（Krueger and Kuttner，1996）发现，利用联邦基金利率，期货价格能够有效预测美联储联邦基金利率水平。

**2. 美联储前瞻性指引**

然而居尔卡伊纳克等（Gürkaynak et al.，2005）的研究发现，只用当前预期和未预期到的货币政策变化无法完全捕捉到美联储货币政策的冲击。这是因为美联储在公布利率决议时不仅会决定当前的利率水平，而且会在决议中透露未来货币政策的走向，即前瞻性指引。根据坎贝尔等（Campell et al.，2016）的定义，前瞻性指引是货币当局通过与市场沟通未来货币政策走向信息的行为，目的是影响公众预期，降低市场不确定性。在美联储议息会议决议中，委员会根据当前和未来经济形势，向公众传达未来可能的货币政策操作。

文本技术的发展，使得学者开始利用美联储定期公布的货币政策文本识别美联储货币政策冲击。一类重要的研究是赫斯特德等（Husted et al.，2020）提出的货币政策不确定（Monetary Policy Uncertainty，MPU）。不同于利用美联储货币政策报告信息文本反映美联储沟通，货币政策不确定性反映的是公众对美联储货币政策操作及其后果感知程度的不确定性。与贝克等（Baker et al.，2016）经济政策不确定性指标的构建方法相类似，赫斯特等（2020）利用文本分析方法找出《华盛顿邮报》《华尔街日报》《纽约时报》上与不确定性、货币政策和美联储三类关键词相关的文章数。这三类词具体是：（1）不确定或者不确定的；（2）货币政策、利率或者联邦基金利率；（3）美联储、联邦公开市场委员会或者FOMC。这些词语一定程度上反映公众对美联储货币政策的认识，并利用文章数加权的方法降低时间上的差异，最后得到了货币政策不确定性指数（见图10-2）。

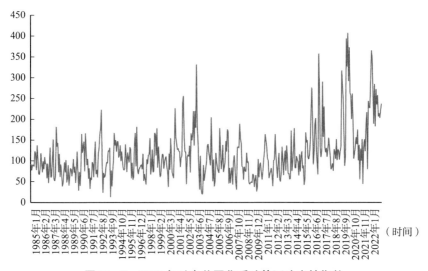

**图 10 - 2　1985 年以来美国货币政策不确定性指数**

资料来源：Husted，L.，Rogers，J.，Sun，B. Monetary Policy Uncertainty［J］. Journal of Monetary Economics，2020：20 - 36.

此外，斯旺森和贾亚维克勒马（Swanson and Jayawickrema，2021）研究发现美联储主席的讲话对金融市场比 FOMC 公告本身更重要。夏普等（Sharpe et al.，2020）使用美联储经济学家制作的文件和预定义的字典进行情绪分类，构建了一个单一的情绪指数。夏皮罗和威尔逊（Shapiro and Wilson，2021）对 FOMC 记录、会议记录和演讲进行情绪分析，以推断央行目标，如通货膨胀。汉德兰（Handlan，2020）使用对 FOMC 声明和会议材料的文本分析来构建文本冲击，将前瞻指引与当前 FOMC 会议决议信息进行区分。勃姆和克罗纳（Boehm and Kroner，2021）则利用 LDA 方法分析 FOMC 宣告的文本信息，发现文本中主题的分布的时间变化能够有效预测非收益率冲击，这表明央行沟通对资产价格具有重要影响——且与任何收益率曲线变化无关。更进一步，他们检验了具有最大预测能力的主题，发现涉及更多的通胀预期到大规模资产购买（QE）的内容可能对市场的影响更加明显，而且主要通过风险偏好影响市场。

## 二、美联储货币政策溢出效应与机制

### 1. 溢出效应

在开放的宏观经济条件下，资产价格不仅与本国的货币政策有关，还会受到国际货币政策的冲击。国内学者也对美联储货币政策对我国的外溢性进行了较多探索。刘少云（2016）研究了美联储货币政策对我国的通胀水平有显著的外溢性，但是这种外溢性有明显的时滞。金春雨和张龙（2017）利用随机波动率的时变参数因子扩展向量自回归模型发现了美联储货币政策对我国宏观经济和金融市场显著影响的证据，而且对金融市场的影响都有显著的短期效应。谭小芬等（2016）也从事件研究法的角度研究了美联储量化宽松的退出对我国资产金融市场的显著影响，发现我国国债收益率和股票市场回报会受到显著影响。姜富伟等（2019）从事件研究法的角度探究了美联储货币政策变化对我国金融市场的溢出效应。研究发现未预期到的货币政策调整和前瞻性指引只影响债券市场，对股票市场的影响不显著，对债券市场的影响主要是通过风险溢价进行传导。李政等（2021）采用最新发展的广义方差分解谱表示方法，从频域视角考察包括中国的全球 15 个主要国家间经济政策不确定性的短期与长期溢出效应，发现各国经济政策不确定性溢出水平与国际国内具体事件密切相关，不同类型的冲击事件所产生的溢出效应具有不同的周期长度。

除了关注资产回报如何对货币政策作出反应，已有文献还进一步研究了货币政策溢出对资产价格波动率的影响。例如，翁斯旺（Wongswan，2006）发现美联储货币政策调整会对泰国和韩国股票市场短时间内的价格波动产生显著影响。克里格尔等（Krieger et al.，2014）发现美联储货币政策调整不仅影响美国股票市场波动率，也会作用到德国股票市场波动率，但是美国股票市场的波动率不受欧洲中央银行政策的影响。古普塔等（Gupta et al.，2017）也发现美联储货币政策调整会显著增加英国和欧洲金融市场波动风险，这也说明了美联储货币政策溢出对其他国家金融市场波动风险的驱动作用，需要注意防范美联储货币政策溢出引起的金融市场风险。陈等（Chen et al.，2017）发现美国等发达国家的国际波动率风险能够影响中国金融市场收益，同时会对中国股票市场的风险造成冲击。

由美国主导的全球金融周期同样是金融市场风险另一不利因素。伯西阿尼和里奇（Bonciani and Ricci，2020）从超过 1000 个资产收益率序列中提取全球金融不确定性因子，研究全球金融不确定性的变化对某一国家的影响。研究发现，全球金融不确定性水平的提高会显著降低该国的经济产出，而对价格的影响会因国家间的差异有所不同，开放程度高、金融脆弱性低、贸易程度高的国家影响程度较大。陈晓莉和刘晓宇（2019）采用分层动态因子模型提取全球金融周期和中国经济周期构建溢出模型，实证检验了全球金融周期波动对中国经济的溢出效应。研究发现全球金融周期领先中国金融周期有明显的溢出效应，而且对中国经济周期有较好的预警作用。张礼卿和钟茜（2020）通过构建包含银行与金融摩擦的两国 DSGE 模型，发现美国货币政策通过资本流动传导到外围国金融市场，使外围国信贷利率、银行风险承担以及杠杆率与美国银行趋同，形成全球金融周期。

**2. 溢出机制**

在开放的宏观经济条件下，资产价格不仅与本国的货币政策有关，还会受到国际货币政策的冲击。阿默等（2010）指出国际货币政策对一国资产价格的影响可以从利率渠道和现金流渠道进行传导。利率渠道是指国际货币政策冲击会改变本国和世界利率的利差，引起本国资本跨境流动，影响本国经济体内的资金供给，进而作用到本国利率和风险溢价水平，并最终影响资产价格。现金流渠道是指国际货币政策的变化会影响本国企业获得融资扩大生产的难度，并影响国际市场对货物和服务的总需求，进而影响到企业利润率和资产价格。

卡诺瓦（Canova，2005）利用 8 个拉丁美洲国家的数据发现美联储货币政策的溢出效应可以通过利率渠道进行传导。瓦伦特（2009）利用新加坡和中国香港经济情况类似的特征，也证实了美联储货币政策调整可以通过利率渠道影响新加坡和中国香港两个地区的市场利率，并进一步作用到资产价格。翁斯旺（2009）则利用 15 个国家的股票指数发现美联储未预期到的利率降低会显著提高国外股票市场的回报，而且这种溢出效应主要通过利率来传导。伯南克和库特纳（2005）指出在货币政策传导中，现金流渠道要比贴现率渠道的作用更为明显，而且莱文和汤（Laeven and Tong，2012）从 44 个国家 20121 家微观企业的数据分析了美联储货币政策对股票市场的影响与公司融资来源的关系，结果表明股票市场会受到美联储政策的影响，而且这种影响会用国家间的经济金融联系进行传导。此外，微观层面企业数据的利用是他们研究的一个重要方面，能够对同时影响货币政策和企业股价无法观测到的时变因素进行控制，还能够利用高频的数据观测短期影响。

根据阿根诺和佩雷拉·达·席尔瓦（Agénor and Pereira da Silva，2022）的研究，存在以下五种机制：资产价格和投资组合渠道、资产负债表渠道、贸易渠道、信心渠道和政策渠道。

资产价格和投资组合渠道。当全球金融市场一体化时，通过利率平价和风险溢价效应，任何资产市场的价格变化通常会迅速转化为其他经济体资产价格和估值的变化。例如，当核心国家放松货币政策时，往往会降低长期收益率，抬高该国的其他资产价格。通过金融相互关联的经济体之间的投资组合平衡效应，可能导致大量资本流向外围国家，并在这些国家降低收益率和提高资产价格，反过来可能会缓解该地区的金融状况。

资产负债表渠道。金融冲击导致的资产价格变化会影响抵押品价值，影响金融机构信贷供给，同时影响消费和投资。此外，与资产价格变化相关的财富效应可能会影响家庭消费。

贸易渠道。一般而言，贸易联系通过收入效应和竞争力效应（相对价格变化）发挥作用，这两种效应可能起相反的作用。就金融冲击影响收入变化的程度而言，它们还可能通过贸易流量的变化而放大。因此，高度的贸易开放可能会促进金融冲击在高度一体化的经济体中传播。

信心渠道。当市场参与者对经济基本面变化的感知或预期不是由宏观经济变量的实际变化决定而是由政策声明驱动的，金融冲击的信息传导会影响投资者对未来市场的信心。

政策渠道。当国际金融冲击导致一国货币当局必须采取同样方向的货币政策以对冲可能到来的风险时，这种渠道就起作用，也即国际货币政策协调。

# 第二节　研 究 设 计

美国作为世界经济的领头羊，美联储货币政策调整对我国和世界其他国家都有重要的溢出效应。而忽视美联储货币政策对我国的影响，很有可能导致我国政策调控过度或不足，影响我国政策调控效果，并有可能加剧我国金融资产价格波动和破坏金融市场稳定。从资产管理角度看，我国投资者也需要密切关注美联储货币政策风险，对美联储货币政策风险进行管理和定价，动态管理投资组合（Pastor and Veronesi，2013）。因此，研究美联储货币政策对我国金融市场的影响，对于健全我国货币政策和宏观审慎政策双支柱政策调控框架体系，维护金融市场稳定，改进货币政策风险管理和定价，提高投资者收益都具有重要意义。

我们利用事件研究法研究了2003年1月到2016年12月期间美联储货币政策如何影响我国金融市场。事件研究法的优势在于聚焦短时间内资产价格变动对美联储货币政策信息的反应，剔除长期数据中无关噪声的影响，从而克服现有文献没有捕捉短时间内资产价格变动包含的信息的不足。为了更好刻画金融市场价格变化，我们选择了使用债券市场和股票市场价格数据作为代理变量。我们首先研究了美联储货币政策调整对我国资产价格的影响。其次，我们借鉴库特纳（2001）将美联储货币政策分解为预期到的货币政策调整和未预期到的货币政策调整，分别研究二者对我国资产价格的影响。再次，我们用居尔卡伊纳克等（2005）构造的路径因子（Path Factor）作为美联储前瞻性指引的测度指标，研究了美联储前瞻性指引如何影响我国资产价格。最后，我们研究了美联储货币政策如何影响我国股票市场波动率，从而全面地探究美联储货币政策对我国金融市场的溢出效应。

## 一、事件研究法

事件研究法是普遍用于研究经济事件发生如何影响市场反应的主要方法。该方法围绕事件发生前后市场反应的异常变化来判断事件发生对市场影响的方向和程度，因此事件与事件窗口的确定直接显著影响研究结果的准确性。窗口过小会低估事件发生的影响，而窗口过大则会掺杂其他事件，两种情况都会导致无法准确估计事件发生对市场所造成的影响。因此，我们选择事件研究法探究短时间内我国资产价格如何对美联储货币政策冲击作出反应。

事件研究法估计货币政策与资产价格相互作用存在两个主要问题：变量的内生性和遗漏变量。首先，资产价格受短期利率的影响，短期利率也同时受资产价格的影响（主要是通过资产价格对货币政策预期的影响）。其次，其他一些变量可能同时影响资产价格和短期利率，例如包括宏观经济前景信息或风险偏好变量等。瑞格本和萨克（Rigobon and Sack，2004）提出利用事件研究法研究货币政策而与资产价格的关系可以用如下公式表示：

$$\Delta r_t = \beta y_t + \gamma M_t + \varepsilon_t \qquad (10-1)$$

$$y_t = \alpha \Delta r_t + M_t + \eta_t \qquad (10-2)$$

其中，$\Delta r_t$ 是短期利率的变化，$y_t$ 是资产回报，$M_t$ 代表影响资产价格收益和利率水平的宏观经济冲击，$\varepsilon_t$ 和 $\eta_t$ 分别代表短期利率冲击和资产回报冲击。

我们假设这些冲击序列不相关，彼此之间以及与共同的宏观经济冲击之间互不相关。方程（10－1）描述的是货币政策对资产回报和宏观经济冲击的反应，方程（10－2）表达的是资产回报对利率变化和宏观经济冲击的反应。系数 $\alpha$ 测度的是资产价格对货币政策的反应。我们都知道，如果方程中存在忽略未观测变量 $M_t$ 和利率变化的内生性，那么 $\alpha$ 的估计就是有偏的。最小二乘法的估计偏差则表述为：

$$E\hat{\alpha} - \alpha = (1 - \alpha\beta)\frac{\beta\sigma_\eta + (\beta + \gamma)\sigma_M}{\sigma_\varepsilon + \beta^2\sigma_\eta + (\beta + \gamma)^2\sigma_M} \qquad (10-3)$$

其中，如果 $\beta = 0$ 且 $\sigma_\eta > 0$，那么 $\hat{\alpha}$ 则受内生性偏差影响；如果 $\gamma = 0$ 且 $\sigma_M > 0$，$\hat{\alpha}$ 受遗漏变量误差的影响。

我们可以注意到，参数估计的误差会随着宏观信息冲击方差（$\sigma_M$）、资产回报冲击的方差（$\sigma_\eta$）和利率对资产价格的反应（$\beta$）的增大而变大。这种方法直接假定方程（10－1）和（10－2）政策变化主要受货币政策冲击的影响，而且如果货币政策冲击的方差（$\sigma_\varepsilon$）相对于其他冲击来说较大，其他冲击可以忽略，那么最小二乘法估计的偏差可以接近 0。瑞格本和萨克（2004）、罗萨（Rosa，2011）等的做法就是只关注货币政策调整的特定时期来解决遗漏变量和内生性问题，即为事件研究法。

事件研究法的合理性在于，如果样本中系统冲击主要是美联储货币政策冲击，那么 $\hat{\alpha}$ 的最小二乘估计量的偏差就会被限制在一定可接受的范围内（Rigobon and Sack，2004）。事实上，正如方程（10－3）表明，事件研究法也需要 $\sigma_\varepsilon \gg \sigma_M$ 和 $\sigma_\varepsilon \gg \sigma_\eta$ 两个条件降低估计量的偏差，即 $E\hat{\alpha} \cong \alpha$。在这个限制下，如果货币政策冲击的方差相对于其他冲击的足够大，那么最小二乘估计量是一致的。瑞格本和萨克（2004）指出通过利用日内数据或者隔夜数据可以解决这一问题。

因此，已有研究都假定事件日的主要冲击被认为是美联储货币政策决议，并且金融市场会在时间窗口内有所反应。瑞格本和萨克（2004）利用 1994～2001 年的数据进行研究，发现事件研究法的估计偏差可以忽略。罗萨（2004）则发现尽管偏差较为显著但程度较小，基于同方差假设的最小二乘估计在大样本和小样本都好于基于异方差的估计量。伯南克和库特纳（2005）、阿默等（2010）都以 FOMC 会议当天为事件窗口，以当天的未预期到的利率变化作为被解释变量，发现美联储货币政策对股票市场回报的影响。鉴于此，我们选择隔夜数据来研究美联储货币政策对我国资产价格的短期影响，从而避免无关信息的干扰。

## 二、模型设定

我们借鉴伯南克和库特纳（2005）使用事件研究法研究美联储货币政策调整对我国金融市场的影响。事件研究法通过测度经济事件发生前后市场反应的方向和程度，判断事件发生对市场影响。事件研究法是普遍用于研究经济事件发生如何影响市场反应的主要方法。该方法围绕事件发生前后市场反应的异常变化来判断事件发生对市场影响的方向和程度，因此事件与事件窗口的确定直接显著影响研究结果的准确性。窗口过小会低估事件发生的影响，而窗口过大则会掺杂其他事件，两种情况都会导致无法准确估计事件发生对市场所造成的影响。上一小节的内容中，我们也对事件研究法的原理进行论证。因此，我们选择事件研究法探究短时间内我国资产价格如何对美联储货币政策冲击作出反应。

首先，我们借鉴库克和哈恩（Cook and Hahn，1989）的做法，以联邦基金目标利率的变动衡量美联储货币政策调整的幅度，进行如下回归：

$$\Delta y_t = \alpha + \beta \Delta r_t + \varepsilon_t \qquad (10-4)$$

其中，$\Delta r_t$ 代表事件窗口内美联储联邦基金目标利率的变化值，$\Delta y_t$ 代表事件窗口内资产价格回报，$\varepsilon_t$ 是随机误差项，用来捕捉时间窗口内可能影响资产价格的其他因素。回归方程的系数则说明了美联储货币政策调整是否会影响我国资产价格以及相应的影响方向。

其次，不论是新凯恩斯主义还是新古典宏观经济学都强调了预期在货币政策中的作用，前者认为不论是预期到货币政策调整还是未预期到的货币政策调整都是有效的，后者则认为只有未预期到的货币政策调整是有效的。随着货币当局和市场沟通日益紧密，预期管理政策的作用越来越明显。郭豫媚等（2016）发现，随着我国货币政策向价格型转化，货币政策有效性明显降低，需加强预期管理提高货币政策有效性。因此，我们利用短期利率期货价格将美联储货币政策调整分为预期到的货币政策调整（*AMP*）和未预期到的货币政策调整（*UMP*），分别研究二者对我国资产价格的影响：

$$\Delta y_t = \alpha + \beta_1 AMP_t + \beta_2 UMP_t + \varepsilon_t \qquad (10-5)$$

其中，$AMP_t$ 和 $UMP_t$ 分别代表预期到的和未预期到的货币政策调整。

另外，我们还探究了美联储前瞻性指引对我国资产价格的影响。2008年金融危机至2015年底，美国联邦基金目标利率始终维持在零利率的水平上，传统的货币政策工具在一定程度上受到限制。前瞻性指引（Forward Guidance）是指货币当局通过沟通未来的利率变化路径，引导市场和公众预期，从而影响资产价格和实体经济。作为货币当局与市场进行沟通的货币政策工具，前瞻性指引在降低政策不确定性，提高货币政策有效性上起到了重要作用（Campbell et al.，2012）。因此，我们借鉴坎贝尔等（2012）的做法，我们将居尔卡伊纳克等（2005）构造的路径因子作为前瞻性指引（*FG*）的代理变量，并在方程（10 – 5）的基础上引入前瞻性指引：

$$\Delta y_t = \alpha + \beta_1 AMP_t + \beta_2 UMP_t + \beta_3 FG_t + \varepsilon_t \qquad (10-6)$$

其中，$FG_t$ 代表前瞻性指引。

金融稳定的要求是金融资产价格的波动要在合理范围，不发生大的波动。为了更好地刻画我国金融市场对美联储货币政策冲击的反应，我们选择使用资产价格的波动率作为金融市场风险的衡量指标。我们重点研究美联储货币政策以及不同的货币政策组成部分比如包括预期到的货币政策调整、未预期到的货币政策调整和前瞻性指引等的调整幅度对资产价格波动率的影响。例如，我们可以通过下列模型研究预期到的货币政策调整、未预期到的货币政策调整和前瞻性指引对我国金融市场的影响：

$$VOL_t = \alpha + \beta_1 |\Delta UMP_t| + \beta_2 |\Delta AMP_t| + \beta_3 |\Delta FG_t| + Control + \varepsilon_t$$

$$(10-7)$$

其中，$VOL_t$ 以资产价格波动率作为金融市场风险的代理指标，$|\Delta AMP_t|$、$|\Delta UMP_t|$ 和 $|\Delta FG_t|$ 分别代表美联储货币政策调整、预期到的货币政策调整、未预期到的货币政策调整和前瞻性指引的绝对量，通过上述变量的系

数可以判断美联储货币政策调整如何对我国金融市场风险造成影响。

## 三、数据与变量

### 1. 美联储货币政策测度

我们利用短期利率期货价格将美联储货币政策调整分为预期到的货币政策调整（AMP）和未预期到的货币政策调整（UMP），分别研究二者对我国资产价格的影响。假设，短期利率期货隐含的利率水平等于未来短期利率的预期加风险溢价：

$$f_t^{(n)} = E_t(r_{t+n}) + \varphi_t^{(n)} \qquad (10-8)$$

其中，$f_t^{(n)}$ 是在 $t$ 时刻剩余期限为 $n$ 的期货合约的隐含利率，$E_t(r_{t+n})$ 是在 $t$ 时刻形成的 $n$ 期短期利率水平的预期，$\varphi_t^{(n)}$ 则代表相应的风险溢价。如果风险溢价是一个常量或者变化很小，那么事件前后相应的期货合约隐含利率差为：

$$f_t^{(n)} - f_t^{(n)} = \Delta f_t^{(n)} \approx E_T(r_{T+n}) - E_t(r_{t+n}) \qquad (10-9)$$

其中，$t$ 和 $T$ 分别代表事件前后。该式说明事件前后短期利率期货的价格变化可以很好地代表市场对利率的预期，并用来测度未预期到的货币政策调整的大小（Kuttner，2001）。而预期到的货币政策调整则等于货币政策调整与未预期到的货币政策调整的差，即 $\Delta r_t - \Delta f_t^{(n)}$。

我们将美联储货币政策事件定义为货币政策会议决议公布联邦基金目标利率调整，事件窗口设定为美联储货币政策会议决议公布当日。美国联邦公开市场委员会（FOMC）是美国联邦储备系统中专门负责制定联邦基金利率的机构，每年召开 8 次议息会议，会议时间安排会在上一年确定，而具体的会议次数和时间会根据实际经济的需要进行调整。会议决议中包括对联邦基金目标利率调整的决定和对当前及未来经济的判断，并引导未来货币政策预期。会议决议在会议结束后立即发布，自 1995 年开始，会议决议在美国东部时间 14：15 公布，2013 年 3 月后公布时间改为 14：00。我们的样本区间为 2003 年 1 月至 2016 年 12 月，包括 117 次美国联邦公开市场委员会（FOMC）议息会议，其中加息 19 次，降息 11 次，其他利率保持不变；另外，我们的样本内共有 5 次临时议息会议（不包括在前一年确定的 8 次会议中），时间集中在 2008 年金融危机前后，分别为 2007 年 8 月 10 日、2007 年 8 月 17 日、2008 年 1 月 22 日、2008 年 3 月 11 日和 2008 年 10 月 8 日。

我们按照库特纳（2001）和伯南克和库特纳（2005）的做法，使用联邦基金利率期货计算预期到的和未预期到的货币政策调整，数据来源于 Thomson Reuters Eikon 数据库。联邦基金利率期货 1988 年在芝加哥期货交易所（CBOT）上市，交易所会提供长达两年的期货合约，但只有剩余期限在六个月以内的联邦基金利率期货交易才活跃。克鲁格和库特纳（1996）发现利用联邦基金利率期货价格能够有效预测美联储联邦基金利率水平。居尔卡伊纳克等（2007）发现联邦基金利率期货在预测期限为 6 个月以内的利率走向中表现最好。联邦基金利率期货价格为 $100 - \bar{r}$，$\bar{r}$ 为到期月份联邦基金利率的加权平均。

我们根据联邦基金利率期货的定价原理和式（10 - 8）得到：

$$ff_{t-1} = \frac{D}{M}r_0 + \frac{M-D}{M}E_{t-1}(r_1) + \mu_{t-1} \qquad (10-10)$$

其中，$ff_{t-1}$ 代表美联储货币政策调整前一天联邦基金利率期货收盘价中隐含的利率水平，$r_0$ 是货币政策调整前的利率水平，$E_{t-1}(r_1)$ 是市场预期货币政策调整后的利率水平，$D$ 为议息会议决议日期，$M$ 为当月总天数，$\mu_{t-1}$ 代表风险溢价。如果政策调整在 $t$ 时公布，实际利率水平调整为 $r_1$，并假设本月不会再发生利率调整，那么此时的利率期货对应的利率水平 $ff_t$ 就是：

$$ff_t = \frac{D}{M}r_0 + \frac{M-D}{M}r_1 + \mu_t \qquad (10-11)$$

那么未预期到的货币政策调整可以表示为：

$$UMP_t \equiv r_1 - E_{t-1}(r_1) = \left[ (ff_t - ff_{t-1}) - (\mu_t - \mu_{t-1}) \right] \frac{M}{M-D}$$

$$(10-12)$$

其中，居尔卡伊纳克等（2007）发现联邦基金利率期货的风险溢价 $\mu_t$ 只有 1 ~ 3 个基点，在日度频率的计算时可以忽略不计。因此，基于期货价格得到未预期到的货币政策调整可表示成：

$$UMP_t = (ff_t - ff_{t-1}) \frac{M}{M-D} \qquad (10-13)$$

未预期到的货币政策调整可以看作是政策决议前后期货利率变化的加权值，未预期到的利率变动只与当月剩余天数有关。将货币政策调整与未预期到的政策调整相减可以得到预期到的货币政策调整为：

$$AMP_t = \Delta r_t - UMP_t \qquad (10-14)$$

然而居尔卡伊纳克等（2005）的研究发现，只用当前预期和未预期到的货币政策变化无法完全捕捉到美联储货币政策的冲击。这是因为美联储在公布利率决议时不仅会决定当前的利率水平，而且会在决议中透露未来货币政策的走向，即前瞻性指引。根据坎贝尔等（2012，2016）的观点，前瞻性指引是货币当局通过与市场沟通未来货币政策走向信息的行为，目的是影响公众预期，降低市场不确定性。在美联储议息会议决议中，委员会根据当前和未来经济形势，向公众传达未来可能的货币政策操作。例如，美国东部时间 2008 年 9 月 16 日，美国联邦储备委员会发布的会议决议："联邦公开市场委员会今天决定将联邦基金利率的目标保持在 2%。委员会预计，今年晚些时候和明年的通胀将有所缓和，但通胀前景仍极不明朗。增长的下行风险和通胀的上行风险都是委员会非常关注的问题。"在第一句话中，利率水平维持不变，说明美联储当前货币政策并未发生变化。委员会在后面的表述中提到会关注不确定性较高的通胀水平，经济下行风险较大，委员会根据对未来的通胀和经济增长的估计调整未来联邦基金目标利率水平。因此，美国东部时间 2008 年 10 月 8 日，美国联邦储备委员会决定将联邦基金利率目标下调 50 个基点，至 1.5%。

因此，我们借鉴坎贝尔等（2012）和斯旺森（2017）的做法，将居尔卡伊纳克等（2005）构造的路径因子作为前瞻性指引（FG）的代理变量。因此我们借鉴居尔卡伊纳克等（2005）和豪斯曼和翁斯旺（Hausman and Wongswan，2011），选择欧洲美元利率期货计算前瞻性指引的大小，数据来源于 Thomson Reuters Eikon 数据库。欧洲美元期货 1981 年 12 月在芝加哥商业交易所（CME）上市，到期日为该季度最后一个自然月份的第三个星期三，结算价格为 100 减去 90 天的伦敦同业拆借利率（Libor）。我们按照豪斯曼和翁斯旺（2011）的做法，以会议决议前后欧洲美元期货隐含利率的变动（$\Delta ED_t$）作为因变量对常数项和未预期到的货币政策调整做回归，残差项即为前瞻性指引：

$$FG_t = \Delta ED_t - \alpha - \beta UMP_t \tag{10-15}$$

其中，$FG_t$ 为前瞻性指引，$\alpha$ 和 $\beta$ 是回归方程系数。需要注意的是，前瞻性指引表示的是未来利率的变化路径，而预期到的货币政策调整和未预期到的货币政策调整仅代表美联储当前货币政策调整的结果。后者是依照当前月份的利率期货的价格变动计算得到，不涉及对未来利率走势的预测。而前瞻性指引代表美联储引导市场形成的对未来货币政策的预期，与美联储当前政策的调整无关。

从图 10-3 看出，2009 年以前美联储货币政策有很大不确定性，未预期货币政策水平较高，主要原因在于 2008 年金融危机发生后，美联储多次在非预定 FOMC 会议日期降低联邦基金目标利率来稳定市场。2008 年底，美联储将联邦基金目标利率调到 0～0.25% 的区间后，未预期货币政策和前瞻性指引都保持了较低水平。自 2014 年美联储宣布退出量化宽松

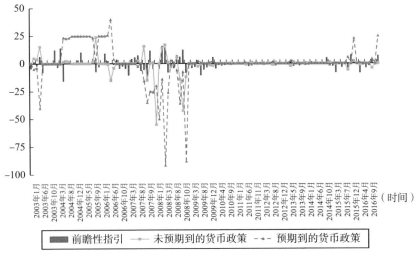

图 10-3　2003～2016 年美联储货币政策调整

政策后，美联储加息的时点大概率情况下被市场预期到，因此前瞻性指引要比未预期政策大，从而也可以看出前瞻性指引在后危机时代起到重要作用。

**2. 资产价格指标**

我们使用债券价格和股票价格来衡量金融市场。其中债券数据为银行间国债指数和剩余期限分别为 1 ~ 3 年、3 ~ 5 年、5 ~ 7 年以及 7 ~ 10 年的银行间国债指数日度数据，数据来源于锐思数据库；股票数据使用的是上证指数和深证指数的日度数据，数据来源于 Wind 资讯。由于交易时间的区别，议息会议决议会在北京时间凌晨公布，交易时间的区别限制决定了我们不能使用高频数据进行日内影响分析。值得注意的是，资产价格的前一日收盘价是在会议决议未公布的时点形成，而当日开盘价中就包括了市场对会议决议的反应，收盘价则会包括较多无关信息，影响研究结果的准确性。因此不同于豪斯曼和翁斯旺（2011）使用日度对数回报（收盘价与前一日收盘价的对数差），我们用债券和股票的隔夜对数回报（开盘价与前一日收盘价的对数差）来最大程度上降低无关信息的影响。

我们还使用股票市场波动率测度金融市场风险。波动率的测算依据帕金森（Parkinson，1980）对极差波动率的定义，即交易日内最高价与最低价对数差的平方和 4ln2 的比值。为了便于比较，我们对得到的极差波动率取平方根后乘以 100：

$$VOL = \sqrt{\frac{(\ln H - \ln L)^2}{4\ln 2}} \times 100 = \frac{\ln H - \ln L}{2\sqrt{\ln 2}} \times 100 \qquad (10-16)$$

其中，$H$ 和 $L$ 分别代表交易日内资产价格的最高价和最低价，从而得到了股票指数的波动率（$VOL$）。若上述计算过程中遇到非交易日的情况，则依次向前或者向后顺延到最近一个交易日。

由于我国资产价格也会受到国内货币政策的影响，因此我们借鉴法图姆和斯科尼克（Fatum and Scholnick，2008）的做法，在回归模型中对我国货币政策进行了控制。考虑到数据事件分析法的需要和已有文献的做法，我们选择银行间市场七天回购利率作为国内政策的代理变量，数据来源于 Wind 资讯。

### 3. 描述性统计

表 10 - 1 给出了美联储货币政策、资产价格、波动率以及我国货币政策的描述性统计。首先，美联储货币政策调整的均值与标准差较大，说明货币政策有很大的不确定性，且极易引起金融市场的波动。其次，预期到的货币政策调整的标准差略小于实际变化的标准差，说明美联储政策调整在很大程度上会被市场预期到，从而降低未预期到的货币政策调整对当前市场的冲击。我国资产价格方面，债券回报和股票回报的均值和标准差有较大的差异，股票市场回报的波动明显较大，这与股票市场自身的高风险的特点有关。另外，股票市场的隔夜回报与日度回报的均值和标准差都有较大差别。股票价格的前一日收盘价在会议决议未公布前形成，当日开盘价就包括了会议决议的信息和市场对未来货币政策的预期，而当日收盘价则会包括较多的无关信息，从而使得隔夜回报和日度回报结果不一致。我们对股票隔夜回报和日度回报的实证结果进行了比较，发现股票隔夜回报比日度回报更加显著，和理论预测一致。基于此，我们实证研究主要用上证和深证指数隔夜回报作为我国资产价格的代理变量，用以测度其对美联储货币政策的反应。

**表 10 - 1**              **变量含义及描述性统计**

| 变量 | | 变量含义 | 均值 | 标准差 | 最小值 | 最大值 | 样本 |
|---|---|---|---|---|---|---|---|
| Panel A：美联储货币政策 | $\Delta r$ | 货币政策的实际变化 | -0.64 | 19.82 | -100.00 | 25.00 | 117 |
| | AMP | 预期的货币政策变化 | -0.05 | 18.01 | -91.69 | 40.00 | 117 |
| | UMP | 未预期的货币政策变化 | -0.59 | 7.94 | -55.11 | 23.79 | 117 |
| | FG | 前瞻性指引 | 0.00 | 5.21 | -15.74 | 15.75 | 117 |
| Panel B：资产价格指标 | TBR | 国债指数回报 | 0.036 | 0.313 | -0.952 | 1.723 | 117 |
| | R13 | 1~3 年国债指数回报 | 0.012 | 0.110 | -0.523 | 0.516 | 117 |
| | R35 | 3~5 年国债指数回报 | 0.035 | 0.208 | -0.831 | 0.936 | 117 |
| | R57 | 5~7 年国债指数回报 | 0.045 | 0.503 | -1.432 | 4.197 | 117 |
| | R710 | 7~10 年国债指数回报 | -0.020 | 0.575 | -4.336 | 1.815 | 117 |
| | SHA_day | 上证指数日度回报 | -0.056 | 1.468 | -3.753 | 5.198 | 117 |

续表

| 变量 | | 变量含义 | 均值 | 标准差 | 最小值 | 最大值 | 样本 |
|---|---|---|---|---|---|---|---|
| Panel B：资产价格指标 | SZA_day | 深证指数日度回报 | -0.093 | 1.841 | -4.287 | 4.660 | 117 |
| | SHA | 上证指数隔夜回报 | 0.075 | 0.612 | -2.324 | 2.482 | 117 |
| | SZA | 深证指数隔夜回报 | 0.043 | 0.563 | -2.763 | 1.959 | 117 |
| | VOL | 上证指数波动率 | 1.934 | 0.938 | 0.000 | 4.910 | 117 |
| Panel C：我国货币政策代理变量 | REPO | 银行间市场七天回购利率 | 0.081 | 0.431 | -0.660 | 3.359 | 117 |

# 第三节 实 证 结 果

## 一、美联储货币政策的溢出效应

### 1. 美联储货币政策调整的溢出效应

表 10-2 结果表明美联储货币政策调整能够显著影响我国资产价格。对债券市场来说，不论是对债券回报还是对不同期限债券回报而言，美联储货币政策操作的影响都显著为负，即美联储加息会降低我国债券回报，而降息则会提高我国债券回报。美联储利率提高 1 个百分点会使我国债券回报（TBR）降低 0.62%，这种影响在 1% 的水平上显著。此外，美联储将利率水平提高一个百分点还会使长期债券（R710）回报降低 1.04%，相比之下短期债券（R13）的回报只降低了 0.16%，表明美联储货币政策调整对我国长期债券回报的影响大于短期债券回报。对股票而言，美联储货币政策调整对股票回报的影响均显著为负，表明美联储提高利率会显著提高我国折现率，而折现率提高则降低我国股票市场回报。不论是债券市场还是股票市场，我们的证据都表明我国金融市场易受到美联储货币政策调整的影响。

表 10 - 2　　　　　　　　　美联储货币政策操作对我国资产价格的影响

| 变量 | 债券市场回报 | | | | | 股票市场回报 | |
|---|---|---|---|---|---|---|---|
| | (1) | (2) | (3) | (4) | (5) | (6) | (7) |
| | TBR | R13 | R35 | R57 | R710 | SHA | SZA |
| $\Delta r$ | -0.62 ***<br>(-4.53) | -0.16 ***<br>(-3.23) | -0.24 **<br>(-2.48) | -0.71 ***<br>(-3.15) | -1.04 ***<br>(-4.14) | -0.75 ***<br>(-2.70) | -0.53 **<br>(-2.05) |
| Constant | 3.20<br>(1.19) | 1.15<br>(1.17) | 3.33 *<br>(1.77) | 4.01<br>(0.90) | -2.72<br>(-0.55) | 7.00<br>(1.27) | 3.92<br>(0.76) |
| N | 117 | 117 | 117 | 117 | 117 | 117 | 117 |
| R-squared | 0.15 | 0.08 | 0.05 | 0.08 | 0.13 | 0.06 | 0.04 |

注：表 10 - 2 根据式（10 - 4）回归得到，控制了国内货币政策 REPO 后，以上结果未发生显著变化；括号内为估计系数的 t 值；*** 、** 、* 分别表示在 1%、5%、10%的水平下显著。

　　我们认为，美联储货币政策主要通过利率和现金流两个渠道影响我国资产价格，对我国资产价格造成冲击。就利率渠道而言，美联储加息导致中美利差加大，从而引起短期资本从我国流向美国，加大人民币贬值压力。此时，我国货币当局为平衡国际收支和稳定人民币汇率可能会采取相应措施，就是跟随美联储加息。当市场预期未来货币当局会提高利率水平，那么提高的贴现率会导致资产价格下跌。另外，现金流渠道的影响也不容忽视。伯南克和库特纳（2005）研究发现，货币政策对股票价格的影响机制中现金流的作用比贴现率更为重要。美联储加息会通过降低企业未来的收益与股利分配，使股票回报下降。而这种效应会通过贸易往来作用到我国企业，影响我国企业的收益与股利分配。此外，利率渠道所产生的对我国货币当局加息的预期也会使得我国企业对未来现金流的预期下降，导致我国股票回报下降。两种渠道都会导致我国资产价格下跌，影响我国金融稳定。

**2. 预期到的与未预期到的美联储货币政策及前瞻性指引的溢出效应**

　　表 10 - 3 给出了美联储预期到的、未预期到的货币政策调整以及前瞻性指引对我国资产价格的影响。研究发现，第一，预期到的与未预期到的

货币政策调整都会显著影响我国债券市场回报，而股票市场回报只与预期到的货币政策调整有关。具体而言，在债券市场上，预期到的货币政策和未预期到的货币政策调整对债券收益的影响分别在1%和5%的水平下显著为负，而且未预期到的货币政策调整的系数为 - 0.79，大于预期到的货币政策调整的反应程度，这种影响在控制国内货币政策后仍然显著，即债券回报会随着预期到的和未预期到的利率水平的提高而降低。在股票市场上，股票回报只受预期到的货币政策调整的影响，这说明尽管美联储货币政策调整已经被美国市场所预期到，但并没有完全被我国市场所预期到，因此仍然会通过利率渠道和现金流渠道影响到股票价格。

表 10 - 3　　预期到的与未预期到的货币政策调整及前瞻性指引的溢出效应

| 变量 | (1) | (2) | (3) | (4) | (5) | (6) |
|---|---|---|---|---|---|---|
| | TBR | SHA | TBR | SHA | TBR | SHA |
| AMP | - 0.58 *** ( - 3.87) | - 0.94 *** ( - 3.06) | - 0.58 *** ( - 3.92) | - 0.93 *** ( - 3.05) | - 0.59 *** ( - 4.22) | - 0.95 *** ( - 3.13) |
| UMP | - 0.79 ** ( - 2.33) | 0.16 (0.23) | - 0.79 ** ( - 2.38) | 0.16 (0.23) | - 0.94 *** ( - 2.96) | - 0.02 ( - 0.03) |
| FG | | | 1.17 ** (2.30) | 0.99 (0.93) | 1.25 ** (2.59) | 1.07 (1.03) |
| REPO | | | | | - 0.22 *** ( - 3.79) | - 0.26 ** ( - 2.06) |
| Constant | 3.10 (1.15) | 7.53 (1.37) | 3.10 (1.17) | 7.53 (1.37) | 4.82 * (1.89) | 9.56 * (1.73) |
| N | 117 | 117 | 117 | 117 | 117 | 117 |
| R-squared | 0.15 | 0.08 | 0.19 | 0.08 | 0.28 | 0.12 |

注：表 10 - 3 根据式（10 - 5）和式（10 - 6）回归得到；括号内为估计系数的 t 值；***、**、* 分别表示在 1%、5%、10% 的水平下显著。

第二，前瞻性指引对债券市场回报的影响为正。表 10 - 3 结果表明，前瞻性指引在5%的显著性水平上影响我国债券回报，且债券回报随着对未来利率水平预期的提高而上升，而股票回报不会受到前瞻性指引的影响。值得注意的是，我们发现前瞻性指引会提高债券回报，与豪斯曼和翁斯旺（2011）、居尔卡伊纳克等（2005）等研究结果不同。我们认为前瞻性指引主要通过风险溢价的渠道影响我国债券回报。当美国经济陷入困境时，美联储会实行宽松的货币政策降低利率，利率的降低会提高当前的债券回报。如果美联储意识到短期内无法解决面临的经济问题时，美联储会通过前瞻性指引说明未来将继续保持低利率水平或者进一步降息，这会加剧未来经济的不确定性。经济的不确定性提高了投资者的风险厌恶，投资者会要求更高的风险溢价对风险进行补偿（Pastor and Veronesi，2013），从而提高长期债券利率，并导致债券价值下跌，和我们的经验证据一致。为了进一步验证风险溢价机制，我们比较了前瞻性指引对不同期限债券价格的影响。理论上，长期债券风险更高，风险溢价机制对长期债券回报影响也应该更大。研究结果同样发现前瞻性指引对 5 ~ 7 年债券指数回报的影响比 1 ~ 3 年和 3 ~ 5 年债券指数回报的影响要大，而且该影响在 1% 的水平上显著，为风险溢价观点提供了进一步的经验支持。

### 3. 美联储货币政策对我国股票市场波动率的影响

我们还发现美联储货币政策能够显著影响我国股票市场的波动率。具体来看，在表 10 - 4 的第（1）列中，联邦基金目标利率变化绝对值的回归系数为 0.60，并在 1% 的水平下显著，这说明不论美联储加息还是降息，只要货币政策进行了调整都会影响我国股票市场波动率。而且股票市场波动率随美联储货币政策调整幅度变大而提高，这种影响在控制国内货币政策后仍然显著。美联储货币政策调整幅度越大，说明当前经济整体不确定性偏大，而这种不确定性就会反映在资产价格的波动上，从而影响我国金融稳定。

与此同时，未预期到的货币政策调整同样也会显著提高股票市场波动率，且系数要大于 0.60。将前瞻性指引引入回归方程后，未预期到的货币政策调整的系数大小和显著性有所降低，但是前瞻性指引变化对股票市场波动率的影响在 1% 的水平下是显著的，而且系数要大于未预期到的货币政策调整的系数。值得注意的是，前瞻性指引对股票市场波动的影响显著，这表明虽然美联储前瞻性指引本身有利于美国市场的稳定，但对于我国而言则会加剧波动，对我国金融稳定造成冲击。

表 10－4　　　　　美联储货币政策对我国股票市场波动率的影响

| 变量 | (1) | (2) | (3) | (4) | (5) | (6) | (7) |
|---|---|---|---|---|---|---|---|
| | VOL | VOL | VOL | VOL | VOL | VOL | VOL |
| $\|\Delta r\|$ | 0.60 *** (3.10) | 0.52 ** (2.27) | 0.51 ** (2.27) | | | | |
| $\Delta r$ | | −0.15 (−0.72) | −0.13 (−0.63) | | | | |
| $\|AMP\|$ | | | | 0.23 (0.96) | 0.24 (1.04) | 0.08 (0.34) | 0.10 (0.41) |
| $AMP$ | | | | 0.07 (0.32) | 0.07 (0.33) | 0.13 (0.62) | 0.14 (0.66) |
| $\|UMP\|$ | | | | 2.25 *** (3.74) | 2.17 *** (3.62) | 1.79 *** (2.96) | 1.68 *** (2.80) |
| $UMP$ | | | | 0.47 (0.90) | 0.52 (0.99) | 0.14 (0.28) | 0.18 (0.35) |
| $\|FG\|$ | | | | | | 2.59 *** (2.75) | 2.71 *** (2.91) |
| $FG$ | | | | | | 0.61 (0.96) | 0.57 (0.91) |
| $REPO$ | | | 0.15 * (1.92) | | 0.13 * (1.68) | | 0.14 * (1.90) |
| Constant | 0.76 *** (19.80) | 0.77 *** (19.40) | 0.76 *** (19.10) | 0.74 *** (18.85) | 0.73 *** (18.56) | 0.67 *** (14.32) | 0.66 *** (14.00) |
| N | 117 | 117 | 117 | 117 | 117 | 117 | 117 |
| R-squared | 0.08 | 0.08 | 0.11 | 0.18 | 0.20 | 0.24 | 0.26 |

注：括号内为估计系数的 t 值；*** 、** 、* 分别表示在 1%、5%、10%的水平下显著。

该结果可能有两方面的原因，一是前瞻性指引中所包括的未来美国货币政策的走向与我国经济运行状况不相兼容。例如，2016 年中国经济正处于下行通道，年 GDP 增速仅 6.7%，创 1990 年以来新低。在这种状况下，当美联储通过前瞻性指引操作释放加息信号，这无疑将制约中国货币政策进一步宽松的空间，加剧中国经济金融运行的不确定性。二是美国前瞻性指引操作一定程度上会加剧中国政策不确定性。根据不可能三角理论，固定汇率制度、资本自由流动和独立的货币政策三者不可兼得。当美联储释放未来加息的信号后，我国央行究竟会选择独立的货币政策还是放弃独立货币政策去维持固定汇率和国际收支平衡具有很大不确定性，这也会引起资产价格波动。

## 二、美联储沟通的溢出效应

### 1. 美联储沟通测度

为了更好地测度美联储沟通的溢出效应，我们根据经典文献的做法，选用美联储货币政策文本计算情绪指标，用于测度美联储沟通。我们选用的文本数据来源是美联储历次 FOMC 会议后即时公布的政策报告（Statements），每年 8 份文本报告。我们选用主流的词典方法提取美联储政策报告中的情绪，语句中更高的积极词汇占比表示文本透露出越强的乐观情绪，而更高的消极词汇占比则表示文本包含的悲观情绪越重。在现有情绪词典中，洛克伦和麦克唐纳（Loughran and MacDonald，2011）的金融情绪词典（以下简称情绪词典）最为权威（Jiang et al.，2019）。因此，我们利用情绪词典，识别美联储货币政策文本数据中的积极词汇和消极词汇，统计单个政策文档中的积极词汇和消极词汇个数并做差，乘以权重后与政策报告总词数作比。公式如下：

$$Sent_i = \frac{Neg - Pos}{Words} \times w \qquad (10-17)$$

其中，$Neg$ 代表消极词个数，$Pos$ 代表积极词个数，$Words$ 代表词的总数，$w$ 代表词权重，考虑了不同情绪词在文本中的重要程度。

如果假设所有词汇重要程度相同，那么权重设置为 1；如果假设某一词汇在所有政策文本中出现的次数越多，那么该词汇的普遍使用程度越高，其对该政策文本情绪值的贡献越低，权重相对较小。我们使用词频—逆文件频率（Term Frequency – Inverse Document Frequency，TF – IDF）作为权重，以更好反映文本情绪信息。我们的技术细节如图 10 – 4 所示。

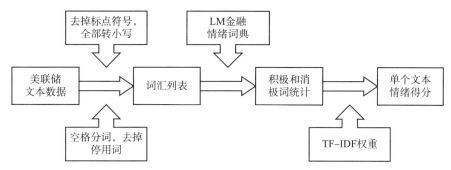

图 10 – 4　美联储文本数据分析技术细节

基于上述研究设计，我们就得到 2006 年到 2022 年 9 月美联储政策报告文本情绪，如图 10 – 5 所示。具体包括积极情绪、消极情绪和总体情绪，其中总体情绪由消极与积极情绪相减得到，因此总体情绪越高，表明美联储越悲观。从图中可以看出，2008 年金融危机期间，美联储政策报告的总体情绪波动较大，其中积极情绪处在较低水平，消极情绪较高，美联储总体情绪处在高位。表明金融危机爆发对全球经济冲击严重，美联储对经济基本面持续承悲观态度。2020 年新冠疫情暴发以来，美联储总体情绪明显上升，经济严重衰退和新冠疫情的不确定性扰动其对未来经济的判断。随着疫情的缓解，2021 年美国经济逐渐从经济衰退中恢复，美联储积极情绪攀升，但受限于世界经济恢复程度，消极情绪仍维持在高位。2022 年以来，美联储报告中的积极情绪急剧下降，消极情绪提高拉升总体情绪，主要由于俄乌冲突触发的全球不确定性水平提高，叠加大宗商品价格攀升，美国遭遇严重通胀。

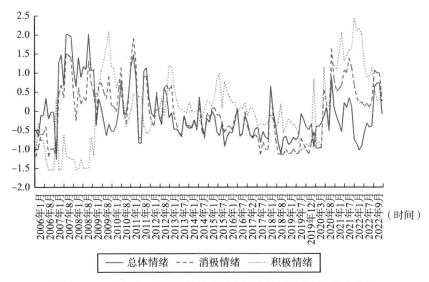

图 10 - 5　2006 年 1 月至 2022 年 9 月美联储货币政策报告情绪

**2. 美联储沟通的影响**

我们针对美联储货币政策公布前后债券市场收益率的变化，探究美联储沟通对我国债券市场的影响。同时，我们控制了联邦基金目标利率的变化。为了全面刻画我国债券市场的变化，我们选择 6 个月期、1 年期、2 年期、5 年期和 10 年期国债到期收益率，用上述 5 个期限债券收益率的变化捕捉债券市场对美联储沟通的反应。同时考虑美联储货币政策影响的持续性，即计算了政策公布一天、三天和七天后的国债收益率变化的均值。由于债券市场长期走势主要受国内货币政策和经济基本面情况决定，因此在回归模型中控制了国内经济和政策层面的因素（姜富伟等，2019）。回归结果在表 10 - 5 中给出。

美联储货币政策对我国债券市场有明显的输入性风险。具体而言，联邦基金目标利率变化和货币政策报告的文本情绪均会对我国债券市场收益率走势产生影响，且对不同期限的国债和单一债券不同时间跨度的收益率影响程度存在差别。以 5 年期国债为例，美国联邦基金目标利率提高会带来债券收益率的提高，而且政策报告文本情绪提高也会推升债券收益率，前者影响系数更高。量化来看，联邦基金目标利率每提高 1%，会使 5 年期

**表 10-5　美联储沟通对我国债券市场的影响**

Panel A

| 变量 | 6个月国债 | | | 1年期国债 | | | 2年期国债 | | |
| --- | --- | --- | --- | --- | --- | --- | --- | --- | --- |
| | 一天 | 三天 | 七天 | 一天 | 三天 | 七天 | 一天 | 三天 | 七天 |
| $r$ | 0.0610 (1.2270) | 0.0491** (2.1321) | 0.0314*** (3.2887) | 0.0506 (1.3708) | 0.0521*** (2.8406) | 0.0245*** (2.8534) | 0.0650** (2.0917) | 0.0463*** (3.0183) | 0.0289*** (3.4873) |
| $mpc$ | -0.0078 (-0.8800) | 0.0015 (0.3667) | 0.0060*** (3.4985) | -0.0043 (-0.6687) | 0.0035 (1.0967) | 0.0059*** (3.9511) | -0.0050 (-0.9067) | 0.0042 (1.5616) | 0.0052*** (3.5609) |

Panel B

| 变量 | 5年期国债 | | | 10年期国债 | | |
| --- | --- | --- | --- | --- | --- | --- |
| | 一天 | 三天 | 七天 | 一天 | 三天 | 七天 |
| $r$ | 0.0745*** (2.9767) | 0.0379*** (3.2752) | 0.0196** (2.6722) | 0.0680*** (2.7901) | 0.0286** (2.4316) | 0.0109 (1.5720) |
| $mpc$ | -0.0046 (-1.0266) | 0.0035* (1.6925) | 0.0026** (1.9904) | -0.0005 (-0.1216) | 0.0036* (1.7273) | 0.0009 (0.7585) |

注：回归模型为 $\Delta y_t = \alpha + \beta_1 rt + \beta_2 mpc_t + \varepsilon_t$，我们着重关注 $\beta_2$；括号内为估计系数的 $t$ 值；***、**、* 分别表示在 1%、5%、10% 的水平下显著。

国债收益率一天变化 7.5 基点, 三天和七天收益率则分别平均每天提高 3.8 基点和 2 基点, 随着时间增加, 影响程度在逐渐降低。而货币政策文本情绪则影响三天和七天的收益率变化, 影响系数则分别为 0.0035 和 0.0026, 影响程度亦随时间增加而衰减。对于 6 个月期国债, 联邦基金目标利率变化只影响三天和七天的收益率变动, 而政策文本情绪只显著影响七天收益率变化。

从不同期限国债收益率的变化来看, 美国联邦基金目标利率变化和货币政策文本情绪变化的冲击也存在明显不同。随着国债期限由 1 年增加到 10 年, 利率变动对国债收益率三天和七天变化的影响总体呈现出递减的趋势, 例如对 1 年期国债的影响系数是 0.0521, 说明联邦基金目标利率每变化 1%, 1 年期国债收益率平均每天变化 5.2 基点, 而 10 年期国债的影响则只有 0.0286, 对应每天变化 2.9 基点。上述观察发现, 美联储政策紧缩和预期管理对我国债券市场的影响显著且持久, 识别输入性风险传导机制有助于更好地认识输入性风险的传导和后果。

**3. 风险传导机制**

基于上述实证研究结果, 我们认为美联储政策调整是影响我国债券市场的重要外部风险源, 且主要通过三种机制传导: 利率渠道、汇率渠道和预期渠道, 联邦基金目标利率变化的影响主要通过利率渠道和汇率渠道, 而货币政策文本情绪主要通过预期渠道影响我国债券市场。

利率渠道是指美联储提高联邦基金目标利率会直接抬高市场利率, 市场利率的提高会导致中美利差缩小, 资本的趋利性会驱使资本从中国流出转向美国, 以追求更高的收益率 (Gai and Tong, 2022)。2022 年以来, 随着中美货币政策的分化, 中国和美国 10 年期国债收益率差逐渐减小, 2022 年 4 月中旬利差趋零, 随后收益率持续倒挂。

汇率渠道是指当美联储加息时, 美元流动性收紧, 全球美元供给减少, 美元汇率提升, 人民币相对美元贬值, 从而促使投资者放弃人民币资产, 转而持有美元资产, 人民币债券的被动减持会对其收益率带来调整压力。2022 年 2 月起, 外资连续 5 个月减持中国债券, 为历史首次。截至 2022 年 6 月末, 境外机构持有国债规模 3.64 万亿元人民币, 较 1 月末净流出额达 0.43 万亿元。[①]

预期渠道是指美联储通过政策沟通影响市场参与者对未来货币政策的预期，从而改变市场参与者对通胀水平和未来市场利率的预期，最终作用中国债券市场（Nakamura and Steinsson，2018）。美联储货币政策文本情绪捕捉的是美联储对经济基本面的看法，文本情绪越高，表明美联储对经济面持悲观程度越深，未来降息的可能性越大。我们检验发现二者呈现显著负相关，相关系数为 −0.31，说明美联储对经济越悲观，越有可能降息。

## 第四节　小　　结

我们利用事件研究法研究了美联储货币政策对我国金融市场的影响，主要得出以下结论。第一，美联储货币政策调整会显著影响我国债券市场和股票市场回报，美联储加息会使我国债券和股票回报下降，而降息则会带来债券和股票回报上升。第二，预期到的货币政策调整对债券和股票回报都有显著影响，而未预期到的货币政策和前瞻性指引只影响债券市场回报。第三，美联储货币政策会影响我国股票市场波动率，市场波动会随着美联储政策调整幅度的增加而显著增大，其中未预期到的货币政策调整和前瞻性指引会给我国股票市场带来较大的波动风险，预期到的货币政策调整对市场波动没有影响。

因此，货币当局需要密切关注全球金融稳定，警惕外部风险输入，注重防范外部风险冲击，尤其关注美国经济和政策的溢出效应。货币当局要充分考虑到美联储货币政策对我国金融市场的影响，尽可能降低金融体系面临的国际货币政策冲击。尤其当我国政策调控也会造成市场的同向变动时，货币当局要准确把握好政策调整的时机，防止市场波动进一步加剧。

货币政策坚持以我为主。当前，中国经济面临需求收缩、供给冲击、

---

① 资料来源：2022 年 6 月份金融市场运行情况［EB/OL］．（2022 − 07 − 20）．Http：//www. pbc. gov. cn/jinrongshichangsi/147160/147171/147173/4611682/index. html.

预期转弱三重压力，叠加新冠疫情蔓延反复，经济复苏面临较大挑战。在此背景下，货币政策坚持以我为主的取向，兼顾内外平衡，可视国内经济复苏进程相机适度宽松，保持流动性供给，维持信贷增速，充分发挥政策效应，妥善处理风险问题。

加强预期管理，提高货币政策有效性。我们发现美联储货币政策对我国金融稳定的影响与预期具有密切联系，实证结果显示美联储预期与未预期的货币政策和前瞻性指引都会对我国金融稳定产生影响，引起金融市场波动。因此，货币当局应加强与市场和公众的沟通，充分发挥预期管理和市场反馈的功能，有效利用预期管理降低市场波动，防范外部政策风险对我国金融稳定的冲击，为经济稳定保驾护航。

# 第十一章　政　策　建　议

## 一、经济政策以我为主，稳字当头

当前，中国经济增速下滑，部分行业风险点突出。因此，货币当局要依据国内经济形势把握政策力度，做到稳字当头，保持货币政策独立性，通过合理的跨周期调整，发挥货币政策作用，妥善处理风险问题。同时，要加强与市场和公众沟通，发挥预期管理和市场反馈的功能，向公众和市场传递有效的货币政策信息，有效利用预期管理和政策指引降低市场波动，从而提高政策有效性。

## 二、注重政策沟通和预期管理

一方面，增加沟通频率，开辟沟通渠道。金融稳定报告虽然每年发布一次，但是短期内在稳定预期和防范风险上也具有突出作用，所以人民银行应增加金融稳定报告的发布频率。人民银行作为金融稳定职能主要承担者，开展定期沟通的渠道应多元化。为此，人民银行具体可以采取以下做法：第一，参考货币政策执行报告每季度发布一次金融稳定报告，同时参考英国央行的做法额外定期发布金融稳定报告特刊，对特定部门或行业的风险状况做详细分析；第二，参考欧洲央行的做法，定期且高频地与银行、保险公司等金融机构高层展开对话，倾听来自市场的声音，并在官网开设专门的栏目披露参会人员和讨论事项；第三，针对市场重大突发情况临时召开特别会议，并增加长文报告。

另一方面，简化沟通语言，丰富沟通内涵。在我国资本市场的组成结构中，散户投资者占据非常大的比重。相较于机构投资者，散户投资者往往由于不具备专业知识，缺乏处理分析复杂信息的能力，却也更容易受到宏观政策信息的影响。金融稳定沟通的核心功能是引导和协调公众预期，确保公众能够在最佳信息集上形成一致预期，这就要求沟通传达的信息简单明确。为此，人民银行具体可以采取以下做法：第一，开展沟通时尽可能采用通俗易懂的表达，避免专业术语的堆砌，减少模糊词语的使用。第二，借鉴英国央行的做法，发布金融稳定报告的可视化摘要，将其目标受众定位至非专业群体。第三，丰富会议纪要内容，详细记录会议流程和参会成员观点。

## 三、加强双支柱政策协调配合

在双支柱政策调控框架下，货币政策和宏观审慎政策联系空前密切，恰当的宏观审慎政策能够作为货币政策的有益补充，减轻货币政策的负担。通常情况下，如果货币政策和宏观审慎政策的方向一致，那么二者可以相互促进，更好实现政策目标。例如，经济萧条时，降息可以降低市场资金成本。配合适度放松宏观审慎政策有助于促进经济恢复。经济过热时，加息可以增加市场资金成本抑制经济过热，配合适度收紧宏观审慎政策有助于缓解通货膨胀。双支柱政策的有序协调有利于促进协同效应，强化政策效果。这更加要求政策沟通与双支柱政策形成互补关系，以共同抵御系统性风险。因此政策沟通应当成为金融稳定工作的有机组成部分，和现有常规政策工具协调配合，强化政策效果。具体而言，第一，监管当局在采取实际政策行动时做好事前沟通，必要时进行事后解释，借助政策沟通的预期引导作用提高实际行动的有效性；第二，保持"言行一致"，沟通的政策立场与实际政策行动的方向保持一致，做出的政策承诺需要用实际行动予以回应；第三，推动金融期货市场的建设，发展更多金融期货产品，协助监管金融风险和评估政策沟通效果。

## 四、加快建设金融市场综合舆情数据分析平台

监管当局应加快建设金融市场综合舆情数据分析平台，提高对以文本数据为代表的非结构化数据的舆情分析处理能力，不断提高监管数字化、智能化水平。一方面，政策沟通的载体主要是文本数据，而市场舆情的扩散则会存在多源多模态数据的耦合传染（如来自不同社交媒体、新闻报道主体的文本数据、视频数据、搜索数据等）；另一方面，从金融市场上政策沟通过程来看，其本质是从非结构化政策文本数据向结构化数值市场数据的转化。因此，推动文本分析技术、文本大数据与金融市场数据的有机融合，充分发挥云计算、大数据、人工智能算法优势，构建金融市场综合舆情分析平台和监管工具箱，不仅是稳定市场预期，提升市场风险防范工作主动性预见性的政策沟通需要，也是加快监管数字化升级，构建事前、事中、事后全面的政策沟通机制的必然要求。

## 五、注重防范外部风险冲击

2008 年金融危机由单纯的一国本土危机扩散为全球性危机，发达国家和新兴经济体几乎无一幸免。这意味着一国单纯巩固自身金融安全的政策无法隔绝外部风险传染和冲击。而且随着人民币国际化的推进，我国资本账户逐步开放，金融体系更加市场化、国际化，这也使得国际金融风险更容易传导到国内，威胁我国金融稳定。因此，我国需要密切关注全球金融稳定，警惕外部风险输入，在保持金融稳定政策自主性的同时，也需要主动寻求国际合作。注重防范外部风险冲击，尤其关注美国经济和政策的溢出效应。

具体可以采取以下做法。第一，系统评估全球和中国金融体系潜在风险，在定期出版中国金融稳定报告基础上，出版全球金融稳定报告，向世界传递中国的声音。第二，与欧洲央行、英国央行等具有丰富沟通经验的机构开展合作，双向交流中国金融稳定的最佳实践。第三，与其他国际机

构定期开展对话，及时分享风险评估信息，共同商讨风险应对措施。第四，通过加强政策协调沟通，提早准备"一揽子"货币政策调节工具，通过政策配合尽可能降低金融体系面临的国际货币政策冲击，防止政策过度背离导致市场波动进一步加剧。

# 参 考 文 献

［1］陈彦斌. 宏观政策"三策合一"新理论框架［J］. 经济研究，2022（11）：29－47.

［2］段江娇，刘红忠，曾剑平. 中国股票网络论坛的信息含量分析［J］. 金融研究，2017（10）：178－192.

［3］范小云，王业东，王道平. 基于新闻大数据与机器学习的中国银行业系统性风险研究［J］. 世界经济，2022（04）：3－30.

［4］方意，王晏如，黄丽灵，和文佳. 宏观审慎与货币政策双支柱框架研究——基于系统性风险视角［J］. 金融研究，2019（12）：106－124.

［5］方意，赵胜民，黄丽灵，荆中博. 房地产市场与银行业系统性风险［J］. 管理科学学报，2021（11）：26－43.

［6］洪永淼. 提倡定量评估社会经济政策，建设中国特色新型经济学智库［J］. 经济研究，2015（12）：19－22.

［7］黄益平，曹裕静，陶坤玉，余昌华. 货币政策与宏观审慎政策共同支持宏观经济稳定［J］. 金融研究，2019（12）：70－91.

［8］黄志刚，许伟. 住房市场波动与宏观经济政策的有效性［J］. 经济研究，2017（05）：103－116.

［9］姜富伟，郭鹏，郭豫媚. 美联储货币政策对我国资产价格的影响［J］. 金融研究，2019（05）：37－55.

［10］姜富伟，胡逸驰，黄楠. 央行货币政策报告文本信息、宏观经济与股票市场［J］. 金融研究，2021a（06）：95－113.

［11］姜富伟，孟令超，唐国豪. 媒体文本情绪与股票回报预测［J］. 经济学（季刊），2021b（04）：1323－1344.

［12］金春雨，张龙．美联储货币政策对中国经济的冲击［J］．中国工业经济，2017（01）：25－42．

［13］李斌，邵新月，李玥阳．机器学习驱动的基本面量化投资研究［J］．中国工业经济，2019（08）：61－79．

［14］李斌，吴恒宇．对货币政策和宏观审慎政策双支柱调控框架内在逻辑的思考［J］．金融研究，2019（12）：1－17．

［15］李拉亚．双支柱调控框架的新目标制研究［J］．管理世界，2020（10）：27－41．

［16］李政，梁琪，方意．中国金融部门间系统性风险溢出的监测预警研究——基于下行和上行 ΔCoES 指标的实现与优化［J］．金融研究，2019（02）：40－58．

［17］李政，梁琪，涂晓枫．我国上市金融机构关联性研究——基于网络分析法［J］．金融研究，2016（08）：95－110．

［18］林建浩，陈良源，罗子豪，张一帆．央行沟通有助于改善宏观经济预测吗？——基于文本数据的高维稀疏建模［J］．经济研究，2021（03）：48－64．

［19］刘泽琴，蔡宗武，方颖．货币政策和宏观审慎政策双支柱调控框架效应研究［J］．经济研究，2022（04）：138－153．

［20］马勇．"双支柱"调控框架的理论与经验基础［J］．金融研究，2019（12）：18－37．

［21］马勇，陈雨露．宏观审慎政策的协调与搭配：基于中国的模拟分析［J］．金融研究，2013（08）：57－69．

［22］彭俞超，倪骁然，沈吉．企业"脱实向虚"与金融市场稳定——基于股价崩盘风险的视角［J］．经济研究，2018（10）：50－66．

［23］苏治，胡迪．通货膨胀目标制是否有效？——来自合成控制法的新证据［J］．经济研究，2015（06）：74－88．

［24］谭小芬，殷无弦，戴韡．美国量化宽松政策的退出公告对新兴经济体的影响［J］．国际金融研究，2016（07）：18－32．

［25］唐国豪，姜富伟，张定胜．金融市场文本情绪研究进展［J］.

经济学动态，2016（11）：137 - 147.

［26］王靖一，黄益平．金融科技媒体情绪的刻画与对网贷市场的影响［J］．经济学（季刊），2018（04）：1623 - 1650.

［27］王馨，王营．绿色信贷政策增进绿色创新研究［J］．管理世界，2021（06）：173 - 188 + 111.

［28］王宇伟，周耿，吴瞳，范从来．央行的言辞沟通、实际行动与企业投资行为［J］．中国工业经济，2019（05）：118 - 135.

［29］吴国培，潘再见．中央银行沟通对金融资产价格的影响——基于中国的实证研究［J］．金融研究，2014（05）：34 - 47.

［30］徐忠．中国稳健货币政策的实践经验与货币政策理论的国际前沿［J］．金融研究，2017（01）：1 - 21.

［31］杨子晖，王姝黛．突发公共卫生事件下的全球股市系统性金融风险传染——来自新冠疫情的证据［J］．经济研究，2021（08）：22 - 38.

［32］杨子晖，周颖刚．全球系统性金融风险溢出与外部冲击［J］．中国社会科学，2018（12）：69 - 90 + 200 - 201.

［33］易纲．中国的利率体系与利率市场化改革［J］．金融研究，2021（09）：1 - 11.

［34］张成思，孙宇辰，阮睿．宏观经济感知、货币政策与微观企业投融资行为［J］．经济研究，2021（10）：39 - 55.

［35］张礼卿，蔡思颖．经济政策不确定性的影响及其跨国传导机制：文献综述［J］．金融评论，2020（03）：105 - 123 + 126.

［36］张礼卿，钟茜．全球金融周期、美国货币政策与"三元悖论"［J］．金融研究，2020（02）：15 - 33.

［37］赵静，郭晔．存款保险制度、影子银行与银行系统性风险［J］．管理科学学报，2021（06）：22 - 41.

［38］郑联盛．货币政策与宏观审慎政策双支柱调控框架：权衡与融合［J］．金融评论，2018（04）：25 - 40 + 119.

［39］朱宁，许艺煊，邱光辉．中央银行沟通对人民币汇率波动的影响［J］．金融研究，2016（11）：32 - 46.

［40］ Acemoglu, D. , Ozdaglar, A. , Tahbaz – Salehi, A. Systemic Risk and Stability in Financial Networks ［J］. American Economic Review, 2015 （02）: 564 –608.

［41］ Acemoglu, D. , Ozdaglar, A. , Tahbaz – Salehi, A. Microeconomic Origins of Macroeconomic Tail Risks ［J］. American Economic Review, 2017 （01）: 54 –108.

［42］ Acharya, V. , Pedersen, L. , Philippon, T. , Richardson, M. Measuring Systemic Risk ［J］. The Review of Financial Studies, 2017 （01）: 2 –47.

［43］ Adrian, T. , Brunnermeier, M. K. CoVaR ［J］. American Economic Review, 2016 （07）: 1705 –1741.

［44］ Andrade, P. , Ferroni, F. Delphic and Odyssean Monetary Policy Shocks: Evidence from the Euro Area ［J］. Journal of Monetary Economics, 2021: 816 –832.

［45］ Andrade, P. , Gaballo, G. , Mengus, E. , Mojon, B. Forward Guidance and Heterogeneous Beliefs ［J］. American Economic Journal: Macroeconomics, 2019 （03）: 1 –29.

［46］ Angeletos, G. – M. , Lian, C. Forward Guidance without Common Knowledge ［J］. American Economic Review, 2018 （09）: 2477 –2512.

［47］ Baker, S. , Bloom, N. , Davis, S. Measuring Economic Policy Uncertainty ［J］. The Quarterly Journal of Economics, 2016 （04）: 1593 – 1636.

［48］ Bernanke, B. S. , Gertler, M. Should Central Banks Respond to Movements in Asset Prices? ［J］. American Economic Review, 2001 （02）: 253 –257.

［49］ Bernanke, B. S. , Kuttner, K. N. What Explains the Stock Market's Reaction to Federal Reserve Policy? ［J］. The Journal of Finance, 2005 （03）: 1221 –1257.

［50］ Beutel, J. , Metiu, N. , Stockerl, V. Toothless Tiger with Claws?

Financial Stability Communication, Expectations, and Risk-taking [J]. Journal of Monetary Economics, 2021: 53 – 69.

[51] Brownlees, C., Engle, R. SRISK: A Conditional Capital Shortfall Measure of Systemic Risk [J]. The Review of Financial Studies, 2017 (01): 48 – 79.

[52] Brunnermeier, M., Rother, S., Schnabel, I. Asset Price Bubbles and Systemic Risk [J]. The Review of Financial Studies, 2020 (09): 4272 – 4317.

[53] Buehlmaier, M. M. M., Zechner, J. Financial Media, Price Discovery, and Merger Arbitrage [J]. Review of Finance, 2021 (04): 997 – 1046.

[54] Bundick, B. H., Smith, A. L. The Dynamic Effects of Forward Guidance Shocks [J]. The Review of Economics and Statistics, 2020: 946 – 965.

[55] Caballero, R. J., Simsek, A. A Risk – Centric Model of Demand Recessions and Speculation [J]. The Quarterly Journal of Economics, 2020 (03): 1493 – 1566.

[56] Caldara, D., Iacoviello, M. Measuring Geopolitical Risk [J]. American Economic Review, 2022 (04): 1194 – 1225.

[57] Campbell, J., Evans, C., Fisher, J., Justiniano, A. Macroeconomic Effects of Federal Reserve Forward Guidance [J]. Brookings Papers on Economic Activity, 2012 (01): 1 – 80.

[58] Campbell, J. R., Ferroni, F., Fisher, J. D. M., Melosi, L. The Limits of Forward Guidance [J]. Journal of Monetary Economics, 2019: 118 – 134.

[59] Chen, J., Jiang, F., Liu, Y., Tu, J. International Volatility Risk and Chinese Stock Return Predictability [J]. Journal of International Money and Finance, 2017: 183 – 203.

[60] Cieslak, A., Schrimpf, A. Non-monetary News in Central Bank

Communication［J］. Journal of International Economics, 2019：293 – 315.

［61］Cieslak, A., Vissing – Jorgensen, A. The Economics of the Fed Put［J］. The Review of Financial Studies, 2021（09）：4045 – 4089.

［62］Correa, R., Garud, K., Londono, J. M., Mislang, N. Sentiment in Central Banks' Financial Stability Reports［J］. Review of Finance, 2021（01）：85 – 120.

［63］De Long, J. B., Shleifer, A., Summers, L. H., Waldmann, R. J. Noise Trader Risk in Financial Markets［J］. Journal of Political Economy, 1990（04）：703 – 738.

［64］Ehrmann, M., Gaballo, G., Hoffmann, P., Strasser, G. Can More Public Information Raise Uncertainty? The International Evidence on Forward Guidance［J］. Journal of Monetary Economics, 2019：93 – 112.

［65］Ehrmann, M., Talmi, J. Starting from a Blank Page? Semantic Similarity in Central Bank Communication and Market Volatility［J］. Journal of Monetary Economics, 2020：48 – 62.

［66］Ehrmann, M., Wabitsch, A. Central Bank Communication with Non-experts – A Road to Nowhere?［J］. Journal of Monetary Economics, 2022：69 – 85.

［67］Enders, Z., Hünnekes, F., Müller, G. J. Monetary Policy Announcements and Expectations：Evidence from German Firms［J］. Journal of Monetary Economics, 2019：45 – 63.

［68］Foos, D., Norden, L., Weber, M. Loan Growth and Riskiness of Banks［J］. Journal of Banking & Finance, 2010（12）：2929 – 2940.

［69］Gandy, A., Veraart, L. A. M. A Bayesian Methodology for Systemic Risk Assessment in Financial Networks［J］. Management Science, 2016（12）：4428 – 4446.

［70］Garcia, D. Sentiment during Recessions［J］. The Journal of Finance, 2013（03）：1267 – 1300.

［71］Gardner, B., Scotti, C., Vega, C. Words Speak as Loudly as

Actions: Central Bank Communication and the Response of Equity Prices to Macroeconomic Announcements [J]. Journal of Econometrics, 2022 (02): 387 – 409.

[72] Gu, S., Kelly, B., Xiu, D. Empirical Asset Pricing via Machine Learning [J]. The Review of Financial Studies, 2020 (05): 2223 – 2273.

[73] Hansen, S., McMahon, M. Shocking language: Understanding the Macroeconomic Effects of Central Bank Communication [J]. Journal of International Economics, 2016: S114 – S133.

[74] Hansen, S., McMahon, M., Prat, A. Transparency and Deliberation Within the FOMC: A Computational Linguistics Approach [J]. The Quarterly Journal of Economics, 2018 (02): 801 – 870.

[75] Hansen, S., McMahon, M., Tong, M. The Long-run Information Effect of Central Bank Communication [J]. Journal of Monetary Economics, 2019: 185 – 202.

[76] Hirshleifer, D., Sheng, J. Macro News and Micro News: Complements or Substitutes? [J]. Journal of Financial Economics, 2022 (03): 1006 – 1024.

[77] Huang, A. H., Lehavy, R., Zang, A. Y., Zheng, R. Analyst Information Discovery and Interpretation Roles: A Topic Modeling Approach [J]. Management Science, 2018 (06): 2833 – 2855.

[78] Husted, L., Rogers, J., Sun, B. Monetary Policy Uncertainty [J]. Journal of Monetary Economics, 2020: 20 – 36.

[79] Kiyotaki, N., Moore, J. Credit Cycles [J]. Journal of Political Economy, 1997: 211 – 248.

[80] Kryvtsov, O., Petersen, L. Central Bank Communication that Works: Lessons from Lab Experiments [J]. Journal of Monetary Economics, 2021: 760 – 780.

[81] Laeven, L., Ratnovski, L., Tong, H. Bank Size, Capital, and Systemic Risk: Some International Evidence [J]. Journal of Banking & Fi-

nance, 2016: S25 – S34.

[82] Lamla, M. J., Vinogradov, D. V. Central Bank Announcements: Big News for Little People? [J]. Journal of Monetary Economics, 2019: 21 – 38.

[83] Leombroni, M., Vedolin, A., Venter, G., Whelan, P. Central Bank Communication and the Yield Curve [J]. Journal of Financial Economics, 2021 (03): 860 – 880.

[84] Loughran, T. I. M., McDonald, B. When Is a Liability Not a Liability? Textual Analysis, Dictionaries, and 10 – Ks [J]. The Journal of Finance, 2011 (01): 35 – 65.

[85] Loughran, T. I. M., McDonald, B. Measuring Readability in Financial Disclosures [J]. The Journal of Finance, 2014 (04): 1643 – 1671.

[86] Loughran, T. I. M., McDonald, B. Textual Analysis in Accounting and Finance: A Survey [J]. Journal of Accounting Research, 2016 (04): 1187 – 1230.

[87] Manela, A., Moreira, A. News Implied Volatility and Disaster Concerns [J]. Journal of Financial Economics, 2017 (01): 137 – 162.

[88] McKay, A., Nakamura, E., Steinsson, J. The Power of Forward Guidance Revisited [J]. American Economic Review, 2016 (10): 3133 – 3158.

[89] Melosi, L. Signalling Effects of Monetary Policy [J]. The Review of Economic Studies, 2017 (02): 853 – 884.

[90] Miranda – Agrippino, S., Rey, H. U. S. Monetary Policy and the Global Financial Cycle [J]. The Review of Economic Studies, 2020 (06): 2754 – 2776.

[91] Nakamura, E., Steinsson, J. Identification in Macroeconomics [J]. Journal of Economic Perspectives, 2018 (03): 59 – 86.

[92] Ng, J., Saffar, W., Zhang, J. J. Policy Uncertainty and Loan Loss Provisions in the Banking Industry [J]. Review of Accounting Studies,

2020 (02): 726 - 777.

[93] Oosterloo, S., Haan, J., Jong - A - Pin, R. Financial Stability Reviews: A First Empirical Analysis [J]. Journal of Financial Stability, 2007: 337 - 355.

[94] Renault, T. Intraday Online Investor Sentiment and Return Patterns in the U. S. Stock Market [J]. Journal of Banking & Finance, 2017: 25 - 40.

[95] Romer, C. D., Romer, D. H. Federal Reserve Information and the Behavior of Interest Rates [J]. American Economic Review, 2000 (03): 429 - 457.

[96] Savona, R., Vezzoli, M. Fitting and Forecasting Sovereign Defaults using Multiple Risk Signals [J]. Oxford Bulletin of Economics and Statistics, 2015 (01): 66 - 92.

[97] Taylor, J. B. The Role of Policy in the Great Recession and the Weak Recovery [J]. American Economic Review, 2014 (05): 61 - 66.

[98] Ter Ellen, S., Larsen, V. H., Thorsrud, L. A. Narrative Monetary Policy Surprises and the Media [J]. Journal of Money, Credit and Banking, 2022 (05): 1525 - 1549.

[99] Tetlock, P. C. Giving Content to Investor Sentiment: The Role of Media in the Stock Market [J]. The Journal of Finance, 2007 (03): 1139 - 1168.

[100] Tetlock, P. C., Saar - Tsechansky, M., Macskassy, S. More Than Words: Quantifying Language to Measure Firms' Fundamentals [J]. The Journal of Finance, 2008 (03): 1437 - 1467.